Bauwelt Fundamente 31

Herausgegeben von Ulrich Conrads
unter Mitarbeit von
Gerd Albers, Adolf Arndt,
Lucius Burckhardt, Werner Kallmorgen,
Hermann Mattern, Julius Posener,
Hans Scharoun

John V. Lindsay, Bürgermeister von New York

John V. Lindsay

Städte brauchen mehr als Geld

New Yorks Mayor über seinen Kampf für eine bewohnbare Stadt

Bertelsmann Fachverlag

Titel der amerikanischen Originalausgabe: The City.
Copyright 1969, 1970. W. W. Norton & Co., Inc., New York.
Aus dem Amerikanischen von Martina Schneider.

© 1971 Verlagsgruppe Bertelsmann GmbH/Bertelsmann Fachverlag,
Gütersloh · 1
Umschlagentwurf von Helmut Lortz
Gesamtherstellung Mohndruck Reinhard Mohn OHG, Gütersloh
Alle Rechte vorbehalten · Printed in Germany
ISBN 3 570 08631 3

Inhalt

Einleitung zur deutschen Ausgabe 7
Vorbemerkung 15

Der Kampf um New York 17

1 Die Wahl 1969 22
2 Die Wurzeln des Übels 44
3 Ein Tag aus dem Leben 52
4 Was wir vorgefunden haben 62
5 Durch die Straßen der Stadt 74
6 Partizipation und Selbstbestimmung 92

Die inneren Kämpfe 110

7 Ernste Gefahren: Armut und die Fesseln der Fürsorge 111
8 Ernste Gefahren: Kriminalität 126
9 Die Stadt und der Staat 144
10 Die Stadt und der Bund 158
11 Schlußwort 175

*Für Kathy, Margie, Anne und Johnny,
deren Vater allzu selten zum Mittagessen kam
und den sie an zu vielen Abenden vermissen mußten;
und die ihm seine Überbeanspruchung mit Geduld
und Liebe vergolten haben.*

Einleitung zur deutschen Ausgabe

New York ist eine Stadt wie keine andere. New York ist jede Stadt. Um Gertrude Stein abzuwandeln: New York ist New York ist New York ist eine Stadt. Was diese Stadt in eine Kategorie für sich rückt, sie unvergleichbar macht, ist bekannt: die dramatische Übersteigerung der Maße, die brisante Bündelung sozialer Extreme, die stupende Gewalt ungelöster technischer Probleme, die stets überlasteten, immer wieder zusammenbrechenden Verkehrs- und Versorgungssysteme, die überhohe, in einzelnen Stadtteilen terrorartige Kriminalität, das chaotische Gemenge von Aufbau und Verfall, von hinreißendem Glanz und allgegenwärtigem Schmutz, schließlich die alles überstrahlende Faszination, die aus der gegenseitigen Steigerung intensiver Lebensfunktionen auf engstem Raum entspringt. Diese monströse und großartige Stadt durchlebt und durchleidet eine Krise, deren endgültiger Ausgang offen ist. Diese vielleicht tödliche Krise, in die New York tiefer verstrickt ist als jede andere Stadt, ist gleichwohl die Krise aller unserer großen Städte. Die Lage ist hier zwar extremer, in der Substanz aber nicht anders als in den europäischen Stadtagglomeraten. Ein Überleben wird es nur geben, wenn es gelingt, in einer universellen, außerordentlichen politischen Anstrengung genug Entschiedenheit, genug Intelligenz und genug Produktionskraft auf die Lösung der Stadtprobleme zusammenzuziehen. Im Falle New Yorks wird die Krise angesichts der Maßstabsübersteigerung vielleicht etwas verzerrt aber insgesamt doch drastisch-deutlicher, jedenfalls nicht eigentlich anders als bei uns sichtbar. Was hier geschieht oder unterbleibt, was hier gelingt oder verfehlt wird, betrifft uns alle.
In diesem Buch, das Bericht und drängend-dringender Appell in einem ist, wird beides deutlich: die Einmaligkeit und die Allgemeingültigkeit der New Yorker Situation. Von ersterer soll im folgenden nicht mehr die Rede sein; sie ist zu offenkundig. Auch für Lindsay, der sie

mehr als einmal unterstreicht, ist sie trotz allen Engagegements für seine Aufgabe nicht das Wichtigste. Er berichtet und argumentiert am Beispiel New Yorks über alle großen Städte. Und dies steht denn auch wohl für den Leser der deutschen Ausgabe seines Buches im Vordergrund: die Frage nach der allgemeinen Gültigkeit der stadtpolitischen Überlegungen und Forderungen des New Yorker Bürgermeisters.

Wer Anlaß und Gelegenheit gehabt hat, sich mit der inneramerikanischen Entwicklung etwas näher zu befassen, weiß um die mannigfach unterschiedlichen Bedingungen, unter der die kommunale Entwicklung in den USA und in Europa, insbesondere in der Bundesrepublik steht. Um so mehr beeindrucken und verblüffen die vielfältigen Übereinstimmungen und Parallelen zwischen der amerikanischen und der deutschen Problemlage, die bis in Einzelheiten hineinreichen.

Über weite Passagen hin könnten Lindsays Ausführungen fast unverändert auf unsere Verhältnisse übertragen werden. Das gilt zum Beispiel für seine Schilderung einer die gesamte Politik in den USA durchziehenden städtefeindlichen Grundströmung. Es gilt für die einseitig unüberlegte Förderung des Einfamilienhausbaus mit ihren verheerenden Folgeerscheinungen der Zersiedlung, der wuchernden Vororte und des Individualverkehrs. Es gilt ebenso für den einseitigen Vorrang der Autobahnfinanzierung vor dem Ausbau des öffentlichen Nahverkehrs. Es gilt für die Abhängigkeit der Städte von zweckgebundenen Zuschüssen des Bundes und der Länder, für den damit verbundenen Zwang, das zu tun – und mitzufinanzieren –, wofür es staatliche Mittel gibt, ohne Rücksicht auf die wirkliche örtliche Dringlichkeit. Es gilt ebenso für die unglücklichen Auswirkungen, die die finanzielle Bevormundung der Städte durch die Länder mit sich bringt – auch wenn ich für Deutschland kein so krasses Beispiel anführen kann, wie das von Lindsay taktvollerweise verschwiegene repräsentationswütige 4-Milliarden-DM-Projekt eines Brasilia-ähnlichen Verwaltungskomplexes des Landes New York für seine eigene Landesverwaltung in Albany. Es gilt für die Vernachlässigung der sozialen und technischen Großforschung zur Stadtentwicklung im Rahmen der öffentlichen Forschungs- und Entwicklungsaufträge. Es gilt vor allem für die von der Bundes- und Landespolitik kaum zur Kenntnis genommene katastrophale Finanznot der Städte. Und es gilt schließlich auch für einige Grundfragen der kommunalen Selbstverwaltung: Bürgerbeteiligung, innerstädtische Planungs- und Verwaltungsdezentralisation, Integration der Stadtbürgerschaft.

In einigen Bereichen wird man geneigt sein, die Verhältnisse in Deutschland als günstiger, die Problemlösung als fortgeschrittener zu bewerten. So unzulänglich die Gemeindeeinnahmen bei uns auch sind, so gibt es doch wenigstens eine gewisse kommunale Beteiligung an der mit den Personalkosten wachsenden Einkommensteuer ebenso wie eine Beteiligung an den Landessteuern über den jeweiligen Finanzausgleich. Bei den Verkehrsbauten ist es trotz der offenbar allen Verkehrsministern tief eingewurzelten Begeisterung für den Autobahnbau bei uns gelungen, erhebliche Mittel sowohl für den Straßenbau als auch vor allem für den S- und U-Bahnbau innerhalb der Städte und Ballungsgebiete zu sichern. Eben solche Regelungen, wie sie auch von Lindsay gefordert werden, sind zur Zeit Gegenstand zäher politischer Auseinandersetzungen in Washington.

Im Vorteil sind wir möglicherweise auch durch die mit dem Stichwort »Einheit der Verwaltung« gekennzeichnete Zusammenfassung der verschiedensten fachlichen Aufgaben und Kompetenzen in einer einheitlich geleiteten Stadtverwaltung unter der universellen politischen Zuständigkeit eines gewählten Rates. Lindsay gibt nur einige, aber recht drastische Beispiele für die Schwierigkeiten effektiven Verwaltungshandelns, wie sie mit dem amerikanischen System einer weitgehenden Kompetenzaufteilung auf fachlich autonome Sonderbehörden und Selbstverwaltungsgremien verbunden sind. Beklemmend deutlich wird, wie dieses System sich dem Bürger in feindlich unverständlicher Unzugänglichkeit und Undurchdringlichkeit bürokratischer Geflechte präsentiert. Im Vorteil sind wir schließlich vor allem dadurch, daß uns einige Belastungen erspart geblieben sind, die als fast untragbare Hypotheken auf den amerikanischen Städten liegen: die soziale, rassische, bildungsmäßige Unterprivilegierung breitester Schichten der Stadtbevölkerung, die explosiven Spannungslagen, die sich daraus ergeben.

Aber ein Vergleich geht nicht immer zu unseren Gunsten aus. Und vor allem haben wir jeden Anlaß, immer wieder zu prüfen, ob und wie weit eine in der Tat bessere Lage hier nicht einfach in jenem zeitlichen Abstand begründet ist, in dem bestimmte Entwicklungsphasen bei uns später erreicht werden als in den USA. So bewegen sich die Häufigkeitsziffern für die allgemeine und für die rauschgiftbedingte Kriminalität in Europa zwar deutlich unter denen vergleichbarer amerikanischer Städte. In New York liegt z. B. die Zahl der Heroinsüchtigen zwischen 100 und 200 Tausend, beläuft sich also schon etwa auf 2 % der gesamten Stadtbevölkerung. Dahinter bleiben wir zwar noch weit zurück. Aber werden wir von einer solchen Entwicklung auf die Dauer verschont bleiben? Auch bei uns wird das Sicherheitsproblem von Jahr zu Jahr kritischer, steigen die illegalen Rauschgifteinfuhren ebenso wie die Kurven der Kriminalstatistik. Oder ein anderes Problem, das uns noch keineswegs in seiner ganzen Tragweite bewußt geworden ist: die Integrierung der Gastarbeiter. Hier geht es auch schon um Millionenzahlen allein in der Bundesrepublik. Die Freizügigkeit innerhalb des gemeinsamen Marktes kann eine europäische Binnenwanderung noch verstärken. Niemand weiß heute, wie viele ausländische Familien sich endgültig in unseren Städten niederlassen werden. Niemand weiß, wie wir wirksam verhindern können, daß sich Ghettos entwickeln, neue Formen der Ausbeutung und neue Formen der Unterprivilegierung herausbilden.

Worauf dies hinaus soll, ist zweierlei. Einmal soll der Leser veranlaßt werden, die Schilderungen des Buches, bis in die (New Yorker) Details hinein, als ihn angehend zu empfinden. Oberflächliche und augenfällige Verschiedenheiten vielerlei Art sollten über die tieferliegende Problemeinheit nicht hinwegtäuschen. Zum anderen geht es in noch höherem Maße und noch dringlicher darum, daß der Appell Lindsays bei uns verstanden wird, daß wir uns seine Forderung zu eigen machen: den Problemen der Städte endlich den ihnen gebührenden Platz im obersten Feld der gesellschaftspolitischen Dringlichkeitsskala zu erkämpfen.

Denn das ist der eigentliche, immer wieder abgewandelte Tenor des Buches. Eine Politik, die die überaus kritische Lage unserer Städte nicht zur Kenntnis nimmt, die sich ihrer Bewältigung nicht mit großer Entschiedenheit zuwendet, eine Politik, die nicht die gesammelte Kraft, deren die moderne Industriegesellschaft als Ganzes fähig ist, einsetzt, um das Schicksal der bedrohten Städte zu wenden, eine solche Politik verspielt unsere Zukunft in unverantwortlicher Weise. Die Lebensverhältnisse in den städtischen Ballungsgebieten verschlechtern sich von Jahr zu Jahr. Die Anpassungsfähigkeit der Menschen an ungünstige Lebensbedingungen ist zwar erstaunlich, aber vieles spricht dafür, daß die untere Grenze bald erreicht ist. »Die Zeit ist abgelaufen. Entweder werden unsere Städte jetzt gerettet – oder sie werden überhaupt nicht gerettet.« So schreibt Lindsay am Schluß seines Buches.

Wir müssen erkennen, daß für uns das Gleiche gilt. Unsere Städte mögen kleiner sein als New York, unsere Sozialprobleme einer Lösung näher oder noch nicht so weit entwachsen wie die der amerikanischen

Großstädte, unsere Verbrechensrate – noch – niedriger, unsere öffentlichen Verkehrsmittel vielleicht stellenweise besser. Das alles ändert nichts daran, daß wir vor den gleichen Problemen stehen, gleichartige Lösungen finden müssen. Unsere Städte sind die tägliche Lebensumwelt für immer mehr Menschen. Und gerade hier ist die Gefahr eines verhängnisvollen Versagens merkwürdigerweise größer als auf anderen Gebieten, in denen wir uns ebenfalls bedrohlichen Entwicklungen gegenüber sehen. Die Gefahren des Atomkrieges, der Übervölkerung, der Vergiftung von Erde, Wasser und Luft sind erkannt und sind Gegenstand intensiver sowohl wissenschaftlicher wie politischer Bemühungen geworden. Unsere Städte wollen wir offenbar sehenden Auges zugrunde gehen lassen.

Das ist hart ausgedrückt, aber es ist wahr. Dieses Buch zeigt es einmal mehr und unüberbietbar deutlich. Und nur eine außergewöhnlich zielstrebige politische Anstrengung kann daran möglicherweise noch etwas ändern.

Wenn eine solche Anstrengung gelingen soll, so setzt das allerdings voraus, daß einige Politiker von ungewöhnlichem Format – mit Integrität und Intelligenz, mit Zähigkeit, Toleranz und Einfühlungsvermögen, mit Überzeugungs- und Durchsetzungskraft – die Sache der Städte zu der ihren machen. Ich zögere nicht, Lindsay alle die genannten Eigenschaften zuzuerkennen. Wenn dies stimmt, so ist er in der Tat einer jener Politiker von Rang, wie sie angesichts der abertausend Nöte dieser Welt nur gar zu selten sind. Daß dieser Mann da war, daß er bereit war, nicht nur die übermenschliche Last des New Yorker Bürgermeisteramtes auf sich zu nehmen, sondern auch in zwei harten Wahlkampagnen um dieses Amt zu kämpfen – dies war sicher ein Glücksfall für die Stadt. Wenn nicht die letzte, so war es jedenfalls die vorletzte Chance ihrer Rettung.

Lindsay beginnt sein Buch mit der Schilderung seines zweiten Wahlkampfes um das Bürgermeisteramt 1969. Erst später folgt das (IV.) Kapitel, in dem er den Zustand der Stadt und der Stadtverwaltung bei seiner ersten Amtsübernahme darstellt. Jedem, der das Schicksal New Yorks in den letzten ein bis zwei Jahrzehnten auch nur mit einiger Aufmerksamkeit verfolgt hat, wird die Schilderung der angehäuften Mißstände noch ungewöhnlich zurückhaltend erscheinen. Hier mag mancherlei notwendige Rücksichtnahme eines amtierenden Politikers und Verwaltungschefs eine Rolle gespielt haben. Auch so wird freilich deutlich, wie ungewöhnlich und schonungslos der persönliche Einsatz des Mannes war. Deutlich wird auch sein schier übermenschliches Vertrauen in die eigene Kraft, in die seiner Mitarbeiter und vor allem in die Regierbarkeit und Regenerierbarkeit der »unregierbaren« Stadt New York. Ob der in dem Buch immer wieder durchbrechende Optimismus Lindsays begründet ist, daß das Schicksal seiner Stadt zum Guten gewendet werden kann, muß die Zukunft lehren. Für einen Außenstehenden, der den Zersetzungsprozeß New Yorks seit geraumer Zeit (und mit tiefer Teilnahme) verfolgt, ist es überraschend, wie kraftvoll und warm Lindsay seine Zuversicht äußert, wie positiv er auch die Entwicklung in einzelnen Teilbereichen beurteilt. Hier an der einen oder anderen Stelle skeptische Vorbehalte anzumerken, könnte naheliegen. Ein solches Vorgehen müßte gegenüber der unbestreitbaren, in härtester Auseinandersetzung und Arbeit gewonnenen Autorität des Verfassers allerdings auch ungewöhnlich sorgfältig begründet werden. Dazu sehe ich mich jedenfalls nicht in der Lage, sondern hoffe nur von ganzem Herzen, daß er Recht behalten möge. Dies schließt ein und setzt voraus, daß jene grundlegenden politischen Vorentscheidungen zur Rettung unserer Städte getroffen werden, die auch Lindsay als unerläßliche Voraussetzung für den Erfolg seiner Bemühungen ansieht und charakterisiert.

Eine weitere Bemerkung zu dem Mann erscheint um der Sache willen notwendig. Lindsay, der liberale Republikaner, hatte – und hat fraglos noch – andere Möglichkeiten einer politischen Karriere als die, für die er sich zunächst entschieden hat. Auf Seite 26 schildert er, wie sich ihm die Chance bot, den Sitz Robert Kennedys im Senat zu übernehmen. Manche, die es wissen mußten, redeten ihm zu (»Du kannst in Deinem jetzigen Amt unmöglich Erfolg haben. Keiner von uns kann das. Gib es auf, solange noch Zeit dazu ist!«), aber Lindsay blieb. Die Entscheidung zwischen einer nationalen politischen Karriere und der zwar auch spektakulären aber weit weniger dankbaren kommunalen Aufgabe in einer (wenn auch wahrlich nicht beliebten) Stadt – fiel für die Stadt.

Auch in den folgenden Jahren ist viel über eine mögliche bundespolitische Karriere Lindsays spekuliert worden. Das kann angesichts seiner ungewöhnlichen, auf die Nöte der Gegenwart – im Rahmen der innenpolitischen Möglichkeiten der USA – sicher reagierenden politischen Fähigkeiten nicht überraschen. Lindsay ist mehr als einmal als denkbar demokratischer Kandidat für die Präsidentschaftswahlen 1972 genannt worden. Als Mitglied der Republikanischen Partei steht er so weit »links« im liberalen Lager, daß seine eigene Partei ihm nach

Ablauf seiner ersten Wahlzeit als Bürgermeister von New York einen anderen, »rechten« Kandidaten entgegenstellte. Seine Wiederwahl (offiziell als Kandidat der unbedeutenden Liberalen Partei) verdankte er nicht zuletzt der Unterstützung einflußreicher Demokraten. Ohne Frage hätte die Demokratische Partei ihn, vor allem gleich nach der 69er Wahl, mit offenen Armen aufgenommen, wenn er sich zu einem Parteiübertritt entschlossen hätte. Und ohne Frage wäre Lindsay (der als Republikaner in seiner eigenen Partei gegen Nixon natürlich keine Chance hat) einer der aussichtsreichsten Bewerber um die Rolle des demokratischen Präsidentschaftskandidaten gewesen. Häufig wurden Betrachtungen darüber angestellt, wann unter diesem Gesichtspunkt der letzte mögliche Zeitpunkt für Lindsays Parteiwechsel liegen würde. Wann auch immer – inzwischen ist er, jedenfalls was die 72er Präsidentschaftswahlen angeht, verstrichen, ohne daß Lindsay nach dem höchsten, angesehensten und auch wichtigsten Amt der Vereinigten Staaten gegriffen hätte. Sicher hat er auch darüber nachgedacht, wie groß die Erfolgschancen eines solchen Schrittes gewesen wären. Sicher hat er auch überlegt, daß sich ihm 1976 und vielleicht auf andere Weise bessere Chancen bieten mögen. Ebenso sicher hat er aber auch abgewogen, wie wichtig, wie weit über New York hinaus wirkend und wie zukunftsentscheidend sein jetziges Amt ist und wie schwer es wäre, darauf zu verzichten.

Wie immer die politische Zukunft von John V. Lindsay aussehen mag, man möchte ihm weiter Fortune wünschen, wie er sie bisher gehabt hat. Das ist kein Wunsch ins Blaue hinein. Eine repräsentative Gallup-Umfrage unter amerikanischen Studenten im Februar 1971 ergab immerhin, daß Lindsay – mit 81% – die höchste Gesamtzustimmungsquote erreichte, vor Eugene McCarthy (79%), Edmund Muskie (78%), George McGovern (76%), Edward Kennedy (75%) und seinem vielfachen Widersacher, dem Gouverneur des Landes New York, Nelson Rockefeller (63%). Ein Präsident der Vereinigten Staaten mit den Erfahrungen des Bürgermeisters von New York – das wäre eine in der Tat aufregende Perspektive. Vielleicht könnte Lindsay in das nationale Amt herüberretten, was bei uns, von der Außenpolitik besessen, weder Adenauer noch Brandt konnten: die kommunale Alltagserfahrung als Auftraggeber nationaler Politik und Anstrengung.

Eine Aufgabe und ein Mann haben sich gefunden. Davon gibt das Buch über alle wichtige und interessante Information hinaus Kunde. Hat dieser Bürgermeister von New York bei der Bewältigung seiner oft übermäßig schwer erscheinenden Aufgabe Erfolg, so werden wir alle besser daran sein als vorher. Umgekehrt: alles, was wir für die Humanisierung unserer eigenen Städte tun, jeder Fortschritt, den wir bei der Durchsetzung der Stadtprobleme als zentrale Probleme der Gesellschaftspolitik erzielen, kommt letztlich auch jener Stadt zugute, die wie keine andere ist – New York.

Hannover, Juni 1971 Martin Neuffer

Vorbemerkungen

Wollte ich all die Personen nennen, die auf irgendeine Weise zu diesem Buch beigetragen haben, ich fände so leicht kein Ende. In seinem Kern ist das Buch ein Ergebnis der langen Stunden und Wochen, die wir im Kampf um die Stadt verbracht haben. Und es gibt viele Menschen, die sich in diesem Kampf mit mir zusammentaten.
Die Reihe beginnt mit meiner Frau Mary und meinen vier Kindern, die liebevoll, anteilnehmend und geduldig waren; und sie endet bei einer toleranten und verständnisvollen Wählerschaft, die mich nun aufs neue in den Kampf um die Stadt hineingestellt hat.
Im einzelnen gilt mein Dank für die Hilfe bei der Niederschrift, der Revision und der endgültigen Abfassung dieses Buches meinem Assistenten Jeff Greenfield und meinem Presse-Sekretär Thomas Morgan sowie einer kleinen Gruppe anderer Helfer; sie alle haben ununterbrochen, Tag und Nacht, mit Geschick und Humor, die Pflicht vor das Vergnügen gestellt.
Zu diesem Kreis gehören auch zwei alte Freunde, Evan Thomas und Eric Swenson, die dieses Buch verlegt haben. Auch sie haben diese langen Jahre mit mir gemeinsam durchlebt.
Schließlich danke ich Richard Aurelio, meinem Manager im Wahlkampf um das Bürgermeisteramt im Jahre 1969, der das Schiff durch die stürmischste See lenkte, die ich je befuhr. J. V. L.

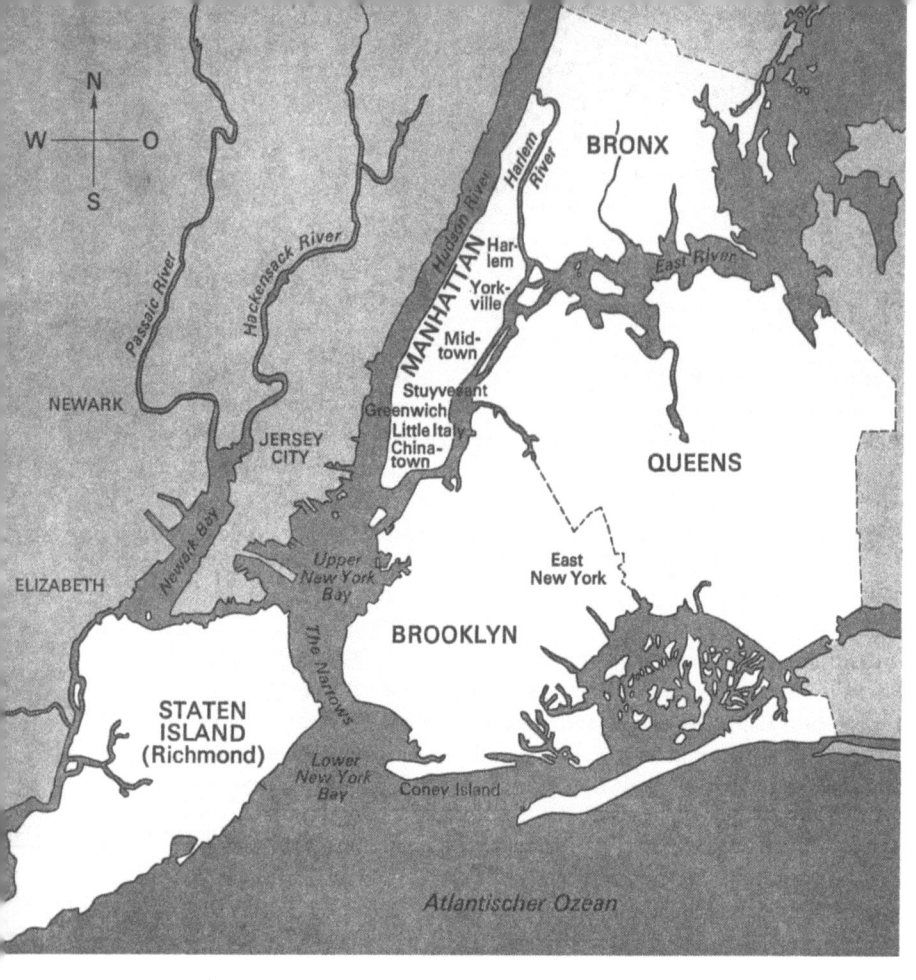

Übersichtsplan von New York City (weiß ausgesparte Flächen) mit den im Buch erwähnten Haupt- und Unterbezirken der Stadt

DER KAMPF UM NEW YORK

New York ist wie kein anderer Ort. Ein Dichter schrieb, es sei eben nicht wie vier Philadelphias oder fünf New Havens. Es hat mehr Einwohner als alle Staaten bis auf zwei. Es besteht aus fünf Stadtteilen – und teilte man die Stadt auf, so würde man vier der fünf größten Städte der Vereinigten Staaten erhalten. Es hat eine Polizeimacht, die größer ist als die gesamte Bundespolizei – und sein Polizeietat ist höher als Detroits gesamtes Stadtbudget. New York unterhält, und bezahlt zum größten Teil, seine eigene Universität – eine der fünf größten der Welt. Es beherbergt jede ethnische Gruppe, die je nach Amerika kam, oft in unerwünschter Nähe zueinander. Es ist ein Schmelztiegel, in dem es noch schmelzen muß – eine Mischung aus Dutzenden verschiedener Rassen, Religionen, Nationalitäten, jede mit eifersüchtig gewahrten Traditionen, jede mit dem Wunsch nach ihrem Teil an Eigenständigkeit und Respekt.

New York City kennt mehr Schattierungen von Freude und Sorge als jede andere Stadt. Es hat die stabilste Wirtschaft in den Vereinigten Staaten – und eine Million Sozialempfänger. Es besitzt einige der schönsten Stadtgebiete im ganzen Land – und einige der verkommensten Slums, die man sich vorstellen kann. Es hat die größte Gesundheitsbehörde der Welt – und doch müssen hier Menschen sterben, weil sie nicht behandelt werden konnten. New York hat mehr Kinder in seinen Schulen als irgendwo anders – und zuviele von ihnen lernen nicht.

In New York gibt es Augenblicke, besonders im Frühjahr und im Herbst, an denen man nirgendwo anders in der Welt leben möchte. Und es gibt Augenblicke im Sommer und Winter, an denen man es für immer verlassen möchte. Es leben hier einige der stolzesten Menschen, die man finden kann und die behaupten: »Wenn man New York verläßt, wirkt alles wie Bridgeport« (Entschuldigung an Bridgeport). Und es gibt Menschen hier, die wünschten, daß die Stadt zum Wohl der Zivilisation im Atlantischen Ozean versänke.

New York hat U-Bahnen – wenigstens heute –, die ihre Passagiere in klimatisiertem Komfort transportieren, und es hat U-Bahnen, die einen Sommertag in lodernde Hölle verwandeln. Es hat die beste und größte Polizeimacht der Welt – und es geschehen hier Verbrechen, viel zu viel Verbrechen im Hinblick auf die Sicherheit seiner Bürger. Es besitzt ein halbes Dutzend spezialisierter Oberschulen, die eine vorzüglich ausgebildete Jugend entlassen – und es hat Schulen, wo vierzehnjährige Mädchen Heroin spritzen.

In anderen Worten, New York zeigt das Versprechen und zugleich die Gefahr des städtischen Amerika: das Versprechen, zu einer weiter sich vergrößernden Stadt zu werden – die Gefahr, einem allmählichen, sicheren Verfall entgegenzugehen. Ich war vier Jahre lang Bürgermeister von New York – und jetzt, wenn dieses Buch veröffentlicht wird, bin ich es wieder.

In mancherlei Hinsicht ist das Amt eines Bürgermeisters von New York wohl das enttäuschendste im ganzen Land. Seine Bürde, heißt es, sei die schwerste nach dem Amt des Präsidenten. Gewiß, ein Präsident ist bekannt als ein Mann mit einer unendlichen Last, doch viele seiner drängenden Probleme sind weit entfernt von der direkten Not der Bevölkerung. Ein Bürgermeister aber ist die wichtigste Exekutivkraft in der ersten Reihe der Verwaltung. Es ist seine Aufgabe, für ausreichenden Polizeischutz in den Straßen, für moderne Schulen, bequeme Transportmittel, für Wärme im Winter und für angemessene Wohnungen zu sorgen. Das, was ein Bürgermeister tut oder nicht tut, berührt das ganz alltägliche Leben der Einwohner; wenn er auf seiner Verwaltungsebene nicht wirkungsvoll arbeitet, wird er die Unzufriedenheit sofort bei seinen Wählern spüren.

Ein Bürgermeister ist zudem der Repräsentant eines Stiefkindes der Verwaltung. Die Staaten sind konstituierender Teil unseres verfassungsrechtlichen Rahmens. Die Vereinigten Staaten sind ein föderalistischer Staatenbund – von souveränen Staaten, wie wir auf jeder politischen Versammlung erinnert werden. Aber eine Stadt, sie existiert nicht durch verfassungsrechtliche Garantien. Sie ist das Geschöpf des Staates, abhängig von ihrem Mandat. Sie kann ihre Mittel nicht in Übereinstimmung bringen mit ihren Ansprüchen, sie kann ihren Kreditrahmen nicht erhöhen, ihr Steueraufkommen nicht verbessern, die Hierarchie ihrer Verwaltungsbehörde nicht verändern ohne Zustimmung des Staates. Sie ist, in anderen Worten, eine Verwaltungseinheit ohne direkten Zugang zur Macht, jedoch gezwungen, die direkte Verantwortung für die Probleme ihrer Einwohner zu tragen.

Das vordringlichste Problem ist Geld – oder besser, das Problem, nicht genügend Geld zu haben. Was eine Stadt auch immer tun kann, sie kann für die Einrichtungen, die ihre Bewohner verlangen, nicht sorgen, wenn sie nicht über das notwendige Geld verfügt, sie zu bezahlen. Ich kenne kein anderes Geschäft, dessen Besitzer in jedem Jahr so sicher dem Konkurs entgegengeht: Die Ausgaben meiner Stadt betragen – ohne irgendwelche Erhöhungen der Programme – jedes Jahr das Dreifache der Einnahmen. Das läßt uns nicht zur Ruhe kommen. Das läßt die Bürger von einem Jahr zum anderen darauf warten, ob ihre Bezirksbibliotheken die Öffnungszeiten weiter verringern, ob nun auch ihre Kinder am Schichtunterricht teilnehmen müssen, ob ihr Krankenhaus nun endlich modernisiert werden kann, um sich den unvermeidlich erhöhten Ansprüchen anzupassen.

Diese Probleme sind es, die eine andere Bürde des Bürgermeisteramtes wachsen lassen – die der persönlichen Anteilnahme. Da der Bürgermeister die Spitze der örtlichen Verwaltung bildet, glauben die meisten Bürgergruppen mit Recht, daß sie zu ihm direkten Kontakt haben müßten. Das ist verständlich, besonders da die Maschinerien der Stadtverwaltung oder der Verwaltungen auf Staats- und Bundesebene nicht schnell genug auf Anträge eingehen können, die nach sofortigen Aktionen verlangen. Alle glauben, daß nur der Bürgermeister das rote Band, das die Verwaltungen verkettet, überspringen kann. Es ist ein Ziel, das sich lohnte zu verfolgen – aber für den Bürgermeister einer Stadt mit acht Millionen Einwohnern ist es kein leichtes Ziel. Wenn ich jeder Bitte um ein persönliches Gespräch nachgeben würde – öffentliche Reden ausgeschlossen –, müßte ich 24 Stunden täglich an jedem Tag von fünf Jahren arbeiten, um die Anfragen nur eines einzigen Jahres zu beantworten.

Und selbst wenn ich es täte, was kann ich einer Gemeindevertretung sagen, die vermehrten Polizeischutz fordert? Soll ich ihr sagen, daß wir mehr Männer zur Polizei beordert haben als jede andere Regierung? Und daß es noch immer nicht genug sind, um dem Bedarf zu genügen? Soll ich ihr sagen, daß uns das Geld fehlt, um genügend Kräfte einzustellen? Bringen Sie das Geld auf – es ist unsere Sicherheit, um die es hier geht! Soll ich über irrationale Prioritäten in Washington sprechen, durch die 90 Millionen Dollar von New Yorker Steuerzahlern jedes Jahr in einen Krieg um Vietnam und in die nationale Verteidigung gesteckt werden? Soll ich sagen, daß wir in jedem Jahr 30 Millionen Dollar nach Albany schicken und nur die Hälfte zurückbekommen? Die Antwort ist: »Ja, aber . . .«

Es ist also ein Job mit Frustationen. Und wenn das Amt eines Bürgermeisters innerhalb weniger Jahre schon in anderen Städten einige der besten Männer aus dem Feld geschlagen hat, so erweist es sich als besonders komplex, wenn es das eines Bürgermeisters von New York City ist. Man hat mich gefragt, warum ich dieses Amt behalten möchte, warum einer wünschen könnte, Bürgermeister einer Stadt zu sein, die so groß ist, so unhandlich, so unheilschwanger. Ich habe eine Menge Gründe angegeben – wie, achselzuckend, »es hält mich eben in Schwung«. Ich glaube aber, der wirkliche Grund ist, daß ich gesehen habe, was innerhalb eines Bedingungsrahmens, den viele für hoffnunglos hielten, getan werden kann:

● Ich habe gesehen, wie eine bankrotte Stadt im Laufe von drei Jahren wirtschaftlich wieder gesund wurde.

● Ich habe gesehen, daß die Luftverunreinigung vermindert werden konnte und die Luft das erste Mal seit hundert Jahren wieder ein wenig sauberer gehalten wird.

● Ich habe erlebt, wie eine wirtschaftliche Baisse in das Gegenteil verwandelt wurde und die Stadt nach zwanzig Jahren zum ersten Mal wieder neue Arbeitsplätze erhielt.

● Ich habe der Modernisierung der weltbesten Polizeibehörde zugesehen, ihrer Ausstattung mit den anspruchsvollsten Polizeicomputern und Kommunikationsnetzen der Welt, der Aufstellung und Verteilung neuer und vergrößerter Spezialtrupps.

● Ich habe die Planung eines neuen Verkehrssystems von der ersten Skizze an verfolgt und die Anfänge der Klimatisierung des bestehenden Netzes gesehen, was New York jetzt mit einem der modernsten Verkehrsnetze der Welt ausstattet, nachdem zuvor ein halbes Jahrhundert tatenlos verstrichen ist.

● Ich habe Anzeichen dafür gesehen, daß junge Familien, enttauscht vom vorstädtischen Leben, wieder in die Innenstadt zurückkehren, und ich sah das Wiederaufleben einer Gemeinde nach der *Brownstone-Sanierung*.

● Ich habe Parks gesehen, die erfüllt waren von Menschen und Musik, nachdem wir sie für den Autoverkehr und alle anderen Verbrennungsmotoren gesperrt hatten.

● Ich habe erlebt, daß in einem Geschäftsviertel Gleichgültigkeit in aktive Beteiligung verwandelt wurde, daß Häuser für Familien mit geringem und mittlerem Einkommen gebaut, ungelernte Arbeiter für

Jobs trainiert, daß Erholungseinrichtungen und Experimente gefördert und dabei ganz erstaunliche Erfolge erzielt wurden.
● Vor allem aber weiß ich jetzt, daß einzelne Bürger erkannt haben, daß sie den Kurs der Regierung und die Form ihres Lebens ändern können, wenn sie ihre eigene Zeit und Kraft dafür einsetzen. Ich habe diese Haltung aufkeimen und sich entwickeln sehen in einer Zeit, in der man glaubte, alle Bürger hätten längst aufgehört, sich um ihre Gemeinden überhaupt zu kümmern.

Ich habe, natürlich, auch andere Dinge gesehen und gehört. Ich habe aufgebrachte Bürger vor dem Rathaus gegen politische Entscheidungen protestieren sehen. Ich habe Ausbrüche von Haß und Terror gegen Rassen und Religionen gehört. Ich habe Beschuldigungen gehört, daß ich die Stadt ruiniert oder betrogen oder überhaupt versäumt hätte, etwas zu tun. Ich habe Leute sagen hören, daß New York nicht regiert werden kann, daß es dazu verdammt sei, eine Stadt zu bleiben, in der man nicht bequem durch die Stadt fahren, in der man nicht sicher auf den Straßen gehen kann, in der man keinen angemessenen Raum zum Wohnen zu einem erschwinglichen Preis findet; eine Stadt, in der man nicht in Frieden arbeiten, spielen, atmen kann.
Aber ich glaube, die pessimistischen Stimmen sind am falschen Ort. Ich darf, glaube ich, behaupten, daß *wenn* New York und seine Schwesterstädte die Mittel erhalten, die sie brauchen, *wenn* die Bundesregierung die Stadt als vordringliches Problem der ganzen Nation begreift, dann können wir eine Stadt bauen, die das Beste, das diese Stadt uns bietet, erfassen und bewahren kann. Wir können die riesige Energie und Intelligenz der Einwohner dieser Stadt in die größte Kraft der Veränderung umwandeln, die wir je erlebten. Wir können eine Stadt gestalten, in der jede einzelne Nachbarschaft aus der Kraft ihrer Bürger lebt, verbunden mit allen durch die gemeinsame Anstrengung, aus diesen Gemeinden Orte der Hoffnung und der Zufriedenheit zu machen.
Dies ist kein Traum. Diese Form der Stadt ist Notwendigkeit. Sie ist zudem eine Möglichkeit. Sie ist etwas, das erreicht werden kann – entgegen allem Zynismus, den eine Stadt wie diese ausbrüten kann.
Ich glaube jetzt stärker daran als damals, als ich zum ersten Mal Bürgermeister wurde. Und ich glaube, daß New York dieses Land in eine Zeit urbaner Größe führen kann, wenn wir nur die Chance dazu haben.

1 Die Wahl 1969

Es war im Sommer 1969, wenige Tage vor Labor Day, der gewöhnlich den Wahlkampf um das Amt des Bürgermeisters in New York eröffnet. Ein Reporter der New York Times beschrieb einem meiner Mitarbeiter seinen Eindruck von den Chancen meiner Wiederwahl etwa so: »Daß John Lindsay gegen Mario Procaccino gewinnt, ist so wahrscheinlich wie ein Sieg des Montclair State Teachers College über die Mannschaft Notre Dame.«
Das kennzeichnet ganz allgemein die Atmosphäre, in der die Wahl im Herbst begann. Ich bewarb mich um eine zweite Amtsperiode ohne die Unterstützung der Republikaner oder Demokraten. Senator John Marchi hatte mich bei der ersten Wahlversammlung der Republikaner im Juni mit 6000 Stimmen geschlagen. Mein Gegner im demokratischen Lager, Mario Procaccino, lag nach Meinungsumfragen 10 bis 15 Punkte vor mir. Darüber hinaus muß in einer Stadt, in der sieben von zehn Wählern als Demokraten registriert sind, jeder demokratische Kandidat als Favorit gelten.
Noch wichtiger: es war offensichtlich, daß ein großer Teil aller Wähler besonders schlecht auf mich zu sprechen war. Es sah ganz so aus, als wäre es mir gelungen, New Yorker verschiedenster Gesinnung für eine gemeinsame Sache zu gewinnen: Für meinen Rücktritt. Der Times-Reporter hatte nicht so unrecht mit seiner Prognose.
Es gab damals einen wohlbegründeten Pessimismus unter meinen Anhängern – und auch in mir. Es lohnt sich, die Gründe für meine schlechte Position einmal durchzugehen; sie verraten manches Wichtige über das Wesen von New York.
Die letzten sechs Monate von 1968 waren die schlimmsten meines öffentlichen Lebens. In einer einzigen Woche (nach vielen vorangegangenen Wochen) wurden die Schulen wegen eines erbitterten Streiks der Lehrer geschlossen, begann die Polizei mit Bummelstreiks, drohten die Feuerwehr und die Müllabfuhr mit ähnlichen Maßnahmen, kam eine Grippeepidemie direkt auf die Stadt zu. Die grundsätzlichen Spannungen zwischen rassischen und religiösen Gruppen in New York aktualisierten sich in einer Reihe unerfreulicher verbaler und emotionaler Äußerungen. Zwei alte Verbündete in Sachen des Fortschritts – die schwarzen und die jüdischen Gemeinden – betrachteten einander mit Mißtrauen und Feindschaft. Diese Spannungen, die sich während des Schulstreiks entluden, steigerten

die ohnehin gefühlsgeladenen Lohnauseinandersetzungen zu einem traumatischen Konflikt.

Ich war noch zu nah oder vielleicht schon zu weit entfernt von dem Schulstreik von 1968, um ganz objektiv zu sein. Was sich feststellen läßt, ist, daß die Ursache für die Lehrerstreiks im Aufeinandertreffen zweier entgegengerichteter Kräfte lag, die beide ganz legitime Ziele verfolgten: die Bewohner der schwarzen und puertorikanischen Gemeinden forderten ein Schulsystem, mit dem ihre Kinder zurechtkommen und das sie erzieht; die Lehrer und Beamten des Schulsystems verlangten persönlichen Schutz und professionelle Rechte.

Eine Auseinandersetzung zwischen einer öffentlichen experimentellen Schule in einer schwarzen Gemeinde in Brooklyn und einer Gruppe beamteter Lehrer in diesem Bezirk war dem Streik vorausgegangen. Wegen des ursprünglichen Fehlers, die experimentellen Schulen ausschließlich in schwarzen oder puertorikanischen Gemeinden einzurichten – ein Fehler, für den ich einen Teil der Verantwortung trage –, endete der Streit in häßlichen rassischen und religiösen Auseinandersetzungen. Die Schulverwaltung des Bezirks bestand fast ganz aus Negern und Puertorikanern. Die Mehrheit der New Yorker Neger ist jüdisch. Eine Gruppe schwarzer Extremisten flüchtete sich in anti-weiße und anti-semitische Parolen. Einige Lehrer und ihre Anhänger griffen zu verschwiegeneren, aber nicht weniger unangenehmen Taktiken gegen die Neger. Als die Auseinandersetzung mit einem stadtweiten Streik endete, wurden die Obertöne dieses rassisch-religiösen Zusammenstoßes in den Hauptstrom der Stadtinteressen geschwemmt. Gerüchte gingen um, über den weißen Rassismus der Lehrer, das extreme Black-Power-Engagement der schwarzen Führer, über meine eigene Absicht, einen bekannten schwarzen Extremisten in das Board of Education zu berufen. Und selbst nachdem man sich geeinigt hatte, brauchten die aufgeputschten Feindseligkeiten lange Zeit, um zu verebben. Was auf beiden Seiten zu oft vergessen wurde, war, daß beide, Lehrer und Eltern, für ihre Seite Recht hatten. Zurück blieb die Erinnerung an einen langen erbitterten Streik in den städtischen Schulen und an das harte Aufeinanderprallen der verschiedenen Rassengruppen in der Stadt.

Eine Reihe weiterer Ereignisse, weniger kritisch für die Stadt, aber politisch gefahrvoll für mich, geschah während dieser Zeit. Ende 1968, mitten in einer Hongkong-Grippe-Epidemie, traf die Stadt ein Brennstoffstreik. Einen Tag nach der Beilegung des Streiks fuhr ich mit meiner Familie für einige Tage in die Ferien. Eine vollständige

Einigung war zu diesem Zeitpunkt noch nicht erreicht worden, und obwohl die Krise tatsächlich überwunden war, blieb der Eindruck, ich hätte meine von der Krise geschüttelte Stadt verlassen, um Ferien in der Sonne zu machen. Im Februar 1969 überfiel New York der übelste Schneesturm seit zwanzig Jahren, plötzlich und ohne Warnung an einem Sonntag. Er traf mit besonderer Kraft den östlichen Teil von Queens. Wieder war es eine ganze Kette von Faktoren – einschließlich versäumter Warnung, ungenügender Vorbereitung und, in einem Fall, eindeutiger Werksabotage –, die Tausende von Menschen für Tage obdachlos machten. Am Tag nach dem Sturm ging ich in die am schwersten betroffenen Bezirke; die Haltung, mit der man mich empfing, war überall gleich. Es gab eine Menge Vorschläge, was ich statt dessen besseres tun könnte, und einige faszinierende Spekulationen über meine Abstammung.

Verbunden mit diesen besonderen Ereignissen gab es eine mehr grundsätzliche, aber weniger gut definierbare Sammlung von Beschwerden. Obwohl sie ganz verschieden waren, sammelten sie sich um ein gemeinsames Thema. Es hieß, ich hätte aus persönlichen oder ideologischen Gründen die New Yorker Mittelklasse völlig vernachlässigt zugunsten der Reichen von Manhattan und zugunsten der Armen, vor allem der armen Schwarzen. Bei vielen New Yorkern konnte man Anfang 1969 dies oder ähnliches über meine Regierung hören:

»John Lindsay kümmert sich nicht um den typischen, hart arbeitenden Bürger, der in Brooklyn, Queens oder Bronx lebt. Das einzige, was ihn kümmert, ist das nationale Image, denn er möchte für die Präsidentschaft kandidieren. Er möchte die Stadt ruhig halten, also bezahlt er die Schwarzen mit Wohltätigkeit und Sozialunterstützung und bindet der Polizei die Hände, indem er seine jungen Assistenten in Auseinandersetzungen zwischen Polizisten und Halbstarken oder Kriminellen eingreifen läßt.«

»Währenddessen müssen die Ladenbesitzer, die Hausfrauen, die Lehrer Angst haben, auf die Straße, in die Schulen, in ihre Läden zu gehen.«

»Das einzige, was Lindsay kennt, ist Manhattan. Er glaubt noch immer, er sei der Kongreßabgeordnete des Silk Stocking Bezirks. Er weiß nichts über die anderen Stadtteile. Er kann nicht einmal die Straßen sauber halten oder uns vor einem Schneesturm schützen. All seine schönen Reden über die Reorganisation der Verwaltung bedeuten nichts anderes, als daß seine Wallstreet-Freunde hochbezahlte Ver-

waltungsposten erhalten, während er im Fernsehen auftritt und die Stadt zur Hölle fahren läßt.«
»Er macht die Schwarzen glücklich, indem er sie finanziell unterstützt und in ihren Gemeinden spazierengeht. Und er beschützt seine reichen Freunde, indem er die Rowdies ermutigt, den Mittelklasse-New Yorker anzugreifen.«
Es gab natürlich eine große Zahl sehr viel genauerer Vorwürfe: Die U-Bahnen waren überfüllt und oft unpünktlich, die Straßen schmutzig, die Steuern zu hoch. Manchmal wurde das Bindeglied zwischen meiner Verantwortung und den Beschwerden weiter geschwächt, so bei meinem Versagen, die Long-Island-Eisenbahnlinie zu einem pünktlichen Verkehr zu bewegen; so mein verräterischer Anschlag, alle Telefonzellen innerhalb der Stadtgrenzen abzureißen, so meine nachlässige Moral, die Tausende von Mädchen ohne Büstenhalter auf die Straßen der Stadt ließ. Manchmal hatte ich große Lust, nachhaltig zu protestieren und die Angelegenheiten zu diskutieren. Zu meinen Schutzmaßnahmen für die Reichen gehörte zum Beispiel die Erhebung einer Steuer auf Bankgewinne – erstmalig in der Stadtgeschichte –, die erhöhte Besteuerung von Aktienverkäufen und die Erhebung von Gesellschaftssteuern allgemein, Prozesse gegen die städtischen Versorgungsbetriebe, das Blaue Kreuz und die Telefongesellschaft.
Aber eine solche Art von Protest wäre ziemlich nutzlos gewesen. Tatsache war, daß wegen eines komplexen Bündels von Gründen, die in der Beurteilung meiner Persönlichkeit, in den realen Schwierigkeiten wirtschaftlicher und anderer Art der meisten New Yorker und in den physischen Bedingungen der Stadt wurzelten, viele New Yorker – fast sicher die Mehrheit – mich nicht mehr als Bürgermeister sehen wollten. Und es wurde vor allem deutlich, daß, wenn ich nicht zu einer Formulierung der echten Bedürfnisse an der Wurzel aller Feindseligkeiten käme, ich die Wiederwahl nicht gewinnen könnte – und auch nicht wirklich verdiente, sie zu gewinnen. Aber ich und diejenigen meiner Helfer mit politischer Verantwortung wußten noch etwas anderes: daß es weder verantwortlich noch klug wäre, an die Angst der New Yorker zu appellieren. Das wäre zu einfach und zu gefährlich. Ein Sieg würde diesen Preis nicht wert sein. Wie sich herausstellte, war die richtige Entscheidung, wenigstens diesmal, glaube ich, auch die richtige politische Entscheidung.
Anfang 1969 versicherte ein Kolumnist, der mich noch vor einigen Monaten für unschlagbar gehalten hatte, seinen Lesern, ich würde

unter keinen Umständen noch einmal kandidieren. Der Druck, sagte er, sei zu stark, die Stimmen gegen eine Wiederwahl seien zu laut. Das Verlieren der Gunst barg für mich ein gut Teil Ironie. Es war keine sechs Monate her, im August 1968, daß ich die Wahl hatte, mein Bürgermeisteramt zu verlassen, um im Senat den Platz von Robert Kennedy einzunehmen. Dies geschah nach dem republikanischen Parteitag in Miami, den ich überstand, und zu einer Zeit, als meine politischen Chancen hoch im Kurs standen. Es war nicht leicht abzusagen, aber die Annahme eines Bundesamtes – selbst im Senat – erschien mir wie ein Verrat an der Stadt, und vor allem an den Menschen, die ich überredet hatte, den Kampf um die Stadt in einer Zeit größter Spannungen anzutreten. Es kam hinzu, daß ein solcher Entschluß mir wie eine Flucht vor der wirklichen Auseinandersetzung erschien. Oder noch anders: durch meine Ablehnung gab ich dem Amt des Bürgermeisters besondere Bedeutung.

Dennoch war ich mir sehr bewußt, wie unsicher meine politische Position geworden war (obwohl ich nicht behaupten kann, diesen tiefen Sturz vorausgesehen zu haben). Ein Telefongespräch mit meinem Freund Richard Lee, dem früheren Bürgermeister von New Haven, steht in meiner Erinnerung beispielhaft für die Überlegungen dieser Zeit. »Hör' auf mich, nimm den Sitz im Senat an«, sagte Dick. »Du kannst unmöglich in diesem Amt Erfolg haben; niemand von uns kann das. Gib es auf, solange Du noch kannst.« Dieser Rat kam von einem Mann, der vierzehn Jahre lang Bürgermeister von New Haven war, einem der großen Bürgermeister der Nation. Aber die Rassenkämpfe von 1967 in New Haven hatten ihn verbittert. Er und mit ihm viele Bürgermeister großer amerikanischer Städte verzichteten auf eine Kandidatur in der Wahl von 1969.

Die Versuchung war sehr groß, 1969, am Ende meiner ersten Amtsperiode, aufzugeben. Zum Teil waren es ganz persönliche Gründe. Der Druck meines Amtes lastete ebenso stark, wenn nicht stärker, auf meiner Frau. Wir konnten kein normales Familienleben führen. Wir haben vier Kinder, und ich hatte sie in den letzten vier Jahren viel zu wenig gesehen, denn die Forderungen dieses Amtes sind unerbittlich. Und was noch wichtiger war, das grundsätzliche Problem der Stadt – die fehlenden Mittel für das, was getan werden muß –, war einer Lösung nicht näher gekommen. Vor allem Washington schien ohne Interesse an der Stadt. Unter diesen Umständen schien Dick Lee's Beispiel genau das Richtige. Bürgermeister von New York zu sein, bedeutet noch mehr Qual und noch weniger Möglichkeiten, die grund-

sätzlichen, lebensnotwendigen Veränderungen im Leben einer Stadt herbeizuführen.
Die Argumente für eine Kandidatur aber waren ebenso zwingend. Ich hatte eine Reihe von Programmen und Projekten begonnen, die ich vollendet sehen wollte; obwohl es schwer ist, sich vorzustellen, daß einige der ersten Programme, die ich als Bürgermeister begann, nicht vor Ablauf meiner zweiten Amtsperiode abgeschlossen sein werden. Darüber hinaus glaubte ich fest, daß nur ein Rechtsanwalt im Amt des Bürgermeisters die Chance hätte, eine veränderte Haltung bei Staat und Bund herbeizuführen. Ich hatte vier Jahre lang gepredigt, daß die Bewohner gewillt sein müßten, diesen Kampf durchzustehen. Jetzt aufzugeben, würde das Zeichen einer totalen Niederlage sein, an die ich – selbst in den dunkelsten Tagen von 1968 – nicht glaubte.
Ein anderes Argument, das fast alle politischen Kommentatoren übergingen, war mein Wunsch, noch einmal die Chance zu haben, einige der Dinge zu berichtigen, die fehlgeschlagen waren. Eine breitere Entscheidungsbasis müßte für alle Gemeinden von New York gefunden werden; Programme, die wirkungslos geblieben waren, mußten verändert werden. Und endlich fühlte ich mich als Bürgermeister ein wenig klüger als 1965. Don Quichotte ist lange gefoppt worden, aber zum Schluß kannte er den Unterschied zwischen den Windmühlen und den wirklichen Drachen.
Schließlich entschloß ich mich, wieder zu kandidieren. (Es ist nicht wahr, daß der wirkliche Grund für diesen Entschluß in dem Mangel an Wohnungen für eine sechsköpfige Familie lag.) Am 4. Februar, als ich mich zur Wiederwahl stellte, sagte ich zwei Dinge, die zu wichtigen Themen für die ganze Wahlkampagne wurden: erstens, »Ich will nicht vorgeben, daß meine Regierung ohne Irrtümer und Fehler war«, und zweitens, »Ich möchte lieber durch etwas, an das ich glaube, verlieren, als durch Verrat an meinen Prinzipien und an dieser Stadt gewinnen.«
Kurz danach sagte einer meiner Assistenten, ein Demokrat, zu mir: »Was ich wirklich hoffe, ist, daß Sie diese verdammte Vorwahl verlieren und unabhängig kandidieren.« Ich hätte ihm versichern können, daß es meine und die Meinung meiner engsten Ratgeber war, daß sich sein Wunsch erfüllen sollte.
Unzufriedenheit mit meiner Regierung wurde bei den Republikanern schon in den frühen Tagen deutlich, als ich systematisch begann, Demokraten, Liberale, Unabhängige und Republikaner in städtische

Ämter zu berufen. Außerdem hatte ich meine Haltung nach außen festgelegt – zur Frage der Bürgerrechte, zur Armut, zu Vietnam, zur Freiheit des Bürgers –, und damit befand ich mich in scharfem Gegensatz zu vielen republikanischen Staatsbeamten, die ihrerseits aus ihrer Ablehnung meiner Person keinen Hehl machten.

Nach dem Schulstreik und den anderen Ereignissen von 1968 zeichnete sich die Möglichkeit eines Gegenkandidaten in der Vorwahl ab. Der Gouverneur würde dem nicht im Wege stehen, und der Vizegouverneur, in seinem Bestreben, selbst einmal Gouverneur zu werden, würde ihn höchstens ermutigen.

Der wichtigste Gegenkandidat wurde, wie sich herausstellte, ein Mann, von dem die meisten New Yorker wenig wußten – und das war in mancherlei Hinsicht eines seiner Verdienste. Es war John Marchi, der Senator für Staten Island, New Yorks fünftem Bezirk, der mit keinem der anderen zu vergleichen ist. Senator Marchi gehörte seit zwölf Jahren dem Senat des Staates an und hielt enge Verbindungen zur republikanischen Führung. Als Vorsitzender des New York City Affairs Committee war er beteiligt an der Ratifizierung eines Schulgesetzes, das eine legislative Maßnahme zur Dezentralisation der Schulen lange verzögerte. Bei Auseinandersetzungen zwischen Stadt und Staat um mehr Hilfe für die Stadt hatte er im allgemeinen die staatliche Seite unterstützt. Seine Vergangenheit war jedoch unwichtig. Sein wirkliches Verdienst – neben einem angenehm unterkühlten Wahlkampfstil – lag darin, daß er nicht John Lindsay war.

Als Marchi den Wahlkampf begann, besaß er die Unterstützung der wichtigsten Stellen in der Legislative und Exekutive der Landespartei und die ausdrückliche Unterstützung der konservativen Partei, einer wachsenden Kraft im Staat, deren Förderung ihm einen Platz auf der Wahlliste im November von vornherein sicherte. Es gab eine Zeit, da schien es, als ob ein dritter Kandidat in den Vorwahlen um das Bürgermeisteramt Marchi Stimmen abgewänne; der Abgeordnete Vito Battista aus Brooklyn. Er gab aber gegen Ende des Wahlkampfes auf und kandidierte auf Marchi's Seite für das Amt des Controller[1]. Diese Entscheidung bedeutete zweierlei – erstens verringerte sie den tatsächlichen Umfang der Auseinandersetzung auf zwei; zweitens aber vereinigte es meine Opponenten in der republikanischen Partei. Sie machte Marchi zu einer noch mächtigeren Bedrohung.

---

[1] Es gibt kein anderssprachiges Wort für dieses Amt, es gibt dieses Amt auch auf der Ebene der Staaten.

Eigentlich sah es so aus, als müsse sich Marchi an die New Yorker Republikaner wenden, sofern man überhaupt etwas über sie wußte. Es hatte in New York keine republikanischen Vorwahlen mehr gegeben seit 1941, als Fiorello LaGuardia von einem Konservativen herausgefordert worden war, der behauptet hatte, er hätte der Polizei die Hände gebunden und die Stadt an Harlem ausgeliefert. Wir wußten nur, daß es etwa 625 000 eingetragene Republikaner gab, im Durchschnitt älter als fünfzig; daß die größte ethnische Gruppe unter ihnen aus Italo-Amerikanern bestand, die vor vielen Jahren in die Partei eingetragen worden waren, und daß die meisten von ihnen außerhalb von Manhattan wohnten. Nicht gerade die richtigen Wähler für einen liberalen Bürgermeister.

Die Umfragen zeigten uns, daß ich meine Kandidatur über die Vorwahl hinaus organisieren müßte. Wie ein anderer Politiker, der gewählt wurde, weil er eine Koalitionsregierung versprach, suchte auch ich jetzt für meine Liste Kandidaten, die für eine solche Koalitionspolitik einstehen könnten. So bat ich Sanford Garelik, Oberkommissar der New Yorker Polizei und eingetragener Demokrat, für das Amt des City Council President (Präsident des Stadtrats = Abgeordnetenhaus) zu kandidieren, und Fiorvante Perrotta, meinen Finanzberater, einen fortschrittlichen Republikaner, sich um das Amt des Controller zu bewerben. Es war eine gute Liste, aber in einer harten republikanischen Vorwahl konnte die Aufstellung eines Demokraten (so glaubte ich damals) kaum helfen.

Die größte Ermutigung während dieser Zeit war für mich die Unterstützung durch die Liberalen und ihren Vorsitzenden Alex Rose. Seit fünfundzwanzig Jahren bildet die Liberale Partei eine dritte Macht in der Stadt und im Staat und unterstützt Republikaner und Demokraten (meist diese) bei öffentlichen Mandaten. Die liberale Partei hatte mich 1965 unterstützt, aber im Frühjahr 1969 waren einige Mitglieder gegen meine Wiederwahl. Viele von ihnen waren als Gewerkschaftler während des Schulstreiks auf der Seite der Lehrer gewesen. Dazu kam, daß Robert Wagner, der frühere Bürgermeister, sich auf demokratischer Seite wieder am Wahlkampf beteiligte und die Unterstützung der Liberalen suchte – er hatte die Zustimmung der Partei gewonnen, als er sich 1961 um das Amt des Bürgermeisters bewarb. Kurz vor dem Parteitag der Liberalen sagte ein politischer Reporter einem meiner Mitarbeiter,»Wagner würde nicht noch einmal kandidieren, wenn er nicht die Liberale Partei schon in der Tasche hätte«.

Wie sich herausstellte, entschieden sich die Liberalen jedoch für mich, und dies bedeutete, daß ich und meine Mitkandidaten, was auch immer bei der republikanischen Vorwahl herauskommen mochte, im November auf der Wahlliste stehen würden. Wir waren auf diese Unterstützung angewiesen, ohne sie hätte meine Kandidatur am 18. Juni noch unwahrscheinlicher ausgesehen.

Am 17. Juni verlor ich die republikanische Vorwahl an Senator Marchi. Sein Vorsprung betrug etwa 6000 Stimmen bei rund 200 000 abgegebenen. Ich gewann zwar Manhattan beinah drei zu eins, verlor aber alle anderen Stadtteile trotz der Unterstützung der Organisationsleitung in Brooklyn und Queens.

Meine beiden Mitkandidaten jedoch, Sandy Garelik und Fred Perrotta, gewannen die republikanische Vorwahl. Diese Zersplitterung schaffte eine Situation, in der der republikanisch-konservative Bürgermeisterkandidat die Kandidaten der Konservativen für das Amt des City Council President und des Controller unterstützte; in der die Liberalen zwei Republikaner und einen Demokraten auf ihrer Liste hatten, in der der liberal-unabhängige Bürgermeister zwei andere von der republikanischen Seite unterstützte und die Republikaner plötzlich feststellen mußten, daß ein eingetragener Demokrat als Kandidat für das Amt des City Council President auf ihrer Wahlliste stand.

Meine eigene Niederlage war die erste, die ich während meiner Laufbahn erlebte, und sie schmerzte sehr. Aber ich vermute, daß die Bewohner von New York an jenem Mittwochmorgen noch überraschter aufwachten als ich. Vor allem traf mich die Niederlage nicht unvorbereitet. Dick Aurelio, mein Wahlmanager, und Alex Rose von den Liberalen hatten mir diesen Ausgang privat vorausgesagt. Ich hatte ihn sogar selbst vorausgesehen. Und so ergab sich mit dem Schlagwort der Herbstkampagne, »plötzlich ein ganz neues Bild«.

Bei den Demokraten hatten sich vier gemäßigte und liberale Kandidaten (unter ihnen der frühere Bürgermeister Wagner) in 48 % der Stimmen geteilt, so daß dem Sieger, dem City Controller Mario Procaccino, 32 % der Stimmen blieben. Als konservativster Demokrat im Rennen, war seine Parole während der Vorwahl die Forderung nach »Gesetz und Ordnung«. Sein Werbespot im Fernsehen mit einem brennenden Gebäude der Stadtuniversität war eine nicht allzu diskrete Anspielung auf die Rassenangst. »Diskriminierungen können nicht toleriert werden«, sagte der Sprecher dazu. »Mario Procaccino wird Sie diesmal vertreten.«

So präsentierten beide großen Parteien der Stadt konservative Kandi-

daten. In dieser Situation hatte ich wenigstens eine Chance. Ich weiß nicht, ob ich einen der anderen demokratischen Kandidaten hätte schlagen können, aber ich weiß, daß die Ergebnisse der Vorwahl auf diesem unsinnigen Weg, den die Politik manchmal nimmt, meiner Sache halfen; denn sie setzten in den Köpfen der Wähler den einen Gedanken fest: daß eine Wahl kein Referendum an die Popularität des Favoriten sei – sondern auch ein Abwägen von Alternativen.
Am Tag nach der Vorwahl gab ich meine erste Pressekonferenz und machte gleich einen Fehler. Dieser Morgen war ein Durcheinander von Telefonaten mit Demokraten, Republikanern und Unabhängigen, die ich bat, einige Zeit für Gespräche mit mir freizuhalten. Ich erzählte ihnen, daß wir versuchen würden, eine Koalition zu bilden und daß ich im Rennen bleiben würde. So blieb nur wenig Zeit für die Besprechung mit meinen Beratern über das, was ich sagen würde. Und so habe ich eine Bemerkung über die Notwendigkeit, Angst und Konservatimismus zu überwinden, völlig mißverständlich formuliert. Die ungewollte Implikation dessen, was ich sagte, ergab, daß alle New Yorker, die in der Vorwahl für Procaccino gestimmt hätten, irgendwelche Rassisten oder Frömmler seien; eine Bemerkung, die weder politisch klug war noch der Wahrheit entsprach. Besonders für einen Kandidaten, der für reserviert und arrogant gehalten wurde, war der Eindruck, daß er Leute nicht ertragen könnte, die anders denken als er, ein sehr ungünstiger Ausgangspunkt für den beginnenden Wahlkampf.
Es gab auf jeden Fall viel zu tun. Als Folge von Procaccinos Sieg gab es plötzlich eine große Zahl von Demokraten, die eine Alternative zu seiner Kandidatur suchten. Es gab für sie nur zwei Wege – entweder einen vierten Kandidaten zu unterstützen (Herman Badillo, den Präsidenten von Bronx, oder Hugh Carey, den Kongreßabgeordneten von Brooklyn oder andere führende Persönlichkeiten) oder meiner Koalition beizutreten. Es war deshalb unser erstes Ziel nach den Vorwahlen, eine vierte Kandidatur zu verhindern; denn noch ein liberaler Kandidat würde sicherlich genug gemäßigt-liberale Stimmen auf sich ziehen, um Procaccino den Sieg zu garantieren.
Dieses Ziel beschäftigte uns einen ganzen Sommer lang; denn wir konnten vor Herbstbeginn, wenn die Nominierungen eingereicht werden, nicht wissen, ob wir bei der Umlenkung dieser Bestrebungen erfolgreich sein würden. Wir begannen sofort nach der Vorwahl mit der Nominierung von Ronnie Eldridge, einer Reformerin in West Side, die für uns ein Netz von Kontakten mit Demokraten über die ganze

Stadt knüpfte. Innerhalb von 24 Stunden nach der Vorwahl hatte sie von etwa 20 prominenten New Yorkern Unterschriften für mich organisiert – viele von ihnen waren frühere Mitarbeiter von Robert Kennedy und warnten ausdrücklich vor einem vierten Kandidaten. Die Maßnahmen wurden fortgesetzt durch eine lose Allianz mit der neuen demokratischen Koalition, die ich beim ersten Gespräch fast zu Tode langweilte, mit der sich jedoch beim zweiten Mal gute Verständigungsmöglichkeiten ergaben. Mitte Juli bestätigte die neue demokratische Koalition meine Kandidatur – und der Beginn einer großen Koalition wurde sichtbar. Hinzu kam, daß viele New Yorker Republikaner auch nach der Niederlage auf meiner Seite blieben. Obwohl Gouverneur Rockefeller, und später auch Präsident Nixon, Senator Marchi ihre Unterstützung zusagten, erhielt ich die Stimmen von Senator Javits, Senator Goodell, der Manhattan County Organisation, Attorney General (Justizsenator) Lefkowitz und eine Anzahl republikanischer Staatsbeamter (die Zahl war, glaube ich, zwei). Inzwischen begann die republikanische Landespartei unter Leitung ihres Vorsitzenden, jeden nur möglichen Republikaner unter Druck zu setzen, um damit für mich jede Unterstützung, auch finanzielle, von dieser Seite zu blockieren. Führende republikanische Finanzexperten aber, die sich schon lange zum progressiven Flügel der Partei bekannten, blieben fest auf meiner Seite. Einer von ihnen, Gustav Levy, blieb weiter mein Finanzberater, wie er es schon zu Anfang der Wahlkampagne war. In den zwanzig Jahren meiner politischen Erfahrung habe ich keinen besseren gekannt.
Im Laufe des Sommers gewannen wir die Unterstützung einer ganzen Reihe von Demokraten. Wir hatten uns verpflichtet, ein gemischtes Ratgeberteam zusammenzubringen, aus Republikanern, Demokraten und Liberalen, das an der Wahlkampfstrategie beratend mitwirken sollte. Wie groß die Meinungsverschiedenheiten auch immer waren, die Kontakte blieben erhalten – größtenteils dank der Geduld und Geschicklichkeit meines Wahlmanagers Richard Aurelio. Einer nach dem anderen kamen die Demokraten auf meine Seite. Howard Samuels, der demokratische Kandidat für das Amt des Vizegouverneurs 1966, war einer der ersten. Herman Badillo, der in der demokratischen Vorwahl eine gute Position hatte, kam kurz darauf. Und dann auch Shirley Chisholm, die Kongreßabgeordnete von Brooklyn.
Diese Vertrauensvota waren ein wichtiger Teil unserer Wahlstrategie. Kein Kandidat und keine Organisation kann behaupten, daß sich der Verlauf eines Wahlkampfes im voraus genau bestimmen ließe; viel

zu viele Ereignisse kommen dazwischen. Aber diesmal trugen uns die Schritte, mit denen wir unsere Kampagne begonnen hatten, überraschend weit.
Eine wichtige Entscheidung, die wir sehr früh trafen, und die sich als richtig erwies, war der Entschluß, in die Straßen zu gehen, in alle Bezirke von New York, Tag und Nacht, um denen zu begegnen, die wahrscheinlich nicht für mich stimmen würden. Im Zeitalter des Fernsehens hält man diesen direkten Kontakt oft für überflüssig, aber in New York war das Gefühl der Hilflosigkeit zu groß, um allein vom Bildschirm aus richtig angesprochen zu werden. Es war mein fester Vorsatz, gesehen zu werden, mit den Bewohnern in ihrer vertrauten Umgebung zu sprechen, ihren Kummer anzuhören und ihnen zu antworten.
Dies verlangte besondere Aufmerksamkeit in den noch unentschiedenen Stadtteilen Brooklyn, Bronx und Queens. Mario Procaccino hatte seinen Wahlkampf im wesentlichen auf den Unruhen aufgebaut, die ich vorher beschrieben habe. Er nannte mich den Kandidaten des »Manhattan-Arrangements« (zu dem die Reichen, die Geschäftsleute, die Kommunikationsmedien zählen) und beschuldigte mich, ich hätte mich an die Halbstarken und Rowdies verkauft. In einigen Teilen der Stadt waren mir diese Vorwürfe schon vor Procaccinos Wahlkampf gemacht worden, ich konnte also wenig dagegen tun. Aber in anderen Stadtgebieten – den bürgerlichen, traditionellliberalen, zum größten Teil jüdischen Gemeinden von New York – mischten sich das Gefühl der Unzufriedenheit mit mir und das Gefühl der Unsicherheit bei dem Demokraten Procaccino. Gleich zu Beginn des Wahlkampfes formulierte sich die allgemeine Haltung in diesen Bezirken etwa so: »Lindsay mag unmöglich sein, aber was bietet man uns als Alternative?« Und in diese Gebiete ging ich, Nacht für Nacht, viel mehr um Fragen zu beantworten, als um Reden zu halten.
Am Labor Day begannen wir unsere Aktion mit einem Gang durch Bronx, Brooklyn und Queens. Wir gingen zum Strand und in die Schwimmbäder, wo viele Leute das letzte sommerliche Wochenende genießen wollten. Es war der Beginn unserer Aktion, direkt in die Gebiete zu gehen, die wir zurückgewinnen mußten, wenn wir die Wahl gewinnen wollten.
Dieses Wochenende war ein unglaubliches Erlebnis. Ich wurde gefeiert, ausgepfiffen, beleidigt, gelobt, bespritzt, bemitleidet (»er sieht so müde aus«, hörte ich oft – ein schlechtes Zeichen für den ersten Tag

im Wahlkampf), mit Beifall überschüttet und mit Fragen bestürmt. Ich hielt meine erste Rede vor einer Schar leicht belustigter Schwimmer, Reporter, Mitarbeiter, Schutzleute und jugendlicher Zweifler. Es sah in den Abendausgaben ein wenig befremdlich aus, und ich glaube, es war auch ein wenig befremdlich, mit der ersten Rede dem allgemeinen Tumult einfach ins Gesicht zu springen. Aber es mußte sein, als Beweis, daß wir einen offenen, für alle sichtbaren Wahlkampf führen wollten. Und so übernahmen wir den harten Job, verlorene Anhänger zurückzugewinnen und in jeden Winkel der Stadt zu gehen und zu reden.

Diese direkte Konfrontation kann manchmal ein beunruhigendes Erlebnis sein. Die New Yorker setzen glücklicherweise voraus, daß der Bürgermeister einer von ihnen sei und daß er gleichzeitig alle Verantwortung für jedes Dilemma in der Stadt trage. Ungleich Präsidenten und Gouverneuren, die weit entfernt sitzen, ist der Bürgermeister gegenwärtig – und selbst wenn die Wählerschaft des Bürgermeisters von New York größer ist als die fast jedes anderen Gouverneurs in jedem anderen Staat, so wenden sich die New Yorker doch direkt an ihn, selbst mit den geringsten Details öffentlicher Angelegenheiten. Ich kann mich an einen Mann erinnern, der auf einer Wahlversammlung in Bronx wütend aufsprang, um mir eine Frage zu stellen, die nur Ausdruck seiner Wut war. »Herr Bürgermeister«, begann er ärgerlich, »ich möchte wirklich wissen, was die Parkuhren in Forcham Road sollen?« Oder ein anderer, ein ganz junger Mann aus Queens beendete seine verärgerte Rede über die unzureichende Stadtreinigung mit den Worten: »Sie betrügen meine Gemeinde, um anderen Gemeinden in New York zu helfen. Das ist unehrlich und auch unnötig. Und übrigens«, fügte er hinzu, ohne den Tonfall zu ändern »bin ich für Sie.«

Wichtiger aber als die belustigenden Momente waren die ernsten Probleme, wo das Nehmen und Geben lebenswichtig wurde. Die New Yorker sorgten sich wegen der Verbrechen, zu Recht. Ich versuchte, von den Neuerungen zu erzählen, die wir eingeführt hatten, von der Einrichtung einer vierten Polizeistaffel, von der Modernisierung der Polizei, für die wir gekämpft und die wir durchgesetzt hatten. Aber was sie wirklich beschäftigte, waren Fragen, die nicht gestellt wurden. Binde ich der Polizei die Hände? Versuche ich wirklich, mir die Rowdies gewogen zu machen, indem ich sie auszahle? Fördere ich Minoritäten auf ihre Kosten?

Nur wenige würden diese Fragen stellen, so versuchte ich, in der Rede vor der Diskussion, sie selbst zu formulieren – indem ich mich dazu bekannte, in New York alle Minoritäten, die ersten und die letzten, zu fördern; indem ich zugab, daß der Polizei die Hände gebunden seien, aber nicht durch den Bürgermeister, sondern durch veraltete Verfahren und unzureichende Mittel. Ob es sinnvoll war, weiß ich nicht. Aber ich weiß, daß unsere Entscheidung, auf die Straße zu gehen, nicht umsonst war, weder politisch, noch in bezug auf das, was ich für meine zweite Amtszeit gelernt habe.

Es gab natürlich noch einen anderen Weg, die New Yorker Bürger zu erreichen: das Fernsehen. Ich hatte Glück, daß Dave Garth, ein Medienfachmann, der seit fünf Jahren bei mir ist, unsere Fernsehkampagne leitete. Er hatte die Werbeagentur Young & Rubicam beauftragt, unsere Werbespots zu produzieren. Steve Frankfurt, der junge Präsident der Agentur, und Tony Isadore, ihr Art-Director, bewiesen das richtige politische Gespür. Sie hatten verstanden, daß ich kein Produkt war, daß ein Wahlkampf keine Aktion ist, um Zahnpasta zu verkaufen und daß es das wichtigste Merkmal dieser Spots sein mußte, meine Laufbahn in einer Form darzustellen, die über einen Waschzettel von Verdiensten hinausging.

Als Höhepunkt unserer Werbung erwies sich ein Ein-Minuten-Spot, in dem ich über die Fehlschläge und über die Erfolge der vergangenen vier Jahre sprach. Ich glaube, ohne jeden Zynismus, daß es eine Sendung war, deren Bedeutung über den möglichen politischen Gewinn hinausging; denn sie zeigte den New Yorker Bürgern, daß ihre Sorgen gehört und ihr Kummer verstanden wurde. Die einfache Bereitschaft zu sagen, »dies war ein Fehler«, löste viel von der Bitterkeit, die die letzten Jahre angehäuft hatten; es war wie ein Zeichen, daß Politiker sich nicht außerhalb der Reichweite der Bürger befinden. Und das war kein Fehler.

Im September endlich hatten wir den ersten kritischen Sieg erfochten – es gab keinen vierten Kandidaten. Im gleichen Monat kam von einer anderen Seite ganz unerwartete Hilfe. Ich hatte eine Konferenz aller New Yorker Bezirksbürgermeister einberufen, um eine gemeinsame Aktion gegen Rauschgift vorzubereiten. Nach der Konferenz wurde Frank Hogan gefragt, was er von meiner Regierung halte. Frank Hogan ist Bezirksbürgermeister von Manhattan. Er ist seit dreißig Jahren in diesem Geschäft und gilt als einer der Besten.

»Ich glaube«, sagte Hogan, »daß John Lindsay mehr für die Gesetzlichkeit in dieser Stadt getan hat als irgendein anderer, bis zurück zu LaGuardia«.

Hogan machte klar, daß er mir keine politische Unterstützung anbot (»Ich weiß natürlich nicht, wie er mit dem Schnee fertig wird«, fügte er hinzu), aber die Wirkung seiner Worte war überwältigend. Hogan ist keine politische Persönlichkeit; er ist eingetragener Demokrat und widmet sich ganz der Sicherung der Legalität. Seine wenigen Worte taten mehr als irgend etwas, das ich selbst tun konnte, um die Parole »Gesetz und Ordnung« von Procaccino und Marchi zu untergraben. Sie bedeuteten, daß ein anerkannter Hüter des Gesetzes, der als solcher und nicht als Politiker sprach, den Wert des vier Jahre langen Kampfes, den wir geführt hatten, anerkannte. Mich anzugreifen, war eine Sache für Procaccino, eine andere war es, das Wissen von Bürgermeister Hogan in Frage zu stellen.

Eine ganz andere Geschichte, die sich im September und Oktober ereignete, schien ebenso nutzbringend, obwohl ich zögere, ihr die gleiche Bedeutung beizumessen, die die anderen hatten. Die New York Mets, eine von den New Yorkern favorisierten Baseball-Mannschaft, unternahm einen ernsthaften Anlauf auf den Titel der Nationalliga Ost. Jahrelang waren wir an Titel und Meisterschaften gewöhnt, die die New York Yankees jedes Jahr nach Hause brachten, aber niemand hatte je daran gedacht, daß die Mets in ihre Spuren treten könnten. Doch plötzlich sahen sie aus wie eine siegversprechende Mannschaft – und die New Yorker begannen, sie anzufeuern wie keine andere Mannschaft zuvor. Jetzt gab es nicht mehr drei Mannschaften, die um zwei Titel kämpften; es gab nur noch die Mets. Ihr überraschender Sieg – gekrönt vom Meisterschaftstitel und den World Series – wirkte unglaublich stimulierend auf die New Yorker. Das erste Mal nach langer Zeit hatte man das Gefühl, daß diese Stadt wieder an der Spitze sei. Ihre Bewohner waren plötzlich nicht mehr einer des anderen Wolf, sondern sie kämpften, Seite an Seite, für den Sieg der New York Mets.

Es gibt Leute, die glauben, es sei der wichtigste Moment in meinem Wahlkampf gewesen, als man mich im Umkleideraum der Mets mit Champagner überschüttete, nachdem sie den Meisterschaftstitel und die World Series gewonnen hatten. Ich war, ehrlich gesagt, nur ein unschuldiger Zuschauer, und die Gerüchte, daß der Champagner von mir stammte, sind auch nicht wahr. Ich war in den Umkleideraum gegangen, um Gil Hodges zu gratulieren und stand ganz außerhalb der Versammlung, als Rod Gaspar und Tom Seaver grinsend auf mich zukamen. Das nächste, was ich weiß, war, daß Champagner mir den Nacken hinunter aufs Jackett lief. Das ist die ganze Geschichte eines

höchst unpolitischen Ereignisses. Und wenn Sie mir nicht glauben, so fragen Sie den Bezirksbürgermeister Gil Hodges.
Aber ich glaube, das wichtigere Ereignis war die spontane Siegesfeier, die ganz New York erfaßte, nachdem die Mets die World Series gewonnen hatten. Das Konfetti und Papier, das überall aus den Fenstern quoll (und das die Stadtreinigung – und mich – eine ganze Nacht kostete), die improvisierten Paraden und Wagenprozessionen brachten Augenblicke reiner Freude in eine Stadt, in der solche Augenblicke selten sind. Und sie brachten ein Gefühl von Zusammengehörigkeit und Zufriedenheit, das die New Yorker ein wenig mit dem sonstigen Auf und Ab versöhnte.
Zum Schluß, Ende September, Anfang Oktober, gewannen die Übertritte von Demokraten mehr und mehr an Bedeutung. Jeden Tag schlugen die New Yorker ihre Zeitungen auf, um darin zu lesen, daß wieder ein bekannter Demokrat sich gegen die Wahl seiner Partei stellte, um mich zu unterstützen. Das bedeutete mehr als eine Liste von Namen. Es bedeutete, daß in Bezirken, in denen man mich mit Mißtrauen betrachtete, andere Leute, mit engen Bindungen an ihre Gemeinde, bereit waren, mir zu folgen. Der Abgeordnete Leonard Simon zum Beispiel opferte viele Stunden, um für mich zu sprechen und für mich zu werben. Der Kongreßabgeordnete Ben Rosenthal von Queens tat das gleiche. Der Schriftsteller Jimmy Breslin (der schon seinen bescheidenen Anteil an meiner Wiederwahl gefordert hat) machte es auf andere Weise, denn er war dem wirklichen New York viel näher als mancher Politiker. Und Arthur Goldberg machte großen Eindruck mit seinem mutigen, unabhängigen, zeitlich so richtigen Entschluß, Mitte Oktober auf meine Liste zu setzen.
Ein anderer Schlüsselfaktor waren die regelmäßigen Fernsehdiskussionen der drei Kandidaten. Procaccino hatte versucht, mich als Schauspieler hinzustellen, »der im Fernsehen erscheint, während die Stadt brennt«. Es ist interessant, daß viele meiner Mitarbeiter glaubten, Procaccino könnte, allein dadurch, daß er sich zeigte und ruhig verhielte, die Diskussionen gewinnen, da sein Image als ein gefühlsbetonter Kandidat in der Presse hochgespielt worden war.
Wir trafen sehr früh die Entscheidung, nur spezielle, konkrete Themen zu diskutieren – Reorganisation der Polizei, Rentenkontrolle, Steuerreform, Vietnam und andere – und jeden persönlichen Zusammenstoß der Kandidaten zu vermeiden. Die Strategie war richtig, und als Procaccino in letzter Minute noch einige Angriffe startete, wirkte es eher wie eine Bestätigung seiner Charakterisierung als

»Kandidat der Gefühle«. Und wieder erwies es sich als günstig für mich während der letzten Wochen des Wahlkampfes, daß die Wähler die Möglichkeit hatten zu vergleichen.

Zur Zeit von Arthur Goldbergs Übertritt und dem Siegeszug der Mets gab es ein sehr viel dunkleres Ereignis zu bewältigen – den Gedenktag für den Krieg in Vietnam am 15. Oktober. Die jungen Anführer der Studentenbewegung Eugene MacCarthy's hatten damit begonnnen, und die Dedikation eines Tages an diesen Krieg erweiterte sich schnell zu einem nationalen Tag des stillen Gedenkens und des offenen Protests gegen das, was der Krieg unserem Land angetan hat. Es war ungewöhnlich, denn es konzentrierte sich auf die großen Städte und ereignete sich auf nachbarschaftlicher Ebene. Es war wahrscheinlich die ungewöhnlichste Demonstration dieser Art in der Geschichte der Vereinigten Staaten.

Ich hatte mich viele Monate vorher entschieden, den Krieg in Vietnam und die unausgeglichenen nationalen Prioritäten zu einem Teil meines Wahlprogramms zu machen. Ein Grund dafür lag auf der Hand: die städtischen Versorgungsleistungen waren völlig unzureichend. Obwohl man die Steuern erhöht hatte, waren die städtischen Dienstleistungen verringert worden. Ich glaubte damals (und glaube es heute noch), daß der wirkliche Grund für diese Unausgeglichenheit in dem enormen Druck liegt, den ein Verteidigungsbudget von 80 Milliarden Dollar und ein Krieg von 30 Milliarden Dollar auf unsere Steuermittel ausüben. Ich habe wieder und wieder gesagt, daß New York eine »Kriegsgefangene« sei. Ihre Steuerzahler tragen jedes Jahr neun Milliarden Dollar zum Krieg und zur Verteidigung bei; dieses Geld muß irgendwann an die Stadt zurückfließen.

Es gab für mich keine Zweifel, daß ich persönlich an dem Gedenktag teilnehmen würde. Die Frage war, was die Stadt tun könnte, wenn überhaupt etwas. Natürlich gibt es ganz gegensätzliche Haltungen zu diesem Krieg, und es würde gefährlich sein, die ganze Stadt auf die Seite des Protests zu ziehen.

Ich entschied mich, den Tag im Zeichen der Trauer zu begehen. Die Flaggen wurden auf Halbmast gesetzt und das Rathaus wurde mit schwarzem Tuch verhangen. Der Sinn dieser Geste war, die New Yorker an die wirklichen Verluste dieses Krieges zu erinnern, die weit über den Verlust von Geld hinausgehen – an den Tod von Tausenden unserer jungen Männer. Sie war auch gedacht als Zeichen des Respekts vor denen, die aus solchen emotionalen Bindungen heraus den Krieg weiter unterstützen, besonders vor den Familien derer, die

getötet worden waren. Diese Geste wurde jedoch als politischer Akt aufgefaßt (was wahrscheinlich unvermeidbar war) und löste viel Feindseligkeit aus, besonders von seiten der Polizei und der Feuerwehr. Aber für mich war es selbstverständlich, daß ich durch irgendein Zeichen die New Yorker daran erinnern müßte, was dieser Krieg für uns alle bedeutet. Aus diesem Grund war die Form der Proklamation, die die Stadt wählte, ein Tag der Erinnerung an die ganz persönlichen Verluste durch diesen Krieg.
Zweifellos war das Senken der Flaggen politisch ungünstig für mich – das bewies unsere telefonische Umfrage in den darauffolgenden Tagen. Aber es war ebenso deutlich, daß im politischen Zusammenspiel mein hartes Auftreten gegen den Krieg richtig war. Erstens wurde es am aufmerksamsten gerade von den politisch noch unentschiedenen Gemeinden, den Gemeinden der gebildeten Mittelschicht aufgenommen, und zweitens wünschten die meisten New Yorker Bürger verzweifelt, daß der Krieg in Vietnam beendet werden sollte, und unterstützten die endlosen militärischen Aktionen nicht. Und drittens glaube ich, daß mein Standpunkt die New Yorker zwang, noch einmal die Alternativen abzuwägen, zu prüfen, ob meine Gegner bereit waren, dieser Sache beizutreten. Es erinnerte die New Yorker daran, daß wir ein Teil der ganzen Nation sind und daß ein Bürgermeister, der es nicht riskiert, sich für neue nationale Richtlinien einzusetzen, auch ein Bürgermeister sein könnte, der nicht bereit ist, das wahre Übel der Stadt zu ergründen.
Neben den direkten Aktionen im Wahlkampf, gab es noch eine ganze Reihe unwägbarer Elemente. Eines war mir schon vor der Wahl bekannt – das Gefühl der persönlichen Antipathie gegen mich. Aber während der Wahlkampf andauerte, begannen sich diese Unwägbarkeiten gegen Mario Procaccino zu wenden.
Da war sein Widerstand gegen die Fernsehdiskussionen, den manche Wähler als den Versuch auslegten, sich nicht zu stellen. Da war seine oft sehr verwirrende Art zu sprechen, vor allem gegenüber Zeitungsleuten. Da war sein Versuch, ein risikoreiches Rehabilitierungsprogramm durch die Bezeichnung »Auszahlung« der dunklen Elemente abzuwerten – der ihm, wie ich glaube, eher schadete; denn einige wichtige Wahlkreise begannen daran zu zweifeln, wie tief sein Verständnis vom Wesen des Verbrechens überhaupt sei.
Aber am wichtigsten war es doch, daß sich, irgendwann im Oktober, das Gefühl entwickelte, daß die Stadt vielleicht doch so schlecht nicht sei, daß nicht alles, was passierte, ein Verschulden des Bürgermeisters

war und daß John Lindsay unter allen Möglichkeiten vielleicht doch nicht die schlimmste sei.

Ich glaube, das »wägbarste« der unwägbaren Elemente war das Wahlergebnis nach der Umfrage der Daily News. Es wurde drei Wochen vor der Wahl veröffentlicht und gab mir einen Vorsprung von elf Punkten, das bedeutet einen Vorsprung von 21 Prozent-Punkten – also etwa 600 000 Stimmen.

Ich muß gestehen, daß ich an das Ergebnis anfangs nicht glaubte, denn es stimmte einfach nicht mit unseren eigenen Vorkalkulationen und meiner eigenen Einschätzung der Situation überein. Wir hatten weder 49 Prozent der Stimmen in Bronx, noch 48 Prozent in Brooklyn. Interessanter aber war, daß diese Umfrage eine der wenigen war, die beiden Kandidaten schadete.

Sie schadete Procaccino natürlich offensichtlich. Das Geld war verbraucht, seine Mitarbeiter waren demoralisiert, und die Demokraten, die zwischen ihm und der Neutralität, oder der Neutralität und mir schwankten, wurden durch die Umfrage auf meine Seite gelenkt.

Aber dann am Wahltag trug ich den Schaden. Viele New Yorker hatten sich, wenn auch widerwillig, für mich entschieden. »Wir mögen Lindsay nicht – aber mit Procaccino können wir nichts anfangen«, sagte man. Aber wenn die Umfrage stimmte, konnten diese New Yorker auf zweierlei Art reagieren – sie konnten wählen, oder aber zu Hause bleiben und gar nicht wählen, in der sicheren Überzeugung, Procaccino würde nicht gewinnen. Diese Überzeugung war so stark, daß wir, wie wir nachträglich in einer Umfrage feststellten, zwischen 150 000 und 400 000 Stimmen verloren, weil die Daily News-Umfrage die widerwilligen Lindsay-Wähler überzeugt hatte, sie könnten die Wahl auch zu Hause abwarten.

Am 4. November um Mitternacht kam einer meiner Mitarbeiter zu mir, um mir die Hand zu schütteln. »Mein herzlichstes Beileid«, sagte er. Dies war die einzig richtige Geste nach unserem Sieg.

Wir hatten gewonnen – aber mit nur 185 000 Stimmen Vorsprung und 42 Prozent der Wähler. Dies Ergebnis war kaum ein Grund zur Freude – für keinen von uns. Für Mario Procaccino und seine Anhänger blieb eine zerbröckelte demokratische Partei zurück, die weit weniger Halt hatte als damals, als ich 1965 zum ersten Mal nach einem Wahlkampf der Koalition Bürgermeister wurde. Senator Marchi hatte die niedrigste Stimmenzahl eines republikanischen Kandidaten in den letzten 40 Jahren erhalten, sie war sogar niedriger als die von Robert Christenberry 1954, dem man nachsagte, sein

Wahlkampf sei das klassische Beispiel dafür gewesen, wie man nicht gewinnt. 1969 wurde die republikanische Partei sogar von dem zweiten Platz im Abgeordnetenhaus verdrängt, und die liberale Partei rückte an ihre Stelle. Um die Ironie vollkommen zu machen, wurden sogar in konservativen Wahlkreisen einige Republikaner von liberalen Kandidaten geschlagen. (Und ebenso wurde ein demokratischer Kandidat, der so links stand, wie mancher Republikaner rechts steht, in Harlem von einem Liberalen besiegt.)
Ich selbst hatte ohne die Unterstützung einer der großen Parteien gewonnen. Was ich gewonnen hatte, war eine Stadt, die sich in einer verzweifelten finanziellen Krise befand, mit Bürgern, die mit dem Leben, das sie führten, nicht zufrieden waren. Ich hatte gewonnen durch eine duldsame Wählerschaft, einen großen Stab von Mitarbeitern und durch harte Arbeit. Aber der Einsatz, die Stadt zu regieren, würde weitaus größer sein, als der, die Wahl zu gewinnen. Ich glaube aber, wenn ich noch etwas anderes gewonnen hatte – außer einem sympathischen Abgeordnetenhaus (City Council) und einer wohlwollenden Finanzbehörde (Board of Estimate) –, dann waren es die Dinge, die ich während des Wahlkampfes gelernt hatte.
Das erste war eine Lektion über den neuen unzufriedenen Amerikaner – über die *Silent Majority*, von der der Präsident spricht, oder die weiße Arbeiter- oder Mittelklasse, wie man sie manchmal nennt. Es gibt einige, vor allem Politiker, die glauben, der Hauptstrom der Mittelklasseamerikaner sei mit einigen Bemühungen um rassische Gerechtigkeit und sozialen Aufstieg abzuspeisen und würde diejenigen, die ihm solche Programme versprechen, unterstützen. Meiner Ansicht nach ist das vollkommen irrig. Der Normal-Amerikaner ist wirklich unzufrieden, und er protestiert laut gegen soziale Programme. Aber dieser Protest kommt weniger aus einem angeborenen Konservativismus, sondern aus dem Gefühl, daß seine ganz persönlichen realen Probleme ignoriert werden. Man muß sich einen Augenblick lang seine Lage vorstellen.
In New York City verdient der Normalbürger etwa 8000 Dollar im Jahr, eine Summe, die für einen arbeitslosen Jugendlichen ein Königreich bedeutet. Dagegen hat das Ministerium für Arbeit festgestellt, daß eine Familie mit vier Kindern in New York City, um »bescheiden« zu leben, 9500 Dollar im Jahr braucht. Und so lebt er, mit den Worten einer staatlichen Dokumentation, »mit der Drohung der Armut im Rücken, vom Wohlstand weit entfernt«.

Ihm wird gesagt, daß es ihm besser geht als je zuvor, und ein Blick auf seinen Gehalts- oder Lohnzettel zeigt ihm, daß er in der Tat mehr verdient als je zuvor. Aber die Inflation hat den Wert seiner Lohnerhöhung aufgezehrt; denn seit Beginn des Vietnam-Kriegs hat sich die Abwertungsrate verdreifacht. Die Steuern sind in die Höhe geschnellt, und der gemeinsame Druck höherer Preise und höherer Steuern haben das wirklich verfügbare Einkommen des Arbeiters seit 1965 verringert. Er findet auf allen Seiten keinen stetig wachsenden Lebensstandard, sondern einen stetig wachsenden Existenzdruck. Wenn er in ein neues Haus ziehen will, ist es ihm unmöglich, eine Finanzierung zu finden, die er aufbringen kann; wenn er aber wartet, sieht er die Kosten für ein neues Haus um etwa sieben Prozent im Jahr steigen. Er weiß nicht, wie er für seine Familie sorgen soll, wenn einer der Angehörigen krank wird; denn die Krankenhauskosten betragen in New York City im Durchschnitt 60 Dollar pro Tag, und kaum eine Versicherung trägt die vollen Kosten einer Krankheit.
Er weiß, daß der Besuch eines Colleges für seine Kinder wichtig ist, wenn sie das sorgenfreie Leben führen sollen, das er ihnen wünscht. Aber wenn er zwei Kinder hat, weiß er ebenso, daß ihr Collegebesuch ihn drei Jahre seines vollen Lohnes kostet – und diese Kosten erhöhen sich in den nächsten Jahren schneller als sein Einkommen.
Er sieht, daß die Steuern erhöht werden – oder wenigstens, daß die Steuer einen immer größeren Teil von jedem Dollar, den er zusätzlich verdient, vorher wegnimmt. Und besonders wenn er in einer großen Stadt lebt, sieht er, daß die städtischen Dienstleistungen seit Jahren nicht verbessert werden konnten, daß die Straßen nicht sauber sind, daß es zu viele Verbrechen gibt, viel zu viel Luftverschmutzung, viel zu viel Bedrängnis im Verkehr – und er wundert sich, wofür er seine Steuern zahlt.
Ich glaube, es ist diese Art der Unzufriedenheit, die eine Haltung auslöst, die andere als reaktionäre Tendenz bezeichnen wollen. Aber zu all diesen ungelösten Problemen kommt noch eine andere Art der Frustration, die das ganze moderne Amerika erfaßt – der Verlust des Gefühls von persönlicher Freiheit. Für einen Durchschnittsbürger von New York ist der Versuch, mit einer Verwaltung zu verhandeln, eine vergebliche Anstrengung, wie für jeden einzelnen, der sich irgendeiner bürokratischen Maschinerie gegenübersieht. Er hat das Gefühl, daß niemand zuhört, daß niemand, der Macht hat, auch nur eine Ahnung hat von dem Ausmaß seiner Probleme, und noch viel weniger ein **Programm,** um diese Probleme zu lösen.

Und genau an dieser Stelle wird das Gefühl der Unzufriedenheit geboren. Denn in den letzten Jahren hat die Verwaltung auf allen Ebenen mit Programmen für die unterprivilegierten Schichten begonnen. Sie waren, alles in allem, armselig; sie brachten in keinem Fall die Mittel und Energien, die wir brauchen – aber sie waren *sichtbar*. Viele Verwaltungen, auch die von New York City, haben versucht, das Desinteresse zu überwinden und den benachteiligten Bürgern zu zeigen, daß diese Regierung sich ihrer Probleme angenommen hat und versucht, durch Aktionen wie die Urban Action Task Force (Stadtaktionsprogramm) ihre Sorgen zu lindern. Der Durchschnittsamerikaner sieht das – er sieht, daß es wenigstens für einen Teil der Bevölkerung Interesse und Unterstützung gibt – und er muß sich fragen: »Wo gibt es Maßnahmen gegen *meine* Sorgen? Wird dem schwarzen Mann etwa auf *meine* Kosten geholfen?« Und so wird er Maßnahmen, die die Zulassung zum College erleichtern, als Gefährdung der Stipendiatsplätze für seine Kinder betrachten, wird er in dem Bemühen um Chancengleichheit im Beruf die Gefährdung seines Arbeitsplatzes sehen, wird er seine sowieso von Sicherheit weit entfernte Lage bedroht sehen durch den Fortschritt in anderen Gruppen.

Es war und es ist diese Unzufriedenheit, der wir in New York und in anderen Städten begegnen müssen. Und der Weg, den wir gehen müssen, liegt in Programmen zum Schutz dieser New Yorker Bürger – in Programmen für die Ausbildung ihrer Kinder, für gute städtische Dienstleistungen in allen Bezirken und für eine erweiterte Möglichkeit zur Partizipation in allen Gemeinden. Dies kann aber nicht geschehen, wenn man die Programme kürzt, die diesem Mann helfen könnten, um den es eigentlich noch schlechter steht, als er weiß.

Ein Schlüsselelement in diesem Kampf ist die Bildung einer Koalition der Städte in Sachen der Armen und der Durchschnittsamerikaner – nicht nur für bundesstaatliche Programme, sondern für Steuerreformen, für die Senkung der Universitätsgebühren, für die Möglichkeit, in ihnen das Gefühl zu stärken, daß die Mächte, die sie regieren, sich noch immer in ihrer Reichweite befinden.

Dies sind einige der Aufgaben, denen ich zu Beginn meiner zweiten Amtsperiode gegenüberstand. Aber ich hatte auch die Erfahrungen von vier Jahren, auf denen ich aufbauen konnte. Diese Erfahrungen – und das, was ich aus ihnen gelernt habe – beschreiben die nun folgenden Kapitel. Ich konnte nicht alle lebenswichtigen Punkte der Stadt berühren – Wohnen, Gesundheit, Ausbildung, Umwelt –, dazu hätte ich ein Dutzend Bücher schreiben müssen. Aber ich habe versucht, in dem, was nun folgt, die Dimensionen des Überlebenskampfes dieser Stadt zu zeigen – und die Notwendigkeit von Aktionen, um diesen Kampf zu bestehen.

2 Die Wurzeln des Übels

Auf eine Art lassen sich all unsere Probleme zu einem gemeinsamen Ausgangspunkt zurückverfolgen: wir Amerikaner lieben unsere Städte nicht.
Das ist eigentlich absurd. Immerhin leben mehr als drei Viertel von uns in Städten, und immer mehr ziehen jedes Jahr dorthin. Man erzählt uns, daß Washington den Städten jetzt mehr Beachtung schenken will, und die Universitäten haben den Städtebau als neues weites Feld für Studien- und Forschungsarbeiten entdeckt.
Dennoch ist es historisch wahr: in der amerikanischen Vorstellung ist die Stadt ein suspektes Unternehmen, verseucht von europäischer Korruption, ohne die Weite und Unschuld des unberührten Landes.
Ich gebe nicht vor, die Rolle der Stadt in der amerikanischen Geschichte vollständig untersucht zu haben. Aber während der dreizehn Jahre in öffentlichen Ämtern, zuerst im Justizministerium, dann als Kongreßabgeordneter und jetzt als Brügermeister der größten amerikanischen Stadt, habe ich gesehen, daß eine starke anti-städtische Haltung fest im amerikanischen Denken verwurzelt ist. Viel von der Kraft, die Amerika besiedelte, war Reaktion auf die Bedingungen in europäischen Industriezentren – und viele der Worte über die Grundlage der Freiheit in Amerika verbinden sich direkt mit der Unermeßlichkeit des Landes und der Vervollkommnung des Menschen außerhalb der verderblichen Impulse der Stadt.
Was hat all dies mit den Zuständen in einer modernen Stadt zu tun? Ich glaube, es hängt ganz eng damit zusammen. Es ist wahr, daß Amerika und vor allem die Bundesregierung, die schon immer unsere nationalen Prioritäten bestimmt hat, einfach noch niemals daran gedacht haben, daß die Stadt ihrer Hilfe wert sei – auf jeden Fall nicht in einem Maß, das den Aufwand von bedeutenden Mitteln rechtfertigen kann.
Als Sammelplatz ungesunder, unmoralischer und verdorbener Bürger

erschien die Stadt im Denken vieler unserer bedeutenden und verehrungswürdigen Mitbürger als ein Zustand, den man vermeiden sollte, nicht als ein Problem, das gelöst werden muß. Und es ist außerdem wahr, daß wir uns in unserer öffentlichen Politik von privaten Vorurteilen bestimmen lassen, besonders wenn solche Vorurteile dem Hauptteil aller Amerikaner gemeinsam sind. Ich wage deshalb zu vermuten, daß wenigstens ein Teil unseres heutigen Dilemmas auf eine ererbte Haltung zurückzuführen ist, die uns gelehrt hat, die Stadt von den Hoffnungen und Zielen der amerikanischen Lebensform zu trennen. Ich glaube außerdem, daß wir, wenn wir die amerikanische Stadt des 20. Jahrhunderts betrachten, die gestaltgewordenen Impulse der Denkweise des 18. und 19. Jahrhunderts wiedererkennen können, die bestimmte, was – und was nicht – geschah.

Antipathie gegen die Stadt bestimmt die amerikanische Geschichte. Als die industrielle Revolution die europäischen Arbeiter in die großen Städte des Kontinents zog, erschienen Bücher und Flugschriften, die die Stadt als Quelle von Verbrechen, Korruption, Schmutz, Krankheit, Sünde, Zügellosigkeit, Umsturz und hoher Preise verdammten. Das Thema vieler früher englischer Romane – Moll Flanders ist ein glänzendes Beispiel – war das der unschuldigen Landjugend, die in die großen Städte kam, um allen möglichen Formen des Schreckens ausgeliefert zu sein, bis die Gerechtigkeit – und die Rückkehr ins ländliche Leben – die Qual beendete.

Diese Meinung über Europa schien ein Franzose zu bestätigen als er schrieb: »Auf dem Land ist der Geist des Menschen frei und leicht und ganz zu seiner Verfügung; aber in der Stadt beanspruchen die vielen Bekanntschaften und Freundschaften, das eigene und anderer Leute Geschäft, alberne Gespräche, Zeremonien, Besuche, dumme Reden und tausend andere Narrheiten und Ablenkungen den kostbarsten Teil der Zeit und lassen uns keine Muße für bessere und notwendigere Überlegungen. Große Städte sind nur ein vergrößertes Gefängnis für die Seele, wie Käfige für die Vögel oder Ställe für das Vieh.«

Das war natürlich nicht das einzige Urteil über das Stadtleben. Andere betrachteten die Stadt als »Feuer der Zivilisation, von dem Licht und Wärme ausgehen für eine dunkle kalte Welt«. Und William Penn plante Philadelphia als »die Heilige Stadt« und legte sie sorgfältig so an, daß jedes Haus zu einem kleinen Landsitz wurde. Er wollte damit die Dichte und Übervölkerung der europäischen Städte vermeiden.

Ohne Frage war der erste bedeutende Denker, der eine klare Antipathie gegen die Stadt äußerte, Thomas Jefferson. Für Jefferson symbolisierten die Städte London und Paris, die er als diplomatischer Vertreter der neuen Nation oft besuchte, die politische und wirtschaftliche Unterdrückung in Europa, die durch große Konzentration von Besitz und Reichtum auf der einen Seite und Besitzlosigkeit und Armut auf der anderen Seite entsteht. In der Neuen Welt, mit ihren weiten Landreserven, gab es die Möglichkeit, die Freiheit zu entfalten, durch die jeder Bürger, aus wirtschaftlicher Abhängigkeit befreit, fähig und willens wird, den Lauf seines Schicksals selbst zu bestimmen. Amerika sollte wirklich die Befreiung von aller Ungerechtigkeit Europas bringen, die sich in den großen Städten kristallisierte.

Der Glaube Jeffersons war überzeugend. »Ich glaube, unsere Regierungen werden noch für Jahrhunderte gerechte Regierungen sein«, schrieb er an James Madison 1787, »so lange, wie unser Land überwiegend aus ländlichen Staaten besteht. Dies wird so bleiben, so lange es noch freies Land in Amerika gibt. Wenn die Menschen in große Städte gepfercht werden, einer auf den anderen, werden sie ebenso korrupt wie in Europa.«

Und in einem Brief an den bekannten Arzt Benjamin Rush im Jahr 1800 schrieb er im Zusammenhang mit dem Ausbruch des Gelbfiebers: »Wenn großes Leid geschieht, habe ich mir angewöhnt, als Trost zu überlegen, wozu es gut sein könnte ... Das Gelbe Fieber wird das Wachstum der großen Städte in unserem Land aufhalten, und in meinen Augen sind große Städte für Moral, Gesundheit und Freiheit verderblich. Sicher bringen sie einige der Schönen Künste hervor, aber die wirklich nutzbringenden können auch anderswo entstehen; und weniger Vollendung in den Künsten, dafür aber mehr Gesundheit, Tugend und Freiheit scheint mir eine gute Wahl.«

1807, als er einen seiner Kollegen in Philadelphia bat, für seinen Enkel zu sorgen, der dort Medizin studieren sollte, entschuldigte er sich, daß er einen seiner Verwandten in eine Stadt schicke: »Ich liebe es nicht, junge Menschen in große Städte zu verpflanzen«, schrieb er, »sie nehmen dort Gewohnheiten und Sonderlichkeiten an, die nicht zu ihrem späteren Glück beitragen.«

Dieses Jefferson-Dogma blieb ein integrierter Bestandteil amerikanischer Tradition. Während des ganzen 19. Jahrhunderts, während die Besiedlung Amerikas immer weiter nach Westen vorstieß, blieben die neuen Siedler sich einig in ihrem Willen, den Fesseln der Stadt zu entrinnen.

Diese Visionen von der Stadt als Gefahr für Weisheit, Moral, Frieden und Anstand stehen nicht vereinzelt. Sie sind bleibende Themen des 19. Jahrhunderts. Sie werden von Beobachtern wie Alexander de Tocqueville in seinem klassischen Buch »Die Demokratie in Amerika« aufgezeichnet. Er schreibt darin 1839: »Wenn man die Provinzen den Metropolen zuordnet..., bedeutet es nicht nur, das Schicksal ganzer Staaten in die Hände eines Teiles der Bevölkerung zu legen, was... Unrecht wäre, sondern es in die Hände einer Bevölkerungsschicht zu legen, die einen eigenen Weg geht, der als gefahrvoll angesehen werden muß... Ich sehe in der Größe einiger amerikanischer Städte, und vor allem in der Art ihrer Bevölkerung, eine echte Gefahr, die die zukünftige Sicherheit dieser neuen Welt bedroht.«
Wir finden diesen Glauben auch bei weniger prominenten Kommentatoren aufgezeichnet. Einer von ihnen schreibt 1849 in der Zeitschrift »The Prairie Farmer«: »Die landwirtschaftliche Arbeit... verbindet sich mit allem, was uns umgibt und unseren Geist erhellt und erhebt, was die gesellschaftlichen Bedingungen verbessert und den allgemeinen Wohlstand fördert... Die ›Poesie‹ des Stadtlebens... zerbricht, versklavt, ruiniert so viele unserer jungen Männer, die ausnahmslos zu Opfern von Verschwendung, maßloser Spekulation und schlimmsten Verbrechen werden.«
Oder diese Bemerkung, ein Jahr später (1850) in dem gleichen Blatt: »Die aus der Stadt (oder wenigstens viele von ihnen) haben keine tugendhafte Lebensart, und sie erlernen unmoralische Gewohnheiten, anstatt diese edlen und verfeinerten Gefühle, die aus dem ländlichen Tun erwachsen sind, aufzunehmen und zu bewahren.«
Wir finden sogar den ersten Hinweis darauf, daß die, die in den Städten wohnen, irgendwie weniger »amerikanisch« sind als ihre ländlichen Mitbürger. Dieser Gedanke entstand früh in Amerika – ein Siedler in Ohio schrieb 1815, daß die Isolierung vom fremden Handel, der die östlichen Küstenstädte berührt, die Siedler von Ohio zu »besseren Patrioten« machen würde.
Wichtig ist, daß diese Auffassungen weit über bloßen Unmut hinausgehen; sie entwickelten die starke, allgemein verbreitete Überzeugung, daß Entwicklung und Förderung der Stadt niemals zu den ersten Aufgaben des Staates gehören können und daß unsere manifeste Zukunft in dem unberührten Land im Westen, in der kontinuierlichen Bewegung nach Westen und in der größtmöglichen Verteilung des Landes an eine größtmögliche Zahl von Bewohnern liegt.
Und daraus entstand tatsächlich unsere nationale Politik, und sie

spiegelt sich in den meisten grundlegenden Gesetzen. Auf die Aspekte des Stadtlebens, die für die ganze Nation wichtig schienen, wurde Einfluß genommen – auf die Entwicklung von Häfen und Navigationspunkten, die den Handel stimulieren sollten –; diese Einflußnahme führte aber nur zu einer Expansion der Städte, nicht zu einer Verbesserung ihrer Lebensbedingungen.

So förderte die Northwest Ordinance von 1787 – vielleicht die erste wichtige staatliche Deklaration – ausdrücklich die Besiedlung der nordwestlichen Gebiete; sie garantierte Landbesitz und stellte unentgeltliche Grundstücke für öffentliche Schulen zur Verfügung. New York City konnte dagegen erst 1842 mit einem öffentlichen Schulsystem beginnen – und erhielt natürlich keine staatliche Unterstützung. Ähnlich beruhte der Homestead Act von 1862 auf der Annahme – von Generationen amerikanischer Theoretiker unterstützt –, daß der Westen reich sei an vielfältigen Möglichkeiten während die Städte der Ostküste hoffnungslose Konglomerate seien aus Sünde und Armut. Diese Überzeugung wuchs noch nach dem Bürgerkrieg. Dafür gab es verschiedene Gründe. Erstens kamen die ersten Emigrantenströme in die Vereinigten Staaten, und der Anblick dieser verarmten Emigranten, vor allem aus Irland und Nord-Europa, veranlaßte viele Amerikaner, wirtschaftliche Not mit persönlicher Inferiorität gleichzusetzen – eine Tendenz, die heute noch nicht ganz aus unserem Denken verschwunden ist. Angriffe auf die »unamerikanischen« und kriminellen Verhaltensweisen der Iren, der Sklaven und jeder ethnischen Gruppe, die amerikanischen Boden betrat, wurde zu einem ständigen Bestandteil nationalen Denkens, und es gab immer wieder Bemühungen, die Einwanderung »unerwünschter« Personen zu verhindern.

Diese Äußerungen wurden begleitet von ersten massiven Angriffen auf die amerikanische Wirtschaftslage im allgemeinen; sie lasteten die wachsende Konzentration von Reichtum und Armut den großen Städten an. Wir finden diese Überzeugung auch in den optimistischen Schriften über die Stadt. In einem Bericht über die Städte des Westens prophezeite Jessup Scott: »Der große Zustrom dieser Arbeiter mag den Durchschnittscharakter unserer Einwohner vielleicht ein wenig verschlechtern, aber er wird, so hoffe ich, in noch größerem Maße den Charakter der Zuwanderer verbessern.«

Über die Merkmale des »Goldenen Zeitalters« in der Mitte des 19. Jahrhunderts in San Franzisco schrieb William Kelley: »In San Franzisco gibt es nichts Natürliches, alles wird forciert, die Stadt ist ein Treibhaus, in dem alle Aktionen durch das Feuer gieriger Lust auf-

gepeitscht werden. Man engagiert sich nicht in Handel und Gewerbe, um eine ehrenvolle Beschäftigung für ein Leben zu haben; man ergreift keinen Beruf, um sich durch ständige Arbeit den sozialen Aufstieg zu sichern. Die Menschen beteiligen sich an dem einen oder anderen, um schnell ein Vermögen zu verdienen, um, auf welche Weise auch immer, an das ›Große Geld‹ zu kommen und dann zu verschwinden...«
Um 1857 begannen die ersten Vorwürfe gegen das andere Ende der ökonomischen Skala. Die Stimmen waren eindeutig für Reform, aber das Bild der amerikanischen Stadt als Ort der Unsitte wurde weiter verschärft. In einem Report eines New Yorker Komitees, das »zur Untersuchung der Bedingungen in Mietshäusern in New York und Brooklyn« aufgefordert worden war, schreiben die Mitglieder der Untersuchung: »Hier, im traurigen Widerspruch zu utopischen Hoffnungen, siecht der Aussätzige in dumpfer Verzweiflung dahin, verreckt der Bettler in höchster Armut, verhungert der Arbeiter, wartet der Verbrecher – und das Mietshaus, Herberge all dieser ausgestoßenen Menschen, erhebt sich in schmutziger Häßlichkeit und grinst der Zivilisation ins Gesicht mit seiner Fäulnis, seinem giftigen Einfluß, seinem todesbeschwörenden Anblick.«
Mit dem Beginn der Industrialisierung wurden Ergebnisse von Untersuchungen über die Armut und Verzweiflung in der Stadt – Untersuchungen, die wir heute für revolutionär halten würden – laufend publiziert, und jede Veröffentlichung schien den Glauben der Gründungsväter nur zu bestätigen, daß die Stadt kein Ort sei für einen respektablen amerikanischen Bürger. Diese Überzeugung wuchs noch. Wir finden Beweise dafür noch nach 1890, als ein Delegierter auf der New Yorker Constitutional Convention die ungleiche politische Repräsentation mit dem Argument verteidigte, daß, da die ländlichen Gemeinden weiser, tugendhafter und moralischer seien als die dekadente Stadt, ihre Einwohner auch politisch entsprechend mehr Gewicht erhalten sollten.
Wie groß auch immer die rhetorische Überzeugungskraft dieses Redners war, sein Argument wurde aufgenommen und im ganzen Land akzeptiert. Man kann sicher behaupten, daß in den Jahren des maximalen Bevölkerungszuwachses in den Städten zwischen 1890 und 1950 nicht eine einzige Stadt in den Vereinigten Staaten ausreichend in der Regierung ihres Staates oder im Kongreß vertreten wurde. (Da die Regierung der Staaten die Grenzen für die Wahlbezirke für den Kongreß festlegt, kann man sich leicht vorstellen, daß eine zugunsten

der ländlichen Gemeinden disproportionierte Vertretung in der Staatenregierung auch kongressionale Wahlbezirke festlegt, die die ländlichen Gemeinden bevorzugen.)
Man muß nun genau überlegen, was das bedeutet. Diese sechzig Jahre umfassen die Zeit, in der die grundlegende Sozialgesetzgebung im Kongreß und in den Staaten beschlossen wurde. Es ist die Zeit, in der die wichtigsten Steuergesetze für die Staaten und Gemeinden festgesetzt wurden, in der die ersten grundlegenden staatlichen sozialen und wirtschaftlichen Maßnahmen wie Arbeitslosenversicherung, Arbeitsausgleich und Wohnungsbauförderung eingeleitet wurden, in der die ersten fundamentalen Schritte zur Regelung der staatlichen Beiträge zu den Gemeinden, einschließlich der Bildungsmittel, erfolgten. Und diese Zeit brachte die zwei großen Gesten sozialen Engagements: die Progressive Era und das New Deal.
Während dieser ganzen Zeit hatten die amerikanischen Städte keine adäquate Vertretung in der legislativen Versammlung, und alle fundamentalen Satzungen zur Regelung der Prioritäten wurden ohne ihre Beteiligung aufgestellt. Die Gesetze zeigen es. Berechnungsformeln zur Bildungsförderung wurden sorgfältig so aufgestellt, daß die großen Städte keinen Vorteil aus der Größe ihrer Bevölkerung gewinnen konnten und deshalb tatsächlich einen Nachteil hatten, weil sie einen großen Teil der Kosten für die Schulbildung ihrer Kinder selbst tragen mußten. Dieselben Gesetze trafen die Regelung, daß, wenigstens in New York, die Stadt viel mehr bezahlt, als der Staat ihr vergütet, und daß man es für selbstverständlich hält, daß sie sich an den Verwaltungskosten des Staates beteiligt.
Bezieht sich diese Darstellung nur auf vergangene Auffassungen und vergangene legislative Maßnahmen? Ich glaube nicht. Tatsache ist, daß bis heute die gleiche Überzeugung – daß man die Städte am besten sich selbst überläßt – ein wichtiges Element unserer amerikanischen Tradition bildet.
Wenden wir uns der modernen Geschichte zu. Das wichtigste Wohnungsbaugesetz in den letzten 25 Jahren war kein Gesetz zur Förderung öffentlicher Wohnbauten, sondern ein Gesetz, das den Fond des Federal Housing Act berechtigte, niedrig verzinste Hypotheken für den Kauf von Eigenheimen zu vergeben. Mehr als alle anderen hat diese Maßnahme den Traum von den Vorstädten Realität werden lassen. Sie hat den Wunsch nach Wiese, Bäumen und einem Platz zum Spielen für die Kinder in die Reichweite von Millionen arbeitender Amerikaner gerückt – und die Ergebnisse seien verflucht.

Die Wirkung solcher Gesetzgebung auf die Städte wurde nicht einmal bedacht – auch nicht die Möglichkeit, billige Gelder für die Sanierung von Stadtgebieten zu bewilligen, damit die Stadt wenigstens mit den Vorstädten in Konkurrenz treten könnte. Stattdessen flohen in einer Zeit von nicht mehr als zehn Jahren 800 000 weiße New Yorker Durchschnittsbürger in die Vorstädte, an ihre Stelle kamen vor allem ungelernte nicht-weiße Arbeiter, die für die Stadt weit mehr Kosten als wirtschaftliche Vorteile brachten.

Betrachten wir außerdem den National Defense Highways Act (dieser Name spiegelt deutlich die Tendenz der fünfziger Jahre, in denen kein Gesetz durchgebracht werden konnte, das nicht das Wort »Defense« im Titel trug). Mit diesem Gesetz verpflichten sich die Vereinigten Staaten, ein interstaatliches Autobahnnetz zu bauen, offensichtlich, um im Fall eines nuklearen Angriffs Menschen und Waffen sehr schnell transportieren zu können. Das Gesetz umfaßte ein Straßenbauprogramm von sechzig Milliarden Dollar, das vor allem Verbindungsstraßen zwischen der City und den Vorstädten vorsah und zu einem großen Teil von den städtischen Gemeinden getragen werden sollte. Mehr als zwölf Jahre sind vergangen, seit dieses Programm Gesetz wurde, aber es gibt bis heute noch kein überstaatliches Programm für die Finanzierung von Massenverkehrsmitteln.

Und es ist nicht hundert, sondern zwei Jahre her, daß eine Gesetzesvorlage, die einen geringfügigen Betrag von Staatsgeldern für die Vernichtung von Ratten forderte, buchstäblich aus dem Repräsentantenhaus hinausgelacht wurde, nachdem man allerlei Spekulationen über die Diskriminierung der Landratte gegenüber der Stadtratte angestellt hatte.

Was da geschieht, ist, glaube ich, keine direkte Folge des Dogmas, das besagt: »Die Stadt ist übel, deshalb werden wir ihr nicht helfen.« Es ist indirekter, subtiler, es ist die Folge einer Denkweise, die uns dazu bringt, Millionen von Dollar für Programme zur Erhaltung der Familienfarm zu investieren, aber nichts für die Erstellung von Arbeitsplätzen in der Stadt auszugeben; eine Haltung, die die Landwirtschaft, Veteranen, Kleingewerbe, Arbeit, Handel und die amerikanischen Indianer als legitime Interessen des Staates akzeptiert, die aber vor 1965 nicht bereit war, ein Dezernat für Stadtentwicklung zu gründen und dieses dann mit so beschränkten Geldmitteln ausstattete, daß eine wirkungsvolle staatliche Hilfe noch immer nicht geleistet ist.

Mit anderen Worten, ich glaube, daß in einem subtilen Prozeß die Vorstellung von der Stadt als einem dunklen verlassenen Ort, der weder Hilfe noch Unterstützung verdient, fest im amerikanischen Bewußtsein verankert wurde. Und für diese Denkungsart bezahlen wir in unseren Städten noch heute.

3 Ein Tag aus dem Leben

Der Bürgermeister von New York regiert acht Millionen Menschen. Während des Arbeitstages, wenn die Vorstädter in das Zentrum von Manhattan strömen, um hier zu arbeiten, einzukaufen, sich zu vergnügen, erhöht sich diese Bevölkerungszahl um einige Millionen Menschen und um zehntausende von Autos. Er verwaltet ein Stadtbudget von 6,6 Milliarden Dollar – sein Budget ist größer als das irgendeines Staates. Seine Stadt investiert etwa zwei Milliarden Dollar pro Jahr für öffentliche Einrichtungen. Sie beschäftigt 350 000 Menschen. Sie unterrichtet jeden Tag eine Million Schüler. Sie schickt 32 000 Polizisten täglich auf die Straße, um für die Sicherheit ihrer Bürger zu sorgen. Hunderttausend falsch geparkte Wagen werden pro Jahr aus Manhattan abtransportiert, außerdem 60 000 Wagen, die von ihren Besitzern einfach stehengelassen werden. Die Stadt unterhält ein Justizsystem, daß sich mit dem eines jeden Staates messen kann.
Aber die Zahlen täuschen. Jede von ihnen berührt auf irgendeine Art mein Leben an jedem Tag. Jede von ihnen beschreibt einen kleinen Ausschnitt aus dem Aufgabenbereich des Bürgermeisters von New York, jede von ihnen stellt neue Ansprüche an ein überbesteuertes, unterbemitteltes Stadtbudget, jede von ihnen verlangt neue Maßnahmen von einer Verwaltung, die mit diesen Anforderungen kaum Schritt halten kann aufgrund der veralteten Definitionen ihrer Aufgabe.
Denn hinter diesen Zahlen stehen die kalten, nackten Tatsachen des täglichen Lebens. Bei einer so großen Zahl von Menschen und einer so ungleichen Ausstattung mit öffentlichen Einrichtungen kann schon eine kleine Zahl eine riesige Last bedeuten. Von acht Millionen Bürgern wird jeden Tag ein bestimmter Prozentsatz krank, und einige von ihnen können die Kosten ihrer Behandlung nicht aufbringen. Dies macht die Einrichtung von zwanzig öffentlichen Krankenhäusern erforderlich, die tausende von Ärzten und Schwestern beschäftigen,

die viel mehr Menschen betreuen müssen, als die Kapazität ihrer Einrichtungen zuläßt, weil die nötigen Mittel fehlen.
Ein kleiner Teil des Baubudgets von zwei Millionen Dollar kommt immer verspätet. Das bedeutet, daß in einigen Gemeinden der Bau von öffentlichen Einrichtungen hinter der Planung zurückbleibt und die Gemeinden auf die Barrikaden gehen, weil etwas, was sie dringend brauchen, nicht fertig wird.
An jedem Tag werden irgendwo einige von den tausenden Kilometern Straße reparaturbedürftig sein – aber in einer Stadt, die so dicht bevölkert ist wie New York, kann das Sperren einer einzigen Fahrbahn in einer einzigen innerstädtischen Straße den Verkehr für Stunden blockieren – und neue Wellen von Unzufriedenheit auslösen.
In anderen Worten, in New York werden alle Probleme, auch die statistisch unbedeutenden, bedeutend. Und in Fällen, in denen die Probleme an sich schon groß sind – wie beim Leistungsniveau der Schulkinder, oder bei der Zahl der Sozialempfänger – entsteht sofort eine Krise von bedenklichem Ausmaß.
Und dann beginnt man zu erkennen, worin die wichtigste Eigenart der Verwaltung einer Stadt liegt – in der grundlegenden Interdependenz aller Probleme und Lösungsmöglichkeiten.
Nehmen wir die Luftverschmutzung. Sie erscheint uns wie ein einfaches, vereinzeltes Problem: Man braucht nur ein Gesetz, um Verschmutzung zu verhindern. Entweder man zwingt die Unternehmer, ihre Maschinen zu verbessern, oder man schließt die Fabriken. Aber so einfach ist das nicht.
Mit jedem Verbrennungsofen, der geschlossen wird, vermehrt sich der Müll auf den Straßen. Man muß deshalb jedesmal abwägen, ob man neue Reinigungswagen auf die Straßen schicken kann oder sich damit abfinden will, daß die Stadt immer schmutziger wird. Wenn der Müll nicht verbrannt werden kann, bleibt er auf der Straße, um abgeholt – oder nicht abgeholt zu werden. Das bedeutet, daß wir das Geld aufbringen müssen, um den Müll abzutransportieren und schnell irgendwo abzuladen – vorausgesetzt, wir haben einen Ort, wo wir ihn vergraben können, bevor er sich zu Halden türmt und uns vollständig begräbt. So kann man das Problem der Luftverunreinigung nicht lösen von dem Problem der Müllabfuhr – und beide sind nicht zu lösen ohne Geld.
Oder nehmen wir die Verkehrsdichte. Jahrelang haben die Bewohner der Stadt gedrängt, Manhattan für den privaten Autoverkehr zu sperren, der die Straßen verstopft und eine Fahrt durch die Stadt zu

einer Odyssee werden läßt. Aber man kann nicht Manhattan für den Verkehr sperren, ohne alternative Transportmöglichkeiten anzubieten. Das bedeutet Massenverkehrsmittel – viel mehr als wir jetzt schon planen und bauen –, die von den Außenbezirken nach Manhattan führen, in das wichtigste Geschäfts- und Einkaufszentrum der Stadt. Dazu kommt, daß, bevor wir die Autos aus Manhattan verbannen können, wir uns die Argumente der Betroffenen anhören müssen, der Diplomaten und Konsuln der Vereinten Nationen, der Garagenvermieter, der Warenhausbesitzer, der Geschäftsleute jeder Art, der Automobil-Association of America und anderer mächtiger Interessengruppen. Und wenn man nicht sicher ist, daß man eine Alternativlösung anbieten kann, die funktioniert, so verliert man nicht nur dieses Argument, sondern auch einiges an politischer Glaubwürdigkeit, ohne die aber jeder weitere Schritt auf dem Gebiet der Stadtplanung eine verlorene Sache ist. Aber die Entscheidung, die Autos aus Midtown Manhattan zu verbannen, ist weit davon entfernt, eine rein stadtplanerische Entscheidung zu sein. Sie wirft eine ganze Reihe politischer, ökonomischer und planerischer Fragen auf, die schwer zu beantworten sind.

Es ist diese Art von Fragen, die einem Bürgermeister regelmäßig gestellt werden. Einfach wegen der Größe dieser Stadt und ihrer Verwaltung fordert fast jeder Tag grundlegende planerische Entscheidungen – Entscheidungen, die den Weg, den die Stadt geht, für Jahre festlegen können. Wenn man dem Bau einer neuen Straße, einer Industrieanlage oder eines großen Wohnbezirks zustimmt, investiert man große Summen von Zeit und Geld in ein einzelnes Projekt, das seinerseits wieder den Lebensstil des ganzen umgebenden Stadtbezirks beeinflussen wird. Und die Stadt ist so groß, daß eine solche Entscheidung, die der Bürgermeister einer Stadt durchschnittlicher Größe vielleicht ein- oder zweimal während seiner Amtszeit zu treffen hat, von dem Bürgermeister von New York täglich getroffen werden muß. Projekte, die die Aufmerksamkeit der meisten anderen Städte vollkommen in Anspruch nehmen würden, gehen in der Riesenhaftigkeit von New York einfach unter.

Die einzige Möglichkeit, die ich kenne, diesem Problem wirksam zu begegnen, liegt darin, soviel Informationen wie möglich zu haben, die zu sammeln einen großen Teil meiner Zeit beansprucht. Ein typischer Tag beginnt gewöhnlich lange vor acht Uhr per Telefon – ein Instrument, das eine kritische Rolle in meinem Leben spielt. Bis lange nach Mitternacht stelle ich Fragen, beantworte sie, spreche mit Leuten und höre ihnen zu, am Telefon oder im persönlichen Gespräch, mit dem Ziel, soviel wie möglich über die Konsequenzen zu wissen, die jede meiner Entscheidungen nach sich zieht. Zweimal in der Woche treffe ich mich mit den wichtigsten politischen Gremien der Stadt, den Senatoren und Beauftragten der Stadtbehörden. Ihre prinzipielle Verantwortung ist es zu sehen, daß das Getriebe der Stadt funktioniert, und zu überlegen, was man tun kann, damit es besser funktioniert.

Das Stadtplanungsamt sollte zum Beispiel wissen, was die Abteilung für Wirtschaftsförderung von dem geplanten Standort für den Stadtpark hält. Kann damit die Entscheidung einer großen Industriefirma, sich hier niederzulassen, negativ beeinflußt werden? Wenn das der Fall ist – gibt es alternative Standorte für den Park? Welche Kostenerhöhungen ergeben sich durch den neuen Standort? Kann die Finanzabteilung diese erhöhten Kosten vertreten? Oder können wir riskieren, wegen des großen sozialen Vorteils, den uns der Park einbringt, eine große Industriefirma, die in die Stadt ziehen will, zu verlieren?

Was geschieht in den großen regionalen Ausbildungszentren, die berufliche Kenntnisse und Fertigkeiten vermitteln sollen? Sind diese Zentren veraltet? Wenn ja, warum? Fehlen uns Entwicklungsprogramme auf diesem Gebiet, und wenn ja, was können wir dagegen tun? Hat die entsprechende Behörde Lehrer angestellt und Klassenräume gemietet? Wenn nicht, fehlt es an Geld? Wird das Programm durch die Finanzbehörde retardiert? Wenn ja, warum?

Nach Abschluß der Sitzung bleibt ein Berg unerledigter Telefonate zurück. Ein Telefongespräch nach Washington mit einem Beamten des Health, Education and Welfare Department (Ministerium für Bildungswesen, Gesundheitswesen, Wohlfahrt). Zum vierten Mal argumentiere ich für eine völlige Umstellung des Sozialprogramms, für seine Neuformulierung als überstaatliches Programm mit dem Gewicht auf Arbeitsstellenvermittlung und -beschaffung. Eine Besprechung mit unserem Büro in Washington, um zu hören, ob die Bundesregierung ihre Meinung zu dieser Sache geändert hat, um zu erinnern, daß wir wissen müssen, wann wir über die Gelder, die uns nach dem Housing Act (Wohnungsbaugesetz) versprochen worden waren, verfügen können, damit wir mit dem Bau von Sozialwohnungen beginnen können. Ein Anruf von dem Vorsitzenden einer führenden Gewerkschaft, um mir zu sagen, daß eine neue Ferienordnung in einem der Verwaltungszweige gegen die gemeinsam getroffenen Abmachungen sei und einen Streik heraufbeschwören könne. Ein Anruf vom Direktor einer Oberschule, um mich über neue Unruhen in seiner Schule zu informieren und um Polizeischutz zu bitten. Ein Anruf von meinem Büro in Albany, um mich vor einer Gesetzesvorlage zu warnen, nach der bestimmte unerwünschte Kosten der Stadt und ihrem schon weit überforderten Budget angelastet werden sollen.

Während all dies passiert, wird eine Gemeinde-Abordnung in einem anderen Raum des Rathauses auf ein lang versprochenes Gespräch warten. Wie ich schon vorher erwähnt habe, hat fast jede Gruppe in der Stadt zu irgendeinem Zeitpunkt das Bedürfnis, mit dem Bürgermeister zu sprechen; denn er ist der höchste gewählte Vertreter einer direkten Verwaltungsform. Das Problem ist, daß die Antworten, die ich auf ihre berechtigten Fragen geben kann, schon aus sich heraus nicht zufriedenstellend sein können; es sei denn, die Forderung betrifft einen speziellen Wunsch, der nicht viel kostet, wie die Einrichtung einer Ampel vor einer Schule oder die Beschleunigung eines sowieso förderungswürdigen Projekts.

Im allgemeinen aber beziehen sich die Beschwerden auf sehr viel grundlegendere Probleme der Stadt. Wir haben nicht genug Polizei. Die Müllabfuhr kommt nicht oft genug. Das U-Bahnsystem ist eine Schande (die Stadt hat nicht einmal die volle Entscheidungsgewalt über das U-Bahnsystem – sie gehört einer Abteilung in der Staatsverwaltung, der Metropolitan Transit Authority).

Ich höre ihren Beschwerden zu und antworte ihnen, so gut ich kann. Aber es würde nichts helfen zu sagen, daß jede Gemeinde mehr Polizei braucht – die Antragsteller wohnen nicht »in jeder Gemeinde«, sie wohnen in *dieser* Gemeinde, und sie wollen keine Gefahren auf *ihren* Straßen.

Am späten Morgen werde ich mich mit irgendeinem meiner Assistenten zusammensetzen, die für bestimmte Bereiche der Stadtverwaltung verantwortlich sind – für Armut, Wohnen, Umweltschutz oder Stadtreinigung. Solche Gespräche sind notwendig, um mich auf dem Laufenden zu halten über Entwicklungen innerhalb der Verwaltung: über Programme, die erfolglos sind, über Konflikte zwischen der Verwaltung und anderen Instanzen, entweder innerhalb oder außerhalb der Regierung. Ist ein Konflikt ernst, bedeutet es 45 Minuten lang hastige Besprechungen und Telefonate, die mich weit in meinem Zeitplan zurückwerfen.

In der Zwischenzeit kommen weitere Anrufe. Der Direktor unseres Büros in Washington fragt nach dem Fortschritt eines Programms und bittet mich, ein Kabinetts- oder Kongreßmitglied anzurufen. Ein Staatssenator oder Stadtabgeordneter fragt an wegen eines speziellen Problems in meinem Bezirk. Mein Pressesekretär legt eine Anfrage von einer Zeitung vor, die eine sofortige Stellungnahme zu einer politisch empfindlichen Sache fordert. Jemand aus Albany sagt mir, daß die Staatsregierung mehr über ein Steuerreformgesetz wissen will, bevor sie irgend etwas unternimmt.

Oder, wenn eine offizielle Pressekonferenz stattfindet – im allgemeinen gebe ich zwei in jeder Woche – wird Tom Morgan, mein Pressesekretär, mit mir und einem kleinen Kreis schnell die Themen abstimmen. Hier versuchen wir, unser Programm zu planen und im voraus eine Strategie festzulegen, um politischen Fallen, die eine unschuldig dreinblickende Presseversammlung aushecken kann, auszuweichen. Im Ernstfall muß man sich natürlich auf seine Schlagfertigkeit verlassen – und auf die eines guten Pressesekretärs, um die Gefahren einer Pressekonferenz abzuwenden: daß man durch unbedachte Reden Politik treibt oder Antworten aus dem Handgelenk auf unerwartete Fragen gibt. So kann die Pressevorbereitung eine ganze Stunde dauern, um so viele Fragen wie möglich, direkte oder indirekte, im voraus zu beantworten.

An jedem Tag besteht die Möglichkeit, daß ich irgendwo zum Lunch eine Rede halten muß (ebenso zum Dinner). Es könnte im Queens-Brooklyn Rotary Club sein, der einige spezielle Probleme in seiner Region zu lösen hat. (Wie steht es mit dem Plan für die wirtschaftliche Entwicklung Jamaikas? Was schlagen Sie vor, um die Soziallasten für New York zu verringern?) Es kann eine Konferenz sein, deren Thema New York direkt betrifft, wie Luftverschmutzung oder Rauschgift. Solche Reden geben mir Gelegenheit, unseren Erfolg zu messen. Vor vier Jahren sprach ich über Probleme – heute spreche ich über Lösungen. Nach dem Lunch, das meist aus einem Sandwich am Schreibtisch besteht, gehe ich hoch ins Gracie Mansion, um den Rest des Tages dort zu arbeiten. Das Rathaus hat man zu Recht ein Goldfischglas genannt, denn es gibt dort keine Möglichkeit zu privaten Verabredungen. Jeder Besucher wird von der Presse beobachtet und auf dem Weg hinein oder heraus um einen Kommentar gebeten. Gracie Mansion ermöglicht sehr viel mehr Zurückgezogenheit. Es ist ein weniger anspruchsvoller, aber viel bequemerer Ort, und die Gespräche hier scheinen allgemein offener, vorbehaltloser.

In der Zeit, in der der Haushaltsplan für die Stadt festgelegt wird, sitze ich tagelang mit den Beamten der Finanzbehörde und der Bezirksverwaltungen zusammen, um die Ansprüche der einzelnen Abteilungen an das Budget zu prüfen. Diese Zeit ist für mich wahrscheinlich die härteste von allen. Ich verbringe dann fast den ganzen Tag im Büro von Finanzsenator Fred Hayes, wo viele der Haushaltsausschüsse tagen und wo ich telefonisch nicht so leicht zu erreichen bin. Wir trinken literweise Kaffee. Kein anderer Vorgang zeigt deutlicher, was der chronische Geldmangel der Stadt für uns bedeutet. Ein Stadtbudget von 6,6 Millionen Dollar mag jemandem, der nur die Zahl sieht, unglaublich hoch erscheinen. Wie können da Anforderungen unbeantwortet bleiben? In einer Stadt von acht Millionen Einwohnern ist die Antwort darauf fast zu einfach: unsere Ausgaben steigen sehr viel schneller als unsere Einnahmen, denn die Quellen, aus denen wir unsere Einnahmen beziehen, sind grundsätzlich stagnierend. Sie wachsen nicht mit der expandierenden Wirtschaft. Während der Haushaltsplanung erhalten und prüfen wir die Anträge der Abteilungen. Wieviel wird dieses neue Programm kosten? Wie hoch werden die Sozialkosten steigen, wenn wir dieses Programm nicht realisieren? Wenn das Programm für die Gesundheitsfürsorge nicht angenommen wird, wo wird man die Auswirkungen zuerst spüren? Wenn wir ein Entziehungsheim nicht unterstützen können, was resultiert daraus für die Kriminalitätsrate? Rechtfertigen sich nicht daraus schon die Kosten? Wieviele Wohnbauten müssen abgerissen werden? Wieviel Ferienplätze für Schüler müssen gestrichen werden? Das sind die Fragen, die kein Bürgermeister beantworten möchte, denn es gibt keine Alternativen. Aber genau darin besteht das Amt eines Bürgermeisters in seinen frustierendsten Augenblicken. Denn man wählt nicht zwischen zwei spektakulären Programmen, sondern zwischen zwei lebensnotwendigen Aktionen, und man versucht herauszufinden, wie sich die dünne Finanzdecke am besten strecken läßt. Dazu kommt, daß man es in der Gewißheit tut, daß im nächsten Jahr zum gleichen Zeitpunkt der gleiche Prozeß – nur noch schwieriger – neu beginnt, bis der Kongreß und die Staatsregierung beginnen, das volle Ausmaß der städtischen Zwangslage zu erahnen.
Nach Beendigung (oder Niederlage, wie es oft scheint) der Haushaltsdebatte kommen andere spezielle Probleme – meist nur im Vorübergehen, denn es ist niemals genügend Zeit, um mit Bezirksabgeordneten, Verwaltungsbeamten, persönlichen Assistenten oder anderen formelle Gespräche zu vereinbaren. Es kann sein, daß ein interner

Kompetenzenstreit entstanden ist, den ich entscheiden muß. Es kann sein, daß von außen ein Angebot kommt, ein privates Aufbauprogramm für die Stadt zu finanzieren, wenn es uns gelingt, den Geldgeber von der Bedeutung unseres Programms zu überzeugen. All das bedeutet: noch mehr Zeit am Telefon.

Am späten Nachmittag hat das Tempo seinen Höhepunkt erreicht (besonders, wenn irgendeine wichtige Entscheidung bekannt geworden ist). Das kommt einfach daher, daß jede einzelne Entscheidung, die die Stadtverwaltung trifft, eine Folge anderer Entscheidungen auslöst. Jede von ihnen verlangt eine Abstimmung mit verschiedenen Verwaltungsbehörden, Diskussionen mit Bürgergruppen, die vielleicht betroffen sind, und wenigstens den Versuch herauszufinden, ob diese Entscheidung die richtige war.

Zum Beispiel haben wir im vergangenen Jahr erbittert darum gekämpft, ein Gesetz durch die Staatslegislatur zu bringen, das es uns erlaubt, eine weitere Polizeistaffel auf die Straße zu schicken. Als Teil der staatlichen Einflußnahme auf die Stadtverwaltung verabschiedete der Staat ein Gesetz, das der Stadt vorschreibt, wie und wann sie ihre eigene Polizeimacht, die von der Stadt und ihren Steuerzahlern finanziert wird, einzusetzen habe. Wieder und wieder habe ich vor der Abstimmung mit Herausgebern der New Yorker Zeitungen konferiert, habe ich mit Abgeordneten des Staates gesprochen, die mir alle helfen sollten, das Gesetz zu verabschieden. Endlich war der Kampf gewonnen, und nun war es wichtig, die Veränderungen mit einem Minimum an Widerstand einzuleiten. Das bedeutete eine Reihe von Gesprächen mit dem Polizeikommissar, um seine Pläne zur Organisation dieser vierten Staffel zu besprechen; das bedeutete eine Auseinandersetzung mit einem gerichtlichen Verfahren, das die Patrolmen's Benevolent Association (eine Polizeigewerkschaft) eingeleitet hatte, um das Gesetz zu boykottieren.

Es bedeutete Gespräche zwischen der Rechtsabteilung und dem Polizeikommissar, um die juristischen Argumente gegen das Verfahren abzustimmen. Es bedeutete ein kurzes Telefongespräch mit dem Präsidenten der klagenden Organisation, um ihm zu sagen, daß wir, sollten wir den Prozeß gewinnen, mit ihm und seiner Organisation zusammenarbeiten würden, um Ungerechtigkeiten, die aus diesem neuen Gesetz entstehen könnten, möglichst gut auszugleichen.

Und es bedeutete grundlegende Planungsarbeit, wann und wie wir mit der Arbeit der vierten Polizeistaffel beginnen könnten – und welche Kriterien geeignet wären, die Effektivität dieser Aktion zu messen.

Dann, bevor der Nachmittag zu Ende ist, kann noch eine Zusammenkunft mit dem Exekutivkomitee der Organisation stattfinden, oder ein Gespräch mit dem amerikanischen Botschafter bei den Vereinten Nationen, oder eine Diskussion mit unserem neuen beratenden Kommitee in den Vereinten Nationen, das Maßnahmen ausarbeiten soll, wie New York eine bessere Gastgeberin für die vielen UN-Familien in unserer Mitte werden kann.

Es ist ein dauernder Kampf, mit dem ich versuche, das Abendessen mit meiner Familie einzunehmen; es gelingt mir aber nur ein- oder zweimal in der Woche, meist am Wochenende. Bei der Vielschichtigkeit des öffentlichen Lebens in New York bin ich fast jeden Abend unterwegs, um Reden zu halten oder an Versammlungen teilzunehmen, von denen ich mir wichtige Hilfe für große städtische Programme erhoffe, wie etwa die Jugend-Sommerprogramme für Erholung und Arbeit, die zum großen Teil auf der Bereitwilligkeit des privaten Sektors beruhen. Während der seltenen Abende zu Hause versuche ich, meine Zeit rein familiären Angelegenheiten zu widmen. Meist gelingt es mir nicht. Irgendwann während der Mahlzeit verlangt ein Telefonanruf eine sofortige Stellungnahme: die Berechtigung eines meiner Assistenten, für einen bestimmten Bereich eine Ad-hoc-Entscheidung zu treffen, die Entgegennahme von Berichten über eine plötzlich ausbrechende Krise oder nur die Fortsetzung der Telefongespräche, die noch vom Tag übrigblieben. Viel öfter aber arbeite ich ohne Pause bis zehn oder elf Uhr abends und esse mein Dinner von einem Tablett neben dem Telefon in der Bibliothek von Gracie Mansion. Meine Frau hat mir eine Warmhalteplatte in der Küche von Gracie Mansion einbauen lassen, sie funktioniert gut und hält ein warmes Abendbrot die ganze Nacht über frisch (es ist ein Jammer, daß man dasselbe nicht für einen Bürgermeister tun kann). Oft kommt Mary während des Dinners zu mir und arbeitet an ihrem eigenen Berg von Briefen.

An den wenigen Abenden, an denen ich mit Mary und den Kindern zu Abend esse, gehe ich meist anschließend aus, um an irgendeiner Zusammenkunft, die man für mich und meine Mitarbeiter arrangiert hat, teilzunehmen. Oft zwingt mich der viel zu enge Zeitplan des Tages, einige Besprechungen im Wagen auf dem Weg von Gracie Mansion zu einer abendlichen Versammlung und zurück abzuhalten. Es ist keine sehr zufriedenstellende Form, Geschäfte zu tätigen, besonders, wenn sich fünf Leute auf dem Rücksitz drängen, aber es ist oft die einzige Alternative zur endgültigen Absage eines Termins – und

wenn eine Entscheidung verlangt wird, gibt es eigentlich keine Wahl. Die Stadt geht zu schnell voran, um innezuhalten. Es läßt sich leicht abschätzen, daß es in diesem dicht gepackten Terminplan nur noch einen zeitlichen Schlupf gibt. Mein Kalender läßt mir praktisch keine Zeit, um nachzudenken. Nun gibt es Leute, die ich kenne, die nicht daran glauben, daß das Denken zur Aufgabe eines Bürgermeisters gehöre: er soll nur entscheiden, indem er allen Argumenten zuhört und eine der drei verschlossenen Schachteln wählt. Ich kann so nicht arbeiten. Wahrscheinlich ist es meine juristische Laufbahn, die mich heute noch zwingt, alle Dokumente, die zu einer wichtigen politischen Entscheidung gehören, zu lesen. Und das bedeutet, daß ich oft bis ein Uhr nachts oder länger arbeite. Und es gibt noch einen Teil in der Arbeit des Bürgermeisters, der sich in keinen Zeitplan fügt. Das ist die Möglichkeit einer Krise – eine plötzliche Unterbrechung des normalen Verlaufs durch ein unvorhersehbares Ereignis. Während des Lehrerstreiks machte meine verzweifelte Suche nach einer Lösung meine Arbeit in den anderen Abteilungen praktisch unmöglich. Während der drohenden Unruhen im ersten Sommer meiner Amtszeit gab es viele lange unplanmäßige Stunden, in denen ich durch die Straßen ging, in denen ich versuchte, lang gegebene Versprechen einzuhalten, um eine Brücke zu bauen zwischen den durch Unruhe belasteten Gemeinden und der Stadt. Aber selbst wenn die Krisen kommen, geht der Lauf der Stadt irgendwie immer weiter. Das macht mich manchmal irr an all der Anstrengung, mit der ich an normalen Tagen arbeite, selbst wenn ich weiß, daß normal noch lange nicht genug bedeutet. Dies ist eine ungefähre Beschreibung dessen, womit ich meine Zeit verbringe. Viel wichtiger aber ist die Frage nach dem Ziel dieser Anstrengung. Was wollen wir für New York City tun?
Ich kann die Frage kurz beantworten. Wir versuchen, die Stadt zusammenzuhalten, entgegen den Kräften, die ständig versuchen, sie auseinanderzureißen. Wir versuchen, sie zusammenzuhalten, und versuchen gleichzeitig, sie in einigen fundamentalen Dingen zu ändern. Um dieses Ziel besser zu verstehen, ist es wohl nötig, den Status dieser Stadt zu untersuchen, zu dem sie sich entwickelt hat, bevor ich Bürgermeister wurde, und zu erklären, warum wir annahmen, daß eine neue Regierung eine unermeßliche Bürde auf sich nehmen müßte.

4 Was wir vorgefunden haben

Am 1. Januar 1966 betrat ich zum ersten Mal als Bürgermeister das Rathaus von New York City. Es war ein ernster Tag – auf jeden Fall war er still, denn ein Verkehrsstreik hatte Busse und U-Bahnen der Stadt lahmgelegt. Als ich das bürgermeisterliche Büro betrat, um am ersten Tag meiner Amtszeit einer schweren Krise zu begegnen, fand ich einen leeren Tisch, keinen Bleistift, kein Papier. Und die Telefonverbindung zwischen dem Bürgermeister und der Stadt bestand aus einem einzigen, indirekten Telefonanschluß. Zu einem Zeitpunkt, da sofortige Hilfe nottat, gab es keine direkte Verbindung zwischen dem Bürgermeister und der Polizei, der Feuerwehr und den Verkehrsbetrieben.

Dies ist mir später immer wieder wie ein Symbol für die Lage der Stadt erschienen, in der wir sie 1966 vorfanden.

Natürlich hätte keine Verwaltung, wie ergeben und fähig sie auch immer sein mochte, die Schwierigkeiten, die New York und andere Städte in den späten fünfziger und den sechziger Jahren zerrütteten, verhindern können. Zu wenig Geld, zu viele Forderungen, zu viele Probleme – diese Bedingungen bringen Unruhe auch in die besten Verwaltungen. In New York wie in allen anderen großen Städten Amerikas waren diese Schwierigkeiten, die man dreißig Jahre lang ignoriert hatte, bis zum Zerreißen überdehnt. Mein erster Impuls, nachdem ich das Ausmaß an Unordnung begriff, war, ein gerichtliches Verfahren zur Entwertung meiner Wahl einzuleiten.

Um es ganz allgemein zu sagen: Seit den Tagen von LaGuardia hatte die Stadtverwaltung sich nicht mehr wirklich gefragt, wie eine Stadtregierung arbeiten muß. 1961 hatte es eine grundlegende Reform der New Yorker Verfassung gegeben, die die Befugnisse des Bürgermeisters beträchtlich erweiterte, das Problem aber war, daß man zwar die Verfassung geändert hatte, nicht aber die Verwaltungsstruktur. Man betrachtete die Stadt als ein Sammelbecken einzelner, zerstreuter Interessengruppen, die miteinander nichts zu tun hatten. Man versuchte, die Stadt in Bewegung zu halten, indem man erst einer Gruppe zuhörte, sie zufriedenstellte, um sich dann der nächsten zuzuwenden, deren Unzufriedenheit ein kritisches Stadium erreicht hatte. In den frühen sechziger Jahren war die Verwirrung endlich vollkommen, jede andere Verwaltungsform, jede wirkliche Veränderung würde die unsichere Stabilität bei diesem Balanceakt zum Einsturz bringen. New York City glich einem Akrobaten, der gleichzeitig Seiltänzer und Jongleur ist. Der Zeitpunkt mußte nah sein, an der der Stadt ein Fehltritt unterlief. Sie konnte ihre Lage nicht halten, aber jeder Schritt vorwärts konnte das gesamte Gleichgewicht zerstören. Unter diesen Umständen konnte es nicht überraschen, daß viele grundsätzliche Programme und Aktionen niemals einer wirklichen Prüfung unterzogen worden waren. Eine der großen Mythen über das Regieren einer Stadt ist der Glaube, daß die »alten Profis«, die angestammten Parteimitglieder und Protektionshengste, fähige Manager der Stadtverwaltung seien.

Betrachten wir uns einmal, was wir vorfanden:

● Die Abteilung für Parks und Grünflächen (The Parks Department) besaß keinen Plan, auf dem die Grünanlagen der ganzen Stadt zu sehen waren. Um zu erfahren, wo ein Park lag, mußte man ihn unabhängig von allen anderen Parks auf der Karte aufsuchen. So wurde jeder Versuch, ein integriertes Grünflächennetz über die Stadt zu legen, schon im Keim erstickt, und es war, als müßte man eine Straßenkarte lesen, in der nicht zwei Städte auf derselben Seite erscheinen.

● Die Stadtreinigungsbetriebe stellten ihre eigenen Müllkästen her, zu Preisen, die den Marktpreis um ein Vielfaches überstiegen. Warum? Weil noch niemand danach gefragt hatte, warum die Kästen nicht gekauft, sondern hergestellt wurden, und weil jeder Versuch, eine unwirtschaftliche Verwaltungsmaßnahme zu durchbrechen, als Sakrileg betrachtet wurde und leicht Streiks auslösen konnte.

● Die Stadt besaß ihre eigenen Asphaltwerke, weil diese, Jahre vorher, entweder aus Gründen der Tradition, des Skandals oder der Kosten, als wichtiger Bestandteil der Stadtverwaltung angesehen wurden. 1966 arbeiteten sie weitaus teurer als private Firmen.

● Der Bürgermeister und die Verkehrsbetriebe hatten 1958 Tests mit klimatisierten U-Bahn-Zügen begonnen; die Versuche waren damals erfolglos, und die Angelegenheit wurde fallengelassen. Niemand verfolgte die Sache mit Interesse, niemand fragte die Industrie, ob neue technologische Entwicklungen die Klimatisierung nicht inzwischen möglich gemacht hatten, damit die Millionen von Menschen, die jeden Tag auf die U-Bahn angewiesen sind, sich dabei nicht jedesmal in den fünften Kreis der Hölle begeben müssen.

Diese fünf Beispiele stehen nicht vereinzelt. Sie symbolisieren ein Management, das nicht verwaltete, das nicht plante und das den langsamen stetigen Verfall der städtischen Einrichtungen – bei stetig wachsenden Kosten – einfach nicht sehen wollte. Das stellte uns, um ehrlich zu sein, vor politische Probleme. Alte eingeführte Gewohnheiten zu ändern, bedeutet, lange, mühsame Kämpfe mit der Bürokratie auf sich zu nehmen, die auf Veränderung und Umformung im allgemeinen negativ reagiert. Darüber hinaus bedeuten Veränderungen immer auch Fehler, falsche Entscheidungen, Mißgriffe; sie bringen unvermeidlich die ganze Tiefe des Problems an die Oberfläche, sie führen die Forderungen nach Veränderung unvermeidlich zurück auf unsere Versprechungen und unsere Annahme, daß ein Problem überhaupt existiert. Aber es gab hier keine Wahl, weder politisch noch verwaltungstechnisch. Wir mußten die Herausforderung annehmen, sonst würden die Zustände unträgbar. Außerdem glaubten wir, daß einige der Veränderungen uns einen besseren Start geben würden bei der Verbesserung städtischer Bedingungen. Bevor wir etwas tun konnten, mußten wir aber die ganze Breite des Problems untersuchen. Und das war, um es vorsichtig zu sagen, höchst beunruhigend. Bedenken Sie, was uns erwartete.

Abteilung für Finanzen: Die Stadt war ruiniert. Sie hatte viel geborgt und hatte gefährlich hohe Schulden. Und so verlor sie zusehends ihre Kreditwürdigkeit, und es wurde immer schwieriger, die Pfandbriefe der Stadt zu verkaufen.

Der Grund für den Bankrott bestand in einer Kombination äußerer Einwirkungen – die Vernachlässigung durch Staat und Bund, dazu die automatische Erhöhung der Verwaltungskosten bei gleichbleibenden Steuereinnahmen, dazu die wachsenden Ausgaben für die Armen der Stadt. New York, wie die meisten der großen Städte, leidet an einer automatischen Abwertung seines Budgets. Seine Ausgaben steigen bei gleichbleibenden Leistungen um 15 Prozent in jedem Jahr. Der Grund dafür sind die steigenden Kosten für Gehälter und Dienstleistungen und die laut Gesetz wachsenden Ansprüche an die Einrichtungen der Stadt. Die Einnahmen der Stadt hingegen – Grundsteuer, Lizenzen etc. – steigen nur um etwa 6 Prozent jährlich. Der Staat hat sich seit je die elastischen Besteuerungsformen vorbehalten, vor allem die Einkommensteuer. So steht jede Stadtverwaltung vor unmöglichen Alternativen. In dem Jahr vor meiner Amtszeit hatte man einen Kredit von einer Viertelmilliarde Dollar aufnehmen müssen, um die laufenden Kosten zu decken. Wir zahlen noch immer daran ab, in Raten von 50 Millionen Dollar pro Jahr plus Zinsen.

Wir fanden außerdem ein Besteuerungssystem vor, das offensichtlich von einem Schüler Rube Goldbergs in einer schlechten Stunde konzipiert worden war. Eine grundlegende Steuerreform, die vor allem Institutionen wie Banken etc. erfaßte, die bisher sehr großzügig behandelt worden waren, hatte man anscheinend als politisch unmögliche Maßnahme abgelehnt. Statt dessen hatte man ein Bündel verschiedener Steuern auf die Geschäftsleute der Stadt abgeladen.

Jede dieser Steuern basierte auf einer anderen Grundlage; sie orientierten sich weder an staatlichen noch an nationalen Steuergesetzen; sie stellten für die Geschäftsleute einfach ein Chaos dar. Doch weil es seit Generationen keine grundlegenden Steuerreformen mehr gegeben hat, waren sie die einzige Möglichkeit für die Stadt, ihre Mittel zu erhöhen und den Bankrott zu vermeiden. Aber es funktionierte nicht.

Vielleicht läßt sich der Stand unserer Finanzen durch nichts besser charakterisieren als durch die Entdeckung, daß die städtischen Reserven – Geld für Notlagen – innerhalb von fünf Jahren von 200 Millionen Dollar auf praktisch Null zusammengeschmolzen waren. Wir verbrauchten unser Sparkonto, um die Haushaltskosten zu bezahlen. Früher oder später würde nichts mehr da sein. Diese Realität hatte man bisher nicht wahrhaben wollen.

Die Wahl, die wir hatten, war eigentlich keine Wahl. Wir mußten die Finanzstruktur der Stadt von Grund auf verändern. Das bedeutete, daß ich in meinem ersten Amtsjahr, als Mitglied der zweitstärksten Partei in New York, einem langen Kampf um eine grundlegende Steuerreform entgegensehen mußte und daß ich diesen Kampf nicht in meiner eigenen Stadt, sondern gegen die Gesetzgebung des Landes auszufechten haben würde, die, unter anderem, auch die Steuersätze von New York City kontrolliert. Ich mußte um eine städtische Einkommensteuer kämpfen – nicht gerade die populärste Maßnahme, die ich vertreten habe – und um eine Einkommensteuer für Pendler, damit die Millionen von Menschen, die diese Stadt benutzen, aber nicht in ihr wohnen, verpflichtet werden, einen Teil der Kosten für die Einrichtungen, von denen sie täglich profitieren, mitzutragen. Die Verwaltungen der Vorstädte waren wenig begeistert davon!

Im Sommer 1966 hatten wir unser Steuerreform-Programm und eine beträchtliche Erhöhung der staatlichen Beihilfen durchgesetzt. Wir schafften die irrationale Steuer, die auf dem Bruttoumsatz anstelle des Nettoeinkommens basierte, ab. Wir machten bisher steuerbegünstigte Institutionen wie Banken zu gewinnbringenden Unternehmen. Und wir begannen ein Programm der Haushaltstabilisierung ohne Kredite, das wir vier Jahre lang durchgehalten haben.

Die wirtschaftliche Situation: New Yorks Haushalt war in einem schlechten Zustand. Aber ebenso beunruhigend – vielleicht sogar noch beunruhigender – war die Abnahme der Wirtschaftskraft innerhalb von New York. Allein durch seine Existenz ist New York das Zentrum des Geschäftslebens der Vereinigten Staaten. Mehr als ein Drittel der fünfhundert führenden Aktiengesellschaften haben hier ihren Sitz. Der Bau von Bürogebäuden hat während der letzten Jahre einen ständigen Aufschwung genommen, und weder die vielen neu entstandenen Büroflächen noch die steigenden Preise haben die Nachfrage stoppen können.

Während der gleichen Zeit befand sich New York in einer wirtschaftlichen Krise. Wie andere Gebiete im industrialisierten Nordosten der Vereinigten Staaten konnte New York weder seine industrielle Basis noch seine mittelständische Wohnbevölkerung halten. Nach dem Zweiten Weltkrieg verlor die Stadt 800 000 Bürger der Mittelklasse an die grünen Auen der Vorstädte. In derselben Zeit verließ die Industrie mit etwa 10 000 Arbeitsstellen jährlich die Stadt. Ausgebildete Arbeitskräfte zogen aus der Stadt weg, dadurch wurde wiederum auch die Industrie ermutigt, nach draußen zu gehen.

Dieser Exodus wäre insofern auch ohne die Verwaltung ein Problem gewesen. Was das Problem aber weiter erschwerte, war, daß man es als unvermeidlich ansah. Es war keine schlechte Taktik, die man anwandte, um die wirtschaftliche Labilität auszugleichen – es gab gar keine Taktik. Es gab nicht einmal den Posten eines Kommissars für wirtschaftliche Entwicklung. Es gab keine einzige Stelle, bei der ein Geschäftsmann Auskünfte über Flächennutzungspläne, städtische Beihilfen, Vermittlung gelernter oder ungelernter Arbeitskräfte oder Kleinkredite erhalten konnte. Die Regierungen des Staates und des Bundes zeigten eine ebenso indifferente Haltung.

Einer der tragisch-ironischen Zufälle dieser Zeit war es, daß mitten während der Regression Tausende von Hektar Land ungenutzt blieben, während die Industrie aus Mangel an geeigneten Standorten die Stadt verließ. Mit der Aufgabe des Brooklyn Navy Yard wurden zum Beispiel 300 Hektar Land frei, die geradezu ideal gelegen waren für eine industrielle Besiedlung. Ähnliche, wenn auch weniger prominente Grundstücke, gab es überall in der Stadt – Grundstücke, die für eine industrielle Nutzung geeignet waren und die in Verbindung mit Ausbildungsstätten für ungelernte Arbeiter, mit Erholungsflächen, Parks und nahegelegenen Wohngemeinden erschlossen und entwickelt werden konnten.

Nach wenigen Jahren konnten wir den Unterschied sehen, der mit einem rigorosen ganzjährlichen wirtschaftlichen Entwicklungsprogramm zu erzielen war. Ein großes Informationszentrum wurde aufgebaut, das allen Geschäftsleuten den Zugang zu Informationen aller Art erleichtern sollte. An drei Stellen der Stadt entstanden Industrieparks, die Alternativen zu den dichten, überbelegten Industrieflächen anboten und in Zusammenhang mit der Industrieansiedlung Freiflächen für Wohnsiedlungen und Erholungseinrichtungen vorsahen. Überhaupt war der Ausgangspunkt der Planung eines Industriegebiets immer, neue Flächen für Wohnen und Erholung zu gewinnen, auch wenn wir Industrie ansiedeln wollten. Der Brooklyn Navy Yard wurde nach einigem Hin und Her an die Stadt überschrieben und nach wenigen Monaten hatte die Industrie das Land schon in Besitz genommen, und Trainingskurse hatten begonnen. In diesem einen Unternehmen werden etwa 40000 Arbeitsplätze entstehen, abgesehen von dem »Multiplikationseffekt«, den es auf die umgebenden Stadtgebiete ausüben wird.

Grundzüge der Verwaltungspolitik: Für New Yorks Central Park, eines der Meisterwerke der Stadtbaukunst, entwarf der Architekt Frederick Olmstead einen Fußweg, der »Irrweg« (The Ramble) genannt wird. Sein Charme liegt in der mäanderartig verschlungenen Wegführung, in der man sich verlieren kann, um sich zu treffen, um nachzudenken oder einfach allein zu sein.

Das ist eine gute Sache für die Planung eines Parks. Unseligerweise schien es aber auch einige von denen inspiriert zu haben, die unsere Verwaltung leiteten. Über dreißig Jahre lang hatte man einen Irrgarten wachsen lassen, in dem es fast unmöglich ist, sich nicht zu verlieren – und für eine Regierung, die verzweifelt versucht, der Stadt zu helfen, zu sich selbst zu finden, war die Ausgangsposition alles andere als günstig.

Wir haben es oft gehört – und ich höre es jedesmal, wenn ich mit einer Gruppe New Yorker Bürger zusammentreffe –, welche Schauermär in dem Versuch steckt, die Behörde zu einer Antwort zu bewegen. Ein normaler Bürger, der in einer Abteilung wegen einer speziellen Information anfragt, findet sich damit am Beginn eines langen Weges voller Ärger und Absurdität. Was jedoch oft nicht bedacht wird, ist, daß auch für die Mitglieder der Regierung der einfache Prozeß, herauszufinden, was geschieht, auf ähnliche Art zur Verzweiflung führen kann. Wir fanden dies alles in unserer Stadt. Wenn dreißig Jahre lang Dinge getan werden, nur weil sie vorher auch schon so

getan wurden, wird jede exakte Information zur Unmöglichkeit – und wenn man Informationen erhielt, so waren sie so hoffnungslos, daß es besser gewesen wäre, nichts herauszufinden.
Nehmen wir zum Beispiel die öffentlichen Bauten – den einfachen mechanischen Prozeß, neue städtische Einrichtungen zu bauen. Wir wußten, bevor wir ins Amt kamen, daß der Prozeß viel zu viel Zeit beanspruchte. Aber als wir versuchten herauszufinden, woher die schwersten Rückschläge kamen, mußten wir feststellen, daß es nirgendwo eine Beschreibung des Realisationsprozesses gab, durch den Pläne in Bauten verwandelt werden. Es wurde eben »getan«. Und so konnte niemand den Bau schrittweise aufzeichnen. So konnte niemand Projekte beschleunigen, und niemand kannte die einzelnen Schritte des Prozesses. Der neue Beigeordnete für öffentliche Arbeiten zerlegte den Bau eines öffentlichen Gebäudes in 49 Etappen. Erst danach waren wir in der Lage, sich überschneidende Schritte auszuschließen, jeden einzelnen Schritt zu beschleunigen, schnell festzustellen, wo Verzögerungen entstanden, die kritischen Projekte voranzutreiben (wie den Bau von Behelfskrankenhäusern) und die Gesetze so zu reformieren, daß viele der Verzögerungen ausgeschlossen werden konnten, die schon in der Gesetzgebung angelegt waren.
Auf diese Art der Indifferenz trafen wir überall, wohin wir auch kamen. Die Polizei besaß keine zentrale Kontrolle über die Kriminalitätsrate, und durch den örtlichen politischen Druck wurde die wirklich gemeldete Zahl der Verbrechen oft manipuliert. (Als wir während des ersten Jahres ein zentral gesteuertes Meldesystem einrichteten, stieg die Zahl der Meldungen um 70 Prozent – und fast 90 Prozent der Steigerung waren auf das verbesserte Meldesystem zurückzuführen.) Die Polizeiverwaltung selbst brauchte dringend neue Gebäude, die Genehmigung dafür datierte von 1948. Siebzehn Jahre später war die Standortfrage noch immer nicht geklärt. Die Müllabfuhr benutzte veraltete Wagen, die in keiner Stadt mehr in Gebrauch sind und die eigens für uns gebaut und deren Ersatzteile von außerhalb geliefert werden mußten. Die Müllabfuhr betrieb keine Betriebsvorplanung. Die Wagen, im Durchschnitt länger als zehn Jahre in Betrieb, wurden so lange gefahren, bis sie zusammenbrachen. So wurden jährlich neun Millionen Dollar für Reparaturen ausgegeben, aber es war kein Geld da, um diesen kostspieligen Reparaturen vorzubeugen – mit dem Ergebnis, daß an jedem Tag etwa 40 Prozent der Wagen ausfielen.
Geschichten von Streitigkeiten, von widersprüchlichen Urteilen, von Bereichen, für die keine Behörde zuständig war, waren an der Tages-

ordnung. Zum Beispiel konnte eine Beschwerde über den Zustand des Wassers entweder zu den Kompetenzen des Bauamtes, des Gesundheitsamtes oder der Wasserwerke rechnen, je nachdem, ob man sich über kein Wasser, schlechtes Wasser oder schlechtes heißes Wasser beschwerte. Straßen gehörten entweder zur Abteilung Schnellstraßen, zur Abteilung für Parks und Grünflächen oder zur Triborough Bridge and Tunnel Authority. In einem Fall waren vier verschiedene Abteilungen für die Verlängerung einer Straße in Queens um acht Meilen verantwortlich.

Auf dem Gebiet der Arbeitsverträge gab es keine Richtlinien; Arbeitsverträge wurden vom Haushaltsausschuß oder auf einer Adhoc-Basis geschlossen, und es gab keine zentrale Kartei für die etwa zweihundert verschiedenen Verträge zwischen der Stadt und ihren Angestellten. Erst mit der Einrichtung unseres Offices of Collective Bargaining (Büro für Sammelverträge) entstand allmählich ein systematisches Programm.

Dies waren keine Einzelfälle – sie spiegelten nur eine dreißig Jahre dauernde Gleichgültigkeit gegenüber dem planlosen Wuchern der Bürokratie. Ein Verwaltungsstab von 300 000 Angestellten hatte sich durch diese große Zahl selbst eine Falle gestellt – und seine offensichtliche Ohnmacht gegenüber der veralteten Struktur verursachte eine ernste Vertrauenskrise bei den New Yorker Bürgern. Eine Arbeitsanalyse von Verwaltungsangestellten stellte 1966 fest: »Die Öffentlichkeit hat einen schlechten Eindruck von der Verwaltungsbehörde der Stadt. Dies hat wiederum eine negative Wirkung auf die Arbeitsmoral der Angestellten und damit auf ihre Produktivität.« Mit anderen Worten, der zu erwartende Ärger am anderen Ende der Leitung und die Unfähigkeit, selbst kleine Angelegenheiten zu regeln, brachten den Verwaltungsangestellten dazu, Frustration im Amt für unvermeidlich und Arbeitseinsatz und Engagement für überflüssig zu halten, da sie sich offensichtlich in dieser Behördenstruktur nicht auszahlten.

Was waren die Dimensionen dieses Problems? Offen gesagt, sie waren enorm. Die Regierungsform der Stadt war 1938 konsolidiert worden, seitdem waren neunundzwanzig neue Abteilungen gegründet worden, deren Kompetenzen von der Zivilverteidigung über die Veteranenversorgung bis zur Gesundheitsfürsorge, von der Steuerfestsetzung bis zur Mieterumsetzung reichten. Alle unterstanden direkt dem Bürgermeister, wie auch all die anderen beinah hundert kleinen Ämter, Abteilungen und temporären Kommissionen. Die einzige Bemühung

zur Koordination war ein Ring von Kommissionen – zu einem Zeitpunkt fast zweihundert –, die ausdrücklich gegründet worden waren, um eine *Form* der Koordination, nicht aber deren *Substanz* zu bilden. Und als wir versuchten, die gültigen Programme und Richtlinien festzustellen, trafen wir auf Kommissionen, die ihre Arbeit seit Monaten nicht mit anderen abgestimmt hatten. Es war nicht ungewöhnlich, bei zwei verschiedenen Abteilungen entgegengesetzte Pläne für denselben Bezirk zu finden, da sie sich nicht die Mühe gemacht hatten, miteinander zu konferieren.
Trotz der Verfassungsänderung von 1961 konnte selbst ein starker Bürgermeister nichts ausrichten, wenn Dutzende von Kommissionen mit sich überschneidenden Kompetenzen und verschiedenen eigenen Programmen ihm indirekt unterstanden. Es war kein effektives Arbeiten möglich, wenn es, wie gut auch der formale Rahmen sein mochte, an Substanz mangelte, wenn die Behörde nicht genug Geld hatte, um ihren Aufgaben nachzukommen, wenn sie ohne grundlegende organisatorische Richtwerte zur Begrenzung und Lösung von Problemen blieb. Ein Direktmandat war wichtig – aber es war unwirksam, solange die Haushaltsplanung dem Bürgermeister keine allgemeine Übersicht erlaubte, solange er jede Entscheidung treffen mußte, ohne ihre Tragweite für andere Entscheidungen ermessen zu können. Das aber war in etwa das, was geschah. Die Macht der Regierung – ihre Verwaltungsstruktur, ihre Kapazität, Fehlerquellen aufzudecken – war nicht gleich der Last ihrer Probleme. Und so versuchte New York, die Probleme dieses Zeitalters mit einer Regierung von vorgestern zu lösen. Die Rechnung ging nicht auf.
Aber es ist nicht genug, wenn wir nur die Verzögerungen und Fehler innerhalb der Stadtverwaltungen aufdecken. Folgeerscheinungen dieser Organisationsform waren spürbar in jedem Bezirk von New York, bei jedem, der von dieser Stadt abhängig war. Und hier fanden wir vielleicht die erschütterndsten Beweise dafür, daß unsere Stadt eine Stadt in der Krise war.
Jede vierte Schule war vor mehr als vierzig Jahren gebaut worden – und die riesige zentrale Schulbehörde, die neunhundert Schulen verwalten sollte, war nicht fähig, die vielen Beschwerden über abgefallenen Putz, zerbrochene Scheiben, das Fehlen notwendiger Lehrmittel wie Bücher, Papier, Kreide zu beantworten. Unsere Krankenhäuser waren in einem erbärmlichen Zustand und verschlechterten sich weiter. Ein Beamter der Gesundheitsbehörde sagte 1968 bitter: »Im Bellevue-Hospital kann ein Mensch nicht einmal mit Würde

sterben.« Von 8000 Krankenschwestern in 21 öffentlichen Krankenhäusern waren nur 3400 ausgebildet – die übrigen waren Hilfskräfte, die keine Medikamentenvollmacht besaßen und so die Last der ausgebildeten Krankenschwestern noch vergrößerten. Es war üblich, daß während der Nacht eine Krankenschwester für fünzig oder mehr Patienten verantwortlich war. Ich habe Krankenhäuser gesehen, deren Fenster ein Jahr nicht geputzt worden waren, wo Staub und Schmutz überall herumlag, wo die Laken nicht gewaschen und die Instrumente nicht sterilisiert worden waren. An einem einzigen Tag entdeckten meine Mitarbeiter mehr als hundert Dienstpflichtverletzungen in einem Krankenhaus.

Das ganze der Verwaltung unterstehende Stadtgebiet war chaotisch. Es gab Pläne für Schnellstraßen in zweiter Ebene an zwei Stellen in Manhattan, die große Umsiedlungen erforderten und den betroffenen Gebieten einen dauernden Schaden zugefügt hätten –, aber es gab keine zentrale Planungsgruppe, die berechtigt gewesen wäre, grundlegende Untersuchungen über dieses Gebiet anzuordnen. Der Wohnungsbau war neun Jahre im Rückstand, die Mieter waren inzwischen aus ihren alten Nachbarschaften ausgesiedelt und gezwungen worden, in unzureichende Wohnungen zu ziehen, wo sie nicht einmal den Trost der vertrauten Umgebung hatten. Obwohl seit 1935 250 000 öffentlich finanzierte Wohnungen entstanden waren, bleibt das unzureichende Wohnungsangebot weiter ein vordringliches Problem. Mehr als 700 000 Wohnungen müssen abgerissen, ausgebaut oder renoviert werden. Der Grad der Luftverschmutzung hat ohne die Kontrolle durch wirksame Vorschriften oder Richtlinien erschreckend zugenommen, und einige Ökologen stellten die Frage, ob wir, wenn diese Entwicklung anhält, am Ende dieses Jahrhunderts die Stadtluft überhaupt noch atmen können.

Dies alles bedeutete, daß wir praktisch in jeder Abteilung der städtischen Verwaltung vor einem Zusammenbruch standen – einem Zusammenbruch in Aufbau und Koordination – und dies würde heißen, daß etwas Wichtiges verlorenging: das Vertrauen unserer Bürger.

Die Bürger und die Verwaltung: Auf beinahe jedem Schritt überraschte uns die Feindseligkeit der Bürger. Das war natürlich zum Teil eine Reflexion der allgemeinen Lage, die wachsende Unzufriedenheit auf jeder Ebene über die Unfähigkeit der Verwaltung, auf die Forderungen der Bürger einzugehen. Aber da waren noch andere, gefährlichere Umstände in New York City – Umstände, die drohten, zu explodieren.

Da war zum Beispiel das Gefühl wachsender Feindschaft zwischen der Polizei und den Bürgern der Ghetto-Bezirke. Dabei war ebenso viel Mißtrauen wie wirkliche Schwierigkeit im Spiel – die Polizei glaubte zum Beispiel, daß die Bewohner der Ghettos Leute seien, denen Recht und Gesetz gleichgültig sind und die die Aufdeckung von Verbrechen verhinderten. Die im Ghetto interpretierten das Verhalten und die Handlungen einzelner Polizeibeamter als das Verhalten aller Polizisten, und so wurde Brutalität für eine gewohnte Praxis, Korruption für unvermeidlich gehalten. Sonderbarerweise machten die Polizisten und die Ghettobewohner den gleichen Fehler – sie vermuteten in jedem mit einer dunklen Haut, in jedem mit einer Uniform Eigenschaften, die sie nur gelegentlich bei einzelnen Personen gesehen hatten.

Aber die Wirklichkeit selbst war problematisch. Das Problem bestand darin, daß die Verdächtigungen und Feindseligkeiten der einen Gruppe das Mißtrauen der anderen nur bestätigten und verstärkten. Ein mißtrauischer Polizist macht eine unkontrollierte Bemerkung, schon entsteht das Bild des Polizisten als Rassist in der Vorstellung dessen, der zuhört, und bestimmt von nun an seine Reaktion auf den nächsten Polizisten, den er trifft. Und so setzt es sich fort, und kein Versuch ist mehr möglich, um Verständnismöglichkeiten zwischen den Polizisten, die diese Gemeinden beschützen sollen, und den Gemeinden, die verzweifelt besseren Schutz suchen, herzustellen.

Eines der erschreckendsten Beispiele ereignete sich ein Jahr vor meiner Amtszeit, als der Tod eines jungen Negers, der von einem Polizisten erschossen wurde, die schlimmsten Unruhen in New York seit Jahrzehnten auslöste, Unruhen, die unschätzbare Sachschäden, unnötige Todesopfer und Verletzungen auf beiden Seiten forderten. Anfang 1966, als der Argwohn gegenüber der Situation in den Ghettos rapide anstieg, war New York ein Pulverfaß – und am 1. Januar wurde es *unser* Pulverfaß.

Der tiefere Grund für die Spannungen im Verhältnis zwischen Einwohnern und Polizei lag vielleicht in dem großen Pessimismus der Bevölkerung. Man glaubte einfach nicht mehr daran, daß es noch einmal besser werden würde. Ob mittelständische Eigenheimbesitzer oder schwarze Ghettobewohner – sie hatten einfach zuviel gehört, zu viele Versprechen erhalten, zuviele Enttäuschungen erlebt. Man konnte ihnen nicht erklären, daß ein Staatsgesetz oder die Verordnung 116-C oder der Fehler, Reglement A-21 vorzusehen, ein Projekt sechs Monate oder ein Jahr oder drei Jahre verzögern können. Sie sahen

nur – und das mit Recht –, daß man ein Versprechen nicht gehalten hatte. Und nach zu vielen falschen Zusagen und einer ständigen Reduktion der städtischen Dienste wurde die Bitterkeit zur Resignation. »Gegen das Rathaus kann man nichts machen«, war die Kurzformel für das Gefühl, daß es unmöglich sei, die Stadt zu verbessern.
Am schwierigsten war für mich als Bürgermeister die Einsicht, daß es Jahre dauern würde, bis einige grundlegende Veränderungen in der Arbeitsweise der Stadtverwaltung durchgefochten sein würden. Zuviel war durch Gleichgültigkeit zerstört worden, zuviel mußte wiederaufgebaut werden. Es war nur ein Schritt, überall hinzugehen, mit immer mehr Menschen zu sprechen, mehr Bürgergruppen in den Planungsprozeß einzubeziehen – der weit schwierigere aber entstand erst mit Beginn des Planungsprozesses selbst. Wir trugen die Bürde von dreißig Jahren unzureichender Stadtverwaltung, und kein Zauberspruch und keine offene Diskussion konnten das ändern. Im Gegenteil, man gab mir die Schuld an einer Organisation, gegen die ich mit ganzer Kraft, ja, manchmal mit ganzer Leidenschaft ankämpfte. Ich mußte also eine Stadt mit einer Verwaltung regieren, die ich im vorhinein verdammt hatte, und es würde Jahre dauern, sie zu reformieren.
Das waren einige der Bürden meines Amtes, mit denen ich nicht gerechnet hatte. Ich glaube, es gibt kaum etwas, das schockierender ist, als nach einem Wahlkampf herauszufinden, daß die Dinge in Wirklichkeit noch schlimmer sind, als man sie beschrieben hat. Das aber war es, was uns geschah. Wir hatten unsere Wahlversprechen gemacht, ohne wirklich zu wissen, was uns nach der Wahl erwartete. Da waren natürlich noch die anderen Probleme: Eine Wohnungsknappheit, die sich in den letzten fünf Jahren um 100 000 Wohnungen vermehrt hatte, verschärft durch eine Sanierungspolitik, die mehr zerstörte als erneuerte; ein Sozialprogramm ohne Ausweg, ohne Möglichkeiten, diejenigen auszubilden, die jetzt einen Scheck anstelle einer Chance erhielten; der Verkehr, der zur Straßenplage geworden war, und eine unabhängige Straßenbaugesellschaft, die beauftragt war, immer weitere Flächen zu asphaltieren, um noch mehr Verkehr in und durch die Stadt zu leiten; die beiden Eröffnungswochen meiner Amtszeit verbrachte ich unter dem Druck eines Streiks der öffentlichen Verkehrsbetriebe.
Sobald Busse und U-Bahnen wieder fuhren, fand ich mich erst der eigentlichen Herausforderung gegenüber: eine Stadt zu regieren, die bankrott war, die verzweifelt neue Mittel brauchte, die direkt vor

einem Ausbruch von Gewalt stand und die das Vertrauen ihrer Bürger verloren hatte. In der groben Terminologie der Zeitungen hieß es: »New York, eine Stadt, die aufgegeben hat.« Wir mußten ihr helfen, sich wiederzufinden.

5 Durch die Straßen der Stadt

Als wir das Amt übernahmen, erkannten wir, daß die Stadtverwaltung eine strukturelle Neuorganisation nötig brauchte. Das aber braucht Zeit. Man kann neue Wurzeln stecken, neue Möglichkeiten für die Produktion von Häusern entwerfen – die Bürger aber werden solange nicht daran glauben, daß sich im Rathaus etwas verändert hat, daß man gewillt ist, legitimen Forderungen nach mehr Partizipation und besseren städtischen Dienstleistungen zuzuhören, solange sie nicht spontan drastische Aktionen erleben. Wurzeln brauchen Zeit, um zu wachsen, Gebäude brauchen Jahre zur Fertigstellung. Damit die Menschen wieder Hoffnung gewinnen, brauchen sie etwas Sichtbares, sofort.

1966 galt das besonders für die Ghettogebiete. Ich weiß wohl, daß ich in den letzten Jahren immer wieder angegriffen wurde, weil ich anscheinend »nur für die Schwarzen sorgte«. Nach nur neun Monaten meiner Amtszeit wurde ich bei einem Besuch in einer weißen Gemeinde mit den Worten begrüßt: »Lindsay, was führt Sie denn hierher? Hier wohnen doch Weiße.« Ich glaube, daß wir, als wir uns der Nöte der unterprivilegierten Gemeinden annahmen, nicht wußten, wie sehr auch der konsolidierte Teil des Stadtbürgertums – der hart arbeitende weiße Bürger der Mittelklasse – der Stadtregierung entfremdet war. Wir wußten, daß an vielen kritischen Punkten des Stadtlebens – bezogen auf Sicherheit, Sauberkeit und Verkehr – die Arbeit der Verwaltung für keinen unserer Bürger ausreichte. Aber was wir Anfang 1966 noch deutlicher sahen, war, daß Unzufriedenheit und Entfremdung in den Ghettos einen Kulminationspunkt erreicht hatten. Wir wußten, daß eine große Anstrengung nötig sein würde, um die Entfremdung durch neue Kontakte aufzuhalten. Und wir wußten, daß mit Worten allein nichts getan wäre. Die Menschen in den Ghettos hatten diese Worte alle schon einmal gehört. Sie hatten die Politiker gesehen und gehört, die während der Wahlkampagne in ihre Nachbarschaften kamen, um ihnen ein neues Zeitalter zu versprechen. Und sie hatten sie davongehen sehen, nachdem die Stimmen gezählt waren, ohne ihre Versprechen durch Reformen zu bestätigen. Die Folgen dieser Entfremdung waren direkt – und reif zur Explosion. 1964 hatte es einen Ausbruch von Terror in Harlem gegeben. Noch größere Unruhen gab es 1965 in Watts und in einem Dutzend anderer Gemeinden. Und es stand fest, daß die Gefahr weiterer Unruhen mit jedem Monat wuchs, der keine grundlegenden Veränderungen in unserer nationalen Politik brachte, mit jedem Monat, in dem die Forderungen nach Arbeitsstellen und Wohnungen, nach Gesundheit und Ausbildung unerfüllt blieben.

Es ist wichtig, sich die täglichen Auswirkungen dieser Gleichgültigkeit in den armen Gemeinden einmal vorzustellen. Für eine Durchschnittsgemeinde bedeutet die Reaktionsunfähigkeit einer Verwaltung Unzufriedenheit und Verzögerungen. Für einen, der mit seinen lebensnotwendigen Bedürfnissen von der Verwaltung abhängt, kann eine reaktionsunfähige Verwaltung den Verlust seiner Wohnung, seiner Arbeitsstelle, des täglichen Brots seiner Kinder bedeuten. Die Verzweiflung, die ein normaler Bürger spürt, wenn er »gegen den Amtsschimmel kämpft«, vervielfacht sich für die unterprivilegierten Bewohner; die Verweigerung von Hilfe kann für sie zu einer Frage auf Leben und Tod werden. Ich hielt es damals für richtig, daß ein Bürgermeister, der eine grundlegende Reformierung der Stadtverwaltung versprochen hat, durch eine ganz persönliche Geste zeigen muß, daß sein Engagement sich nach der Wahl nicht verringert habe. Im Wahlkampf 1965 hatte ich mir vorgenommen, die traditionell demokratische Haltung der schwarzen Ghettos zu durchbrechen, und ich hörte dabei oft: »Wenn der November vorbei ist, werden sie uns vergessen haben.« Ich gab mein Versprechen, die persönlichen Gespräche auch nach November weiterzuführen. Und am Tag nach meiner Wahl ging ich noch einmal in viele dieser Gemeinden, in weiße und schwarze, als Anzeichen für das Versprechen, das ich zu halten hoffte.

Ich sah aber, daß Besuche nicht genug waren, daß die Leute nicht mehr an Zeichen glaubten, wenn sie nicht von wirklichen Maßnahmen begleitet waren; immer wieder erhielt ich den Beweis, daß die nichtexistenten Bindungen zwischen Bürger und Staat neu geknüpft werden mußten. Und so wurde das persönliche Gespräch der Beginn eines der dringendsten Grundsatzprogramme, das die Regierung je unternahm, um Kontakte zu ihren Bürgern herzustellen. Man hat viel zu viel in diese Besuche in den Ghettos hineingelesen. Man hat ihnen das Verdienst angerechnet, Terroraktionen im Keim erstickt zu haben – was nicht wahr ist –, man hat sie ebenso als symbolische »Bestechung« der schwarzen Gemeinden interpretiert, weil wir versprachen, Ungesetzlichkeit und Kriminalität mit Nachsicht zu behandeln – auch das ist nicht wahr.

Ich glaube vielmehr, diese Besuche waren einfach ein Zeichen dafür, daß die Regierung Sorge trug. Sie waren ein Zeichen, daß diese Regierung nicht die Absicht hatte, irgendeine Gruppe aus den Angelegenheiten der Stadt auszuschließen. Und sie zwangen uns alle, den unzufriedenen verärgerten Stimmen in den Gemeinden zuzuhören; sie zwangen uns, neue Verbindungswege zwischen Regierung und Bürger zu suchen. Und so weit es uns gelang, die Verwaltungsarbeit der Stadt aus dem »bekannten und bewährten« Trott herauszureißen, so weit war das, was wir taten, wichtig und notwendig.

Da diese Aktivität soviel nationale Aufmerksamkeit erregte, scheint es mir richtig, einiges darüber zu erzählen. Erstens waren die meisten dieser Besuche unangekündigt, ohne die Beteiligung der Presse, bis auf einen Vertreter. Dies war notwendig. Wahlgespräche auf dem Bürgersteig sind eine Tradition in der Stadt, immer begleitet von einem Kamerateam und einem riesigen Stab von Mitarbeitern. Von dieser Art Straßentheater versprach ich mir nichts; die Chance für ein offenes Gespräch zwischen den Bürgern und mir wäre vertan worden. Wir mußten mehr tun, als Sorge vorzutäuschen, wir mußten sie tragen.

Zum anderen waren diese Besuche nicht der einzige Kontakt zu den Gemeinden; denn ich mußte feststellen, daß ohne wirkungsvolle weitere Schritte das Gefühl einer Bindung sofort wieder ausgelöscht wurde. Ein Bürger, der seinem Bürgermeister persönlich seine Sorgen um Müllabfuhr und Polizeischutz anvertraut hat, mag für einen Moment von seiner Last befreit sein, aber wenn nicht die Möglichkeit zu ständiger Kommunikation besteht, würde dieses Gefühl schnell wieder verdrängt und durch verstärkte Enttäuschung und Resignation ersetzt werden.

Ich glaube, die erste Drohung von Unruhen kam im Juni 1966, im ersten Jahr meiner Amtszeit, aus East New York. East New York, im östlichen Brooklyn gelegen, ist ein klassisches Beispiel für einen städtischen Schmelztiegel. Es ist eine – zu Zeiten veränderliche – Mischung aus irischen, deutschen, italienischen und polnischen Bürgern, mit einem neueren Zugang von Negern und Puertorikanern.

Fast gleichzeitig brachen zwei verschiedene Streitigkeiten aus: zwischen Schwarzen und Puertorikanern und zwischen Schwarzen und Weißen in einem Streifen »Niemandsland« zwischen schwarzen und weißen Gemeinden. Ein kleiner dreieckiger Park war die Grenze; sie wurde von beiden Seiten von jugendlichen Gruppen überschritten, die sich gegenseitig herausforderten.
Mitte Juli war es soweit, daß eine Gruppe von Weißen einen Zaun im Park abgesteckt hatte. Sie nannte sich *Sponge* – »Society for the Prevention of Negroes Getting Everything« (Gesellschaft zur Verhütung, daß Neger alles bekommen) – und sie marschierten herum und tauschten mit den jungen Schwarzen Beschimpfungen aus. Die Polizei reagierte mit Anwesenheit und hielt die beiden Gruppen getrennt. Der Bürgermeister wurde nicht sofort informiert. Niemand, nicht der Jugendausschuß und nicht die Polizei, benachrichtigte die Spitze der Verwaltung von New York, den Bürgermeister. Dies geschah nicht aus persönlicher oder beruflicher Unfähigkeit, es geschah einfach, weil kein System existierte, das Nachrichten über mögliche Unruhen direkt an das Bürgermeisteramt hätte übermitteln können. Es gab dieses System nicht, weil man annahm, der Bürgermeister wäre in diesen Dingen nicht direkt verantwortlich. Bisher wurde der Bürgermeister nur informiert, wenn die Krise sich stadtweit ausbreitete.
Ich hörte zuerst von den verhaltenen Unruhen, als sie schon einige Tage und Nächte andauerten. Inzwischen war der dreieckige Park zum Schauplatz von Faustkämpfen, aufpeitschenden Reden und aufflackerndem Terror geworden. Ich hatte nahegelegene Gemeinden kurz zuvor in einem meiner nächtlichen Spaziergänge besucht, und es schien ganz natürlich, daß ich mich selbst überzeugen wollte, was geschehen war – oder was noch geschehen könnte.
Der wichtigste Eindruck, an den ich mich erinnere, war der der Unwirklichkeit. Wir hatten keinen Plan, keine »Theorie«, was zu tun sei. Wir hatten nur die Überzeugung, daß, wenn wir jetzt nichts unternehmen, wenn wir jetzt nicht alles tun würden, was in unserer Kraft stand, um die Ordnung wiederherzustellen, wir Gewalt und Blutvergießen nicht mehr vermeiden könnten. In dieser Nacht ging ich nach East New York. Ich konnte die Feindseligkeit spüren, die über dem Park lag. Ich ging zu der weißen Gruppe und versuchte, mit ihr zu sprechen. Ich wurde nicht sehr freundlich empfangen.
»Gehen Sie nach Afrika zurück, Lindsay, und nehmen Sie Ihre Nigger wieder mit«, mußte ich hören. Nach einigen spannenden

Minuten überredeten wir zehn der Jungen, mit mir in eine Bar auf der »weißen Seite« zu gehen. Wir sprachen anderthalb Stunden lang. Das Gespräch war hart. »Wir wollen keinen Nigger in unserer Nachbarschaft«, antworteten sie. Während wir sprachen, wurde mir berichtet, daß man der Gruppe im anderen Unruheherd von East New York – wo die Feindschaft zwischen Schwarzen und Puertorikanern schwelte – gesagt hatte, der Bürgermeister käme. Ich war einen Moment lang unsicher, aber dann entschied ich mich, zu bleiben. Ein zu schneller Aufbruch würde allen bestätigen, daß ich nur in Erscheinung treten wollte. So blieb ich und sprach.

In der Nacht ging ich ins Rathaus zurück, und ich war noch nicht eine Stunde dort, als die Nachricht kam, daß einer der Jungen während eines plötzlichen Kampfes erschossen worden war. Die Gefahr war da. Fast jeder Rassenkonflikt in der Stadt hat mit einem solchen Ereignis begonnen, von dem Gerüchte ausgingen (»Ein weißer Polizist erschoß einen schwarzen Jugendlichen«), und das kopflosen Tumult in Terror verwandelte. Wir wußten, daß die Polizei nicht geschossen hatte, daß sich ihre Haltung am Ort durch ruhige Überlegenheit und erstaunliches Vertrauen auszeichnete. Aber wir wußten nicht, was für ein Gerücht umging. Also gingen wir wieder zum Tatort zurück.

Das war in mancher Hinsicht die längste Nacht, die ich als Bürgermeister erlebte. Mit meinen Assistenten Barry Gottehrer, Jay Kriegel und Sid Davidoff blieb ich bei der Polizeinotstaffel. Einzelne Männer benutzten ihre privaten Bindungen zu den Gemeinden, um mit ihnen zu sprechen, um Gerüchte zu zerstören. William Booth, Mitglied der Human Rights Commission, Frank Arricale, Mitglied des Umsetzungsausschusses, und mein Assistent Bob Blum, alles Mitglieder des Jugendausschusses, versuchten es auf eigene Verantwortung. Sie mußten es tun. Es gab keine zentrale Verständigung.

Das Verdienst lag ohne Zweifel auf seiten der Polizei. Während der Nächte vor der Explosion und an den Tagen danach waren sie Friedensboten im wahrsten Sinne des Wortes. Sie befanden sich in einer Gemeinde, die sich kurz vor dem Zusammenbruch befand. Sie waren verbalen Beleidigungen, Beschimpfungen, Spott, und einmal sogar Schießereien ausgesetzt. Eine falsche Bewegung – und eine Schießerei würde beginnen. Statt dessen reagierten die Polizisten mit massierter Anwesenheit und dem Verzicht auf Gewalt, wenn sie nicht direkt angegriffen wurden.

Das Erste war, genügend Polizisten dorthin zu bringen, die plötzliche Ansammlung schnell zerstreuen und jede latent gewalttätige Situation unter Kontrolle bringen konnten. An einer Stelle waren 700 Polizeibeamte, 54 Sergeanten, 49 Fußposten, 17 Wagenposten und Dutzende von Geheimpolizisten verfügbar. Aber das Polizeikommando hatte bestimmt, daß keine Gewalt angewendet werden durfte, außer in Lebensgefahr. Während der Nacht kamen Warnschüsse aus einigen Häusern, aber die Polizei wartete bis Tagesanbruch und räumte dann die Häuser, ohne einen Schuß abzugeben. Die Polizei instruierte ihre Beamten – besonders um Plünderungen und Unordnung zu vermeiden –, die Angreifer ohne Aufsehen zu verhaften und schnell vom Tatort wegzubringen, bevor sich gefährliche Gruppen sammeln konnten. Helme wurden verteilt, um die Polizisten vor Wurfgeschossen zu schützen. Viele neue Polizeikräfte wurden eingestellt, damit die Beamten nicht in der Minderheit waren und überwältigt werden konnten. Zur gleichen Zeit gab der Polizeikommissar den Befehl, jede Art von Provokation zu vermeiden, die emotionale, irrationale Reaktionen nach sich ziehen könnten: Es wurden keine Sirenen benutzt, besondere Verordnungen verboten spöttische oder beleidigende Äußerungen. Behelfsstationen wurden eingerichtet, so daß Verstärkung, wenn nötig, immer bereit war. Die Polizisten benutzten Flüstertüten, um ihre Ansagen zu machen und die Menge in Schach zu halten. Wenn die Menschenansammlungen wuchsen, wurden Trupps der Tactical Patrol Force, einer besonderen Polizeieinheit mit achtzig Mann, hinbeordert, die eine Kette bildeten und die Menge nur durch ihre Anwesenheit zerstreuten – sie verbanden Stärke mit Zurückhaltung. Weil sie zu allen Beleidigungen und Beschimpfungen schwiegen, kam es zu keinem Zusammenstoß. Nach einigen Tagen beruhigte sich East New York. Das sorgfältige Vorgehen der Polizei hatte sich bestätigt. Aber im Bürgermeisteramt sahen wir uns einer ernsten Herausforderung gegenüber. Unsere Planung während des ersten Sommers hatte fast keine Ergebnisse gebracht. Wir hatten keine klare Strategie – nur Gefühle, die sich in diesem Falle als richtig erwiesen. Wir hatten keine ständige Verbindung, keine Kontakte zu den streitenden Gruppen, keine Sicherheit, daß wir nicht, in der nächsten Woche oder im nächsten Monat, mit einer ähnlich explosiven Lage konfrontiert werden würden. Obwohl am Freitagabend kein Tumult mehr zu befürchten war, hatten wir das Gefühl, daß das Wochenende unerträgliche Spannungen entstehen lassen würde, wenn nicht sofort etwas geschah. So luden wir, aus einer plötzlichen Eingebung heraus, Vertreter der schwarzen und der weißen Gruppe zu einem Gespräch am Samstagmorgen in das Rathaus ein. Ich glaube nicht, daß das Rathaus je Zeuge eines solchen Gesprächs war – die Aussprüche und gegenseitigen Beschuldigungen waren maßlos. Aber es bedeutete für diese Jugendlichen eine erste Gelegenheit zur gegenseitigen Aussprache. Am Ende des Gesprächs waren wir irgendwie zu einer Vereinbarung für eine gemeinsame Aktion gelangt, die das Gebiet vor einem erneuten Ausbruch von Terror schützen sollte. Fünf von ihnen sollten die Parole ausgeben, daß man keine Gewalt mehr anwenden wolle. Die ganze Vereinbarung wurde gefährdet, als wir erfuhren, daß einer der Wortführer dieser Gruppe seiner Frau versprochen hatte, an diesem Abend mit ihr auszugehen. Es bedurfte eines Anrufs vom Bürgermeister, um die Frau zu überreden, auf ihr Vergnügen zu verzichten. Der Mann war an diesem Sonnabendabend auf den Straßen von East New York – und die Gemeinde beruhigte sich.

Arbeit, Schweiß und Glück kamen zusammen. Aber wir konnten diese Form der Ad-hoc-Strategie nicht beibehalten – denn es war keine Strategie. Alles, was wir zu diesem Zeitpunkt wußten, war, daß wir nur sehr wenig wußten. Die Polizei hatte eine Strategie – aber es war, aus der Notwendigkeit heraus, eine Strategie der Verteidigung. Die Polizei konnte nicht mehr tun, als Pläne für den Notfall auszuarbeiten. Es war unsere Aufgabe zu vermeiden, daß der Notfall eintrat. Die Wurzeln der Unzufriedenheit lagen nicht so sehr im Verhalten der Polizei als viel eher in dem Gefühl, daß die Mittel der Vernunft nur in eine Sackgasse führten. Wir mußten Besseres als das anbieten – sonst würden wir die Konsequenzen tragen müssen.

Was wir aus den Vorfällen in East New York lernten, war, daß keine wirkliche Verbindung zu den Gemeinden bestand. Zu Beginn unserer Tätigkeit hatte ich Barry Gottehrer und Sid Davidoff gebeten, als Vermittler zu wirken, um direkte Kontakte zu den Gemeinden herzustellen. Aber wir sahen, daß eine wirkliche Kooperation nicht möglich war, daß wir auf Schwierigkeiten reagieren mußten, anstatt sie vorauszusehen; daß wir erst, nachdem die Unruhe ausgebrochen war, erfuhren, was wir nicht wußten. Wir erkannten auch noch grundlegendere Mängel: daß die städtischen Behörden auch untereinander und zu den verschiedenen Bürgergruppen nur wenig Kontakt hatten, und gerade sie können doch den Unterschied zwischen einer sich positiv entwickelnden Gemeinde und einer gleichgültigen oder gefährdeten Gemeinde bewirken. Es gab sogar Stadtbehörden, die im gleichen

Bezirk arbeiteten und nur wenig voneinander wußten. So wurde die Zusammenarbeit mit den Gemeinden und die Antwort auf ihre Forderungen weiter erschwert. Vom Herbst 1966 bis zum Frühjahr 1967 machten wir Pläne für eine formale Verbindung zwischen den Gemeinden und der Stadt. Im April 1967 verkündeten wir in einem offiziellen Erlaß des Bürgermeisters die Gründung des Summer Task Force (Sommeraktionsausschusses), der in fast zwanzig Gemeinden in New York zu arbeiten begann. Jeder bezirkliche Aktionsausschuß wurde von einem hohen städtischen Beamten geleitet, um zu beweisen, daß wir das, was wir über den Zugang zur städtischen Verwaltung gesagt hatten, auch so meinten. Wir beauftragten ganz verschiedene Leute – Polizeibeamte, Beamte der inneren Verwaltung, Assistenten des Bürgermeisters, Abgeordnete und ihre Stellvertreter –, um die engen Kanäle der Stadtverwaltung zu überwinden. Bei der Auswahl der Nachbarschaftsleiter waren wir ohne Konzept. Davidoff entdeckte zum Beispiel, daß »Athleten« in manchen Nachbarschaften besonders respektiert wurden, in anderen fanden Personen ohne eine »etablierte« Erfolgsliste viel eher Kontakt zu den Bürgern als konventionelle Leiter. Wir zögerten nicht, solche Leute anzustellen, denn es war wesentlich, Kontakt aufzunehmen.

Der Sommeraktionsausschuß traf sich jeden Montagmorgen um acht Uhr während des ganzen Sommers 1967. Da hier Vertreter von nahezu allen städtischen Ressorts zusammenkamen, war es ein offenes Forum für alle Beschwerden der Gemeinden, vom Polizeischutz über die Müllabfuhr bis zu Parks und Wohnungen. In vielen Fällen sahen die Vorsitzenden der verschiedenen Abteilungen zum ersten Mal, wie weit sich ihre Programme mit denen anderer Abteilungen überschnitten und wieweit sie konkurrierten; und sie sahen, wie sich diese Programme durch Koordination verbessern ließen. Wir erhielten plötzlich detaillierte Informationen, mit denen wir die möglichen Ursachen für Unruhen voraussehen konnten. Wir erfuhren, welche Personen, welche Gruppen, welche Banden auf den Straßen aufeinanderstießen. Wir erfuhren, welche Art von Sommerprogrammen ausgeführt wurde und an welchen sich die Jugendgruppen der Gemeinden wirklich beteiligen konnten. Und wir lernten vor allem, wie man mit den Gemeinden sprechen kann, die bisher noch von keiner offiziellen Ansprache erreicht worden waren, es sei denn durch die Bürokratie oder den Gerichtsvollzieher.

Im Sommer 1967 erhielt Barry Gotteher, der Koordinator des Aktionsausschusses, alle Berichte über Unruhen – im ganzen etwa tausend. In zweihundert Fällen, die sehr ernst aussahen, setzte sich Barry Gottehrer direkt mit den örtlichen Leitern der Aktionsausschüsse in Verbindung, die in den Gemeinden wohnten, die die Leute dort kannten und die so als Vertreter ihrer Gemeinde in der Stadtverwaltung wirkten – anstatt einen Vertreter der Stadtverwaltung in eine Gemeinde zu schicken, von der er nur wenig wußte. In 24 Fällen haben Barry Gottehrer, und die örtlichen Aktionsausschüsse sofortige Aktionen eingeleitet und damit den Ausbruch von Gewalt verhindert.

Solche Aktionen nahmen verschiedene Formen an, je nachdem was in den Gemeinden wirklich vorgefallen war. Manchmal, wenn der Fall einen direkten Eingriff der Stadt verlangte, ging ich hinaus, um mit den Leuten zu sprechen und mich zu vergewissern, daß ein Mißstand vollständig untersucht wurde. Nachdem ein Polizeibeamter (Neger) einen jungen Puertorikaner in East Harlem erschossen hatte, arbeitete der lokale Aktionsausschuß mit der Pfarrgemeinde zusammen und organisierte eine Reihe von Prozessionen in den Straßen. Die Konfrontation war nicht behoben, aber die Gefahr von Terror war abgewendet.

In Bronx wurden die Proteste gegen die schmutzigen Straßen beunruhigend, als die Bewohner begannen, den Müll auf den Straßen anzuzünden. Der Sektionsleiter der Polizei und der Leiter des örtlichen Aktionsausschusses beorderten sofort Müllwagen in das Gebiet, die den Schmutz wegbrachten. Die Gemüter beruhigten sich. In East New York arrangierte der Leiter eines Aktionsausschusses nach den ersten Anzeichen von Unruhen sofort einen Waffenstillstand zwischen Weißen und Schwarzen. Er hatte Erfolg, weil er mit seiner Arbeit im Aktionsausschuß das Vertrauen beider Gruppen gewonnen hatte. Als eine Elterngruppe gegen die lange Verzögerung der Eröffnung einer neuen Schule protestierte, benachrichtigte die Polizei den Aktionsausschuß, und es wurden Gespräche mit dem Board of Education (Senat für Bildungswesen) geführt, die diese Angelegenheit klären sollten.

In jedem Fall hätte die Polizei die Protestierenden verhaften können – friedlich oder mit Gewalt. Aber die Polizei, die sehr viel überlegener ist, als viele ihrer selbstgewählten »Verteidiger« wahrhaben wollen, erkannte, daß diese Aktionen nicht kriminell waren und daß es Wege gab, die Ordnung schneller und weniger kostspielig wiederherzustellen.

Meine Anwesenheit beschränkte sich auf Situationen, in denen die Polizei und die Aktionsausschüsse es für notwendig hielten. Es gab Fälle, in denen, nach dem Urteil der Beteiligten, meine Anwesenheit die Situation nur noch verschärft hätte. Der Polizeikommissar war immer sehr offen in seiner Meinung, und ich habe immer akzeptiert. Wenn ich hinging, waren es immer Situationen, bei denen wilde Gerüchte die Lage verschärft hatten und wo nur die Stimme des Bürgermeisters den Spekulationen einiges Gegengewicht bot.
Von all den heißen Nächten, die ich in den schwülen Straßen von New York verbrachte, steht die Nacht, in der Martin Luther King erschossen wurde – am 4. April 1968 in Memphis/Tennessee – am deutlichsten in meiner Erinnerung. Die Wellen der Erschütterung spürte die ganze Nation; in ihrer Folge explodierten Dutzende von amerikanischen Städten.
Mary und ich begannen den Abend im Theater, um ein Stück anzusehen, in dem einer unserer Freunde, Tom Bosley, die Hauptrolle spielte. Der Vorhang hob sich gerade für den zweiten Akt, als Ernest Latty, Sergeant der New Yorker Polizei, den Gang herunterkam, mich von meinem Platz rief und mir die Nachricht übermittelte. Ich ging über die Straße und rief Polizeikommissar Howard Leary und Barry Gotterher an. Sie erzählten beide, daß sich in Harlem, in Bedford-Stuyvesant, in Brooklyn und in Teilen von South Bronx Menschen auf den Straßen versammelten.
Ich ging ins Theater zurück, erzählte meiner Frau, was geschehen war und ging dann mit Sergeant Latty ins Gracie Mansion. Dort traf ich Dave Garth, einen Freund und Berater von Rundfunk und Fernsehen. Ein Anruf bei der Polizei sagte mir, daß die Dinge schlimmer standen, als wir dachten, und ich fuhr in unserem Kombiwagen nach Harlem. An der Kreuzung der 125. Straße und der Second Avenue ließ ich den Wagen halten und bat Dave Garth, ihn zu fahren, während Sergeant Latty und ich ausstiegen und die 125. Straße westwärts gingen – ein Weg, den ich schon oft gegangen war. Aber heute war es anders.
Die Menge wuchs, während wir gingen. Es war eine dunkle Nacht, zu heiß für eine Frühlingsnacht, und man konnte die Spannung fühlen. Sergeant Latty, selbst ein Schwarzer, war beunruhigt. Seine Aufgabe war es, mich zu beschützen, und ich wußte, er fand es nicht richtig, daß ich hier war – aber er hatte solche Bedenken schon früher oft geäußert und wußte, er konnte mich nicht davon abbringen.
Ich legte meine Hand auf die Schulter jedes Mannes, an dem wir

vorübergingen, und versuchte, mein Mitgefühl auszudrücken. Ich erhielt keine Antwort, nur ein Nicken als Zeichen des Erkennens. Als wir nah an die Lenox Avenue herankamen, konnten wir das Schieben und Drücken der Menge spüren. Es richtete sich nicht gegen mich, es war eben die Form, in der sich Massen bewegen. In der Lenox Avenue kamen wir an eine Barrikade der Polizei quer über die 125. Straße, und es gab großen Ärger. »Dies ist unsere Straße«, sagte ein Mann. »Warum dürfen wir sie nicht benutzen?«
Ich ging weiter, aber am Ende war ich von allen Seiten eingeengt. Ich konnte meinen Namen rufen hören, und ich hörte Männer und Frauen weinen und schluchzen. Ich sah Gruppen von Jugendlichen und Kindern durch die Menge die Straßen entlangrennen – und ich hörte das Klirren von zersplitterndem Glas. Endlich sah ich auf und sah einige sehr große schwarze Männer an meiner Seite, die ich alle kannte und mit denen ich schon gearbeitet hatte. Wir gingen zu einer Lücke in der Menge, als eine andere Gruppe auf mich zukam – auch diese Männer kannte ich. Die Gruppen stritten, welcher Weg für mich der beste sei. (Später wurde erzählt, ich sei zwischen zwei feindliche Gruppen geraten und von der Straße gestoßen worden. Das Gegenteil war richtig. Ich war in besten Händen.)
Beide Gruppen versuchten, an meiner Seite zu bleiben und mich vor möglichen Angriffen zu schützen. Sie führten mich endlich zu einem Wagen, in dem Percy Sutton, der Bezirksbürgermeister von Manhattan saß, der in Harlem wohnte. Wir fuhren zurück ins Gracie Mansion, wo ich ans Telefon ging, um mich über die Lage in der Stadt zu informieren. In allen schwarzen Gemeinden aller vier Bezirke New Yorks war die Lage gespannt – am kritischsten war sie in Harlem – aber sie blieb stabil. Es gab Berichte über Plünderungen in Harlem und Brooklyn.
Um diese Zeit waren neue Mitarbeiter gekommen, und die Telefone zu den Aktionsausschüssen waren ununterbrochen in Betrieb. Berichte aus der ganzen Stadt trafen ein – mit anderen Worten, unser Plan funktionierte. Irgend jemand deutete auf die Fernsehgeräte im Büro – wir sahen überall im Land in den Städten Feuer ausbrechen. Ich erreichte den Polizeikommissar, der in der 125. Straße angekommen war und persönlich die Maßnahmen der Polizei von einem im zweiten Stock gelegenen Büro aus leitete. Ich erzählte dem Kommissar von dem Widerstand gegen die Barrikaden. Er sagte, er habe schon gesehen, daß man damit eher Schlechtes als Gutes anrichte, und habe befohlen, sie zu entfernen.

Lindsay diskutiert in Harlem mit Bürgern der Stadt über die Erschießung eines jungen Mannes, der zwei Polizisten mit einem Messer angegriffen haben sollte.

Nachdem ich mich überall in New York erkundigt hatte und sah, daß Harlem noch immer der gefährdetste Bezirk war, ging ich zurück zu meinem Wagen, den Dave Garth inzwischen zum Mansion zurückgebracht hatte, und fuhr wieder nach Harlem. Ich ging zu Polizeikommissar Leary, und wir beobachteten von seinem Behelfsbüro aus die Entwicklung – die Lage war noch immer gespannt, aber sie hielt stand. Hunderte von Polizisten waren inzwischen in den Straßen.

Später verließ ich das Gebäude und ging noch einmal durch die Menge, versuchte, meine Sympathie auszudrücken, während ich vorüberging, bis ich am Ende des Hauptstromes anlangte. Die Polizei hatte inzwischen alles unter Kontrolle, und ich ging ins Gracie Mansion zurück, um weitere Gespräche zu führen und mich zu versichern, daß die Stadt der Krise standhielt.

Am Ende dieses ersten langen Sommers, gerade, als wir dachten, wir hätten den Sommer ohne große Unruhen überstanden, wurde ein Junge in Bedford-Stuyvesant erschossen. Das Gerücht ging um, ein weißer Polizist habe ein unschuldiges, unbewaffnetes schwarzes Kind erschossen, und die Spannungen verdichteten sich. Einer der rebellierenden Jugendlichen rief einen meiner Assistenten an und sagte ihm: »Ein weißer Bulle hat ohne Grund ein schwarzes Kind erschossen. Wir werden dafür hier alles verbrennen. Sagen Sie das Ihrem Bürgermeister.«

Ich ging zur Polizeiwache. Ich hatte noch nie eine aufgeregtere Menge gesehen. Es waren viele Jugendliche unter den Schreiern. Das Blut, das man nicht abgewaschen hatte, war überall auf dem Bürgersteig verspritzt. Ich traf mich mit acht Bürgern im Hauptbüro der Polizeiwache, und während einer halbe Stunde vernahm ich nichts als blinde Wut.

Nachdem sich der Zorn gelegt hatte, antwortete ich ihnen. Glücklicherweise, glaube ich, war auch ich aufgebracht und zeigte es. Ich sagte etwa dies: »Hört zu. Ihr habt die Wahl. Ihr könnt den Bezirk abbrennen, oder Ihr könnt ihn verändern. Wollt Ihr ihn abbrennen? Ist es das, woran Euch liegt?« Ich glaube, es war gut, daß ich im Zorn antwortete. Sie wußten dadurch, daß ich zugehört hatte – daß ich nicht von einem Manuskript ablas oder ihnen das sagte, was sie hören wollten. Gerade die Leute, die die lautesten Drohungen ausgestoßen hatten, halfen jetzt, die Gerüchte zu widerlegen und Ruhe zu bewahren. Derselbe Junge, der uns versichert hatte, daß man den Platz anzünden werde, wurde später zu einem der Wortführer gegen die Gewalt. Er tat es nicht für mich, sondern für sich.

Es könnte scheinen, als sei der Sommeraktionsausschuß nichts als eine Bewegung zur Sicherung von Ruhe und Ordnung gewesen, und natürlich war dies eines der wichtigsten Ziele bei seiner Gründung. Zerstörung und Blutvergießen zu vermeiden, war eine der wichtigsten Prioritäten der Stadtverwaltung. Aber in Wirklichkeit tat der Aktionsausschuß viel mehr als das. Wegen der Verschiedenartigkeit der Ressorts und Verwaltungsebenen, die hier vertreten waren, konnte der Ausschuß bei der Versöhnung der Gemeinden vermitteln und dazu beitragen, grundlegende Fehler in der Verwaltungsstruktur aufzudecken und zu korrigieren. Fast wie durch Zufall wurde die Ressortkoordination, von der jede Verwaltung spricht, Realität. Vertreter der Bezirke und der Stadt trafen sich regelmäßig, so daß vage Versprechungen, die man nicht gehalten hatte, schnell wieder zur Sprache gebracht werden konnten. Mitglieder verschiedener Stadtbehörden trafen sich mit den lokalen Aktionsausschüssen, so daß keine Abteilung ihre Verantwortung an eine andere delegieren konnte, die zufällig im gleichen Raum saß. Vertreter des Bürgermeisteramtes mit direktem Kontakt zu mir waren bei diesen Gesprächen dabei, so daß interne Konflikte, die hin und wieder zwischen den Abteilungen entstanden, in den meisten Fällen sofort geregelt werden konnten.

Zu den Aktionsausschüssen gehörten auch gewählte Abgeordnete und ihre Vertreter – Abgeordnete der Stadt, des Stadtparlaments und Senatoren. Private Gruppen wurden dazu eingeladen: Bürgergruppen, Vertreter der Kirchen, der Schulen, der Veteranen- und Geschäftsorganisationen. Alle sahen in dem Aktionsausschuß einen neuen Verwaltungsmechanismus, der im direkten Auftrag des Bürgermeisters in vielen Fällen schnell und wirkungsvoll handeln konnte.

Dem Aktionsausschuß gelang es zum Beispiel, private Geldgeber für Freizeitprogramme in den Bezirken zu finden, in denen es keine Parks, Spielplätze und andere Spielflächen gab. Basketball, Handball- und Volleyballteams wurden in Far Rockaway gegründet. Per Bus brachte man die Kinder für einen Tag aus der Stadt heraus. Unterrichtsprogramme für das Kunsthandwerk wurden in Bezirken begonnen, deren junge Bürger noch nie mit kreativem Handwerkszeug umgegangen waren.

Eine der wichtigsten Aktionen in der Arbeit dieser Ausschüsse war die Beschäftigung junger Leute als Ordner. Das war auf der einen Seite ein Risiko, denn viele dieser Jugendlichen waren schon in Schwierigkeiten gewesen, sei es, daß sie aus der Schule entlassen, sei es, daß sie mit dem Gesetz in Konflikt geraten waren. Einer der Jugendleiter formulierte es so: »Wir haben Jugendliche aus der Nachbarschaft angestellt und lassen sie Teams organisieren. Alles, was diese Jungen brauchen, ist ein wenig Verantwortung und das Gefühl, daß man sie wirklich respektiert.«

Die Bestätigung dieser Beobachtung ergab die Arbeit der Aktionsausschüsse. Natürlich gab es Ausfälle, Fehler, Konflikte. Hätten wir ein Programm ohne Schwierigkeiten gewollt, so hätten wir kein Programm gehabt. Die Ergebnisse aber zeigten uns, daß durch Übernahme von Verantwortung und durch das Angebot von Programmen die Organisation ebenso wie die Beteiligten einen lebendigen, wichtigen neuen Weg gefunden hatten – und dies fast ganz aus eigener Kraft. Grundsätzlich vermittelte der Aktionsausschuß das Gespräch zwischen den Vertretern der Bezirke und den Vertretern der Stadt über die grundlegenden Bedürfnisse. Dieser Kontakt ging über die Sicherung von Ruhe und Ordnung hinaus und beschäftigte sich mit den strukturellen Schwächen der Verwaltungsleistung. Die Bewohner beschwerten sich über die Unregelmäßigkeiten der Müllabfuhr. Sie beschwerten sich über geräumte Häuser, die nicht abgerissen wurden, und über öffentliche Projekte für Schulen und Krankenhäuser, die zu lange auf sich warten ließen. Und hier wurde es deutlich: Es war verhältnismäßig leicht, Sommerprogramme zu organisieren – Jahrmarkt auf den Straßen, Jazzumzüge, Straßentheater, Freizeitbeschäftigungen – all dies ließ sich durch die Großzügigkeit privater Geldgeber und durch harte Arbeit der Stadt und der Nachbarschaft bewerkstelligen. Aber die wirklichen Nöte – »Warum unterrichtet die Schule unsere Kinder nicht? Warum haben wir nicht mehr Polizei? Warum gibt es hier keine billigen Wohnungen?« – führten die Diskussionen zu den strukturellen Schwächen der Stadtverwaltung und der unzureichenden Verantwortung durch Stadt und Regierung. Eine Stadt, der das Geld fehlt, kann auf diese Fragen nicht antworten, ganz gleich, wie verantwortlich sie sein möchte. Sie kann nicht in einer Gemeinde die Dienste reduzieren, um einer anderen zu helfen; sie kann nicht weniger Polizei auf die Straße schicken, um mehr Reinigungskräfte zu haben. Alles, was sie tun kann, ist, es zu erklären. Aber Erklärungen könnten die Forderungen nicht erfüllen. Eine Gemeinde, die sich zu organisieren gelernt und auf einige Probleme eine Antwort gefunden hat, wird sich nicht damit zufriedengeben, daß es der Stadt an Geld fehlt. Sie will Ergebnisse. Und sie, wie jede andere Gruppe in der Stadt, hat ein Anrecht darauf. So schienen sich durch die Arbeit der Aktionsausschüsse die Unzulänglichkeiten erst herauszukristallisieren, und die Unzufriedenheit schien zu wachsen. Das war in mancher Hinsicht ein Ergebnis, das politisch ein Fehlschlag zu sein schien.

Aber es war kein Fehler. Denn es brachte die Ghettobezirke zum ersten Mal in engen, ständigen Kontakt mit den Stadtbehörden. Es bot einiges mehr als der unpersönliche, beschwichtigende Verwaltungsbeamte, der bisher nur Verzögerung oder Untätigkeit zu bieten hatte.

Es zwang die Verwaltungsbehörden, sich mit den grundlegenden Schwächen in ihren Abteilungen und in der ganzen Stadtverwaltung auseinanderzusetzen. Und viele Versprechen wurden plötzlich gehalten. Vielleicht das beste Urteil über die Aktionsausschüsse stand in einem Telegramm, das wir von dem Ausschuß in Brooklyn am Ende des Sommers 1967 erhielten. Er bat darin um die Gründung von ganzjährigen Ausschüssen und schrieb wörtlich, »daß die Last der Ghettos nicht leichter wurde durch temporäre Programme zur Kühlung während der heißen Sommermonate. Wenn das Interesse der Stadt sich nicht in einem ganzjährigen Programm manifestiert, ist es zweifelhaft, ob wir weiter mit einer Unterstützung durch die Gemeiden in Ausnahmesituationen rechnen können.«
So gründete die Stadt im September 1967 den Stadt-Aktionsausschuß (Urban Action Task Force) mit einem ganzjährigen Programm. Wenige Monate später arbeiteten die Aktionsausschüsse ebenso in den mittelständischen Gemeinden wie in den Ghettos. Diese Gemeinden, mit ihren eigenen, sehr ernsten Problemen, hatten bei ihren Ghettonachbarn eine neue Form der Gemeindeorganisation und des direkten Kontaktes mit der Stadtverwaltung beobachtet. Sie fingen an, sich zu beschweren, daß die städtischen Einrichtungen in ihren Gemeinden verringert und dorthin weitergegeben wurden, wo Aktionsausschüsse arbeiteten. Das war eine falsche Schlußfolgerung, aber sie zeigte uns, bis zu welchem Grad die Aktionsausschüsse − direkte Verbindung zwischen Nachbarschaft und Stadt − wirksam waren. Sie hatten die Stadt und ihre Bewohner auf eine Alternative zu den verschlossenen Türen in der Verwaltung aufmerksam gemacht.
Gegenwärtig arbeiten Aktionsausschüsse in vierundzwanzig verschiedenen Gemeinden in der Stadt und versuchen, auf die Bedürfnisse der Gemeinden, welcher Art auch immer, eine Antwort zu finden. Und hier zeigte sich wieder, daß die Stadt grundsätzlicher Änderungen bedarf, um die Forderungen nach besseren öffentlichen Einrichtungen zu erfüllen.
Man könnte sagen, daß das ganze Programm auf dem ursprünglichen Entschluß aufbaute, ein offener, zugänglicher Bürgermeister zu sein, dessen Verwaltung alle Nachbarschaften von New York erreicht. Es wäre befriedigend festzustellen, daß es eine sorgfältig durchgeplante Strategie war, die wir sicher und ruhig zu jedem Stadium angewandt haben. Es wäre befriedigend, dies festzustellen, aber es war nicht so. In Wirklichkeit kam die Entwicklung nur Schritt für Schritt und Stück für Stück voran: jedes Ergebnis erforderte eine neue Entschei-

dung, und jeder Erfolg in der Kontaktnahme zwischen der Stadt und Gemeinden erforderte eine Erweiterung des Konzepts.
Die Arbeit der Aktionsausschüsse beeinflußte jedoch meine Entscheidung nicht, weiter durch die Straßen der Stadt zu gehen. Es gibt viele Gründe dafür. Erstens glaube ich, daß es nichts Gefährlicheres für einen Beamten der Exekutive gibt als die Isolierung von seiner Stadt und die Abhängigkeit von seinen Ratgebern, die, so fähig sie auch sein mögen, doch versucht sind, ihm zu sagen, was er hören möchte. Es ist nicht sehr wahrscheinlich, daß mir einer meiner Mitrabeiter sagt: »Herr Bürgermeister, in meiner Gegend hält man sie für einen Niggerfreund und haßt Sie dafür.« Aber es ist wahrscheinlich genau das, was ich in manchen Gemeinden hören werde.
Zweitens und noch wichtiger, glaube ich, ist es, soviel wie möglich von der Atmosphäre der Stadt zu spüren. New York ist eine Stadt mit Dutzenden von Gemeinden, jede anders, jede einzigartig. Es gibt dabei Momente unsagbarer Nähe – manche komisch, manche schmerzlich –, die kein Bericht und keine Erzählung wiedergeben können. Das ist der Grund, weshalb ich so oft wie möglich diese kleinen unvorbereiteten Spaziergänge unternommen habe.
Einmal, ganz zu Anfang meiner Amtszeit, passierte es, daß mir in Harlem ein großer junger Neger durch die Straßen folgte und unablässig sagte: »Herr Bürgermeister, ich muß Sie sprechen.« Er sah beunruhigend aus, und ich beachtete ihn nicht weiter, bis wir uns von der großen Menge entfernt hatten. Dann drehte ich mich um und sah ihn an. Er sagte langsam: »Herr Bürgermeister, warum tragen Sie einen grünen Schlips zu einem blauen Anzug?«
Es kam vor, daß ein junger Mann mich mit ernster Dringlichkeit um Arbeit bat, irgendeine Art von Arbeit, um seine Familie ehrlich ernähren zu können. Ich erlebte sehr persönliche Äußerungen, wie: »Sie sind so mager – Sie sehen so müde aus.« Es gab Gesten des guten Willens und Äußerungen des Unwillens. Es gab Beschwerden über unzureichende städtische Dienste, es gab optische und akustische Zeichen von blühenden oder verfallenden Gemeinden oder einer seltsamen Mischung von beiden.
Und es gab Zeiten, in denen es weder Hoffnung, noch Zufriedenheit, noch Entschlossenheit gab, sondern nur eine Art von Raserei, die mich erleben ließ, was ich bisher nur unter abstrakten Begriffen wie »städtische Krise« oder »Polarisation« kannte.
Da war der Besuch im Haus einer Frau, die durch einen unsinnigen Zufall während eines Zusammenstoßes auf der Straße getötet worden

war. Es war eine schmale dunkle Wohnung, voll mit stillen, verwunderten Kindern. Der Mann, jetzt Witwer wegen einer sinnlosen Tat, saß stumm da. An der Wand hing ein Plakat von Fort Gordon in Georgia, darauf stand: »Frieden und Reichtum«.
Da war das Zusammentreffen mit einer aufgebrachten, unberechenbaren Menge nach dem gewaltsamen Tod eines kleinen Jungen. Es war ein kurzes, zorniges Gespräch. Ich sagte wenig, versprach ihnen eine Untersuchung und bat sie, friedlich nach Hause zu gehen. Sie gingen. Und doch weiß ich nicht, was man wirklich sagen kann, um eine Reaktion der Gewalt auf eine Aktion der Gewalt so abzulenken, daß keine weitere Zerstörung geschieht. Und man fragt sich, wieviele Vorfälle in wieviel Nächten noch geschehen können, bis jedes Wort überflüssig wird.
Da war das kurze Gespräch mit einer 79jährigen alten Frau, eine von einer Million Menschen über 65, die in dieser Stadt von einem Einkommen leben, das weit unter der Armutsgrenze liegt, und von denen viele ein Leben von verzweifelter Einsamkeit leben.
»Meine Kinder sagen mir, häng Dich auf«, sagt sie. »Ich habe das Gas nicht aufgedreht, weil ich keine große Rechnung hinterlassen wollte.«
Warum sie nicht in ein Pflegeheim gehe, fragt ihr Fürsorger.
»Ich werde doch das Gas aufdrehen«, sagt sie. »Ich werde zu meinem Mann gehen. So ein fröhlicher, gutaussehender Mann, warum hat man ihn mir genommen?«
Da war der weiße Junge, der gerade aus dem Gefängnis kommt.
»Warum warst Du drin?«
»Ich hatte Sozialunterstützung«, sagt er, »aber das Geld war nicht gekommen. Da habe ich Essen gestohlen und hatte Einbrecherwerkzeug mit.«
»Warum?« – »Weil ich gefaßt werden wollte.«
Da war der Besuch in einer stabilen, sauberen Gemeinde, ohne die sichtbaren Zeichen der Armut, aber mit ebensovielen realen Problemen. Man spricht mit Leuten, deren Eltern als Emigranten nach New York kamen und deren Arbeit ihnen zu einem besseren Leben verhalf. Sie leben jetzt in einer Zeit, in der ihr höherer wirtschaftlicher Status in Wirklichkeit, durch Inflation und Steuern entwertet, nicht mehr sehr hoch ist und in der sie nicht wissen, wovon sie ihre Kinder zum College schicken oder die Kosten einer Krankheit bezahlen werden. Und sie sehen und hören viel über die Nöte der Schwarzen und der Puertorikaner, aber nichts über ihre eigenen.

Manche von ihnen glauben, schwarzer Aufruhr sei Verbrechen. Manche glauben, daß die Bildungsprogramme für Ghettokinder die Chancen ihrer eigenen Kinder bei einer Zulassung zum College gefährden. Andere glauben, daß die Verwaltung sich nicht für weiße Bürger interessiert, wenigstens nicht für die außerhalb Manhattans. Man kann nie eine vollständige Antwort geben. Man kann nicht von den vielen Versuchen sprechen, den Lebensstandard in diesen Gemeinden zu verbessern, von den neuen Verkehrssystemen, von den Schulen und Krankenhäusern, die noch lange nicht fertiggestellt sind – denn sie sind nicht sofort greifbar und scheinen deshalb unwirklich. Man kann nicht von dem Versuch sprechen, eine Antwort auf die sich widersprechenden Anforderungen von Hunderten von Gemeinden zu finden. Oder davon, daß keinem Schüler der Zugang zur Stadtuniversität verweigert wird, der die Aufnahmebedingungen erfüllt. Alles, was man tun kann, ist, zu versuchen, über das zu sprechen, was schon getan worden ist. Manchmal hören sie zu ... manchmal nicht. Dennoch glaube ich, daß ein Bürgermeister sichtbar sein muß – daß er ein Teil der Stadt sein muß, die er versucht zu regieren. Es ist wahr, daß die Spaziergänge und persönlichen Gespräche kein Ersatz für bessere Dienste, mehr Geld oder bessere Programme sind. Aber ich glaube, kein Mann kann Bürgermeister einer Stadt sein, der nicht gewillt ist, den Zugang zu seiner Verwaltung und zu seiner Person offenzuhalten.

Ich glaube nicht, daß es einem zukünftigen Bürgermeister von New York noch einmal möglich sein wird, sich in sein Büro zurückzuziehen und die Stadt als gesonderte Einheit zu verwalten. Allerdings gibt es keine Garantie dafür, daß öffentliches Auftreten und ständige Kontakte grundlegende Reformen einleiten können. Aber ich glaube nicht, daß man eine Stadt ohne Zeichen von persönlicher Anteilnahme wirksam verwalten und regieren kann.

6 Partizipation und Selbstbestimmung

Die Reaktionen auf den Stadt-Aktionsausschuß und die persönlichen Besuche in den Gemeinden gaben uns ein eindrucksvolles Bild, wie weit die Bürger von New York sich von ihrer Stadtverwaltung getrennt fühlten. Es würden aufsehenerregende Aktionen nötig sein, um die

Barrieren niederzureißen, die über eine so lange Zeit errichtet worden waren. Aber auch das würde noch nicht genügen. Aktionsgruppen können schnell auf Unzufriedenheit und Mißstände in einzelnen Gemeinden reagieren, und Besuche des Bürgermeisters können ein symbolisches Zeichen für das Interesse der Stadt sein, aber sie alle können nicht das wachsende Mißtrauen widerlegen, mit dem die Menschen in unseren Städten, und in unserer Gesellschaft allgemein, die Einrichtungen der Verwaltung betrachten. Die Symptome und Gründe für dieses Mißtrauen liegen weitaus tiefer als die wahre Unzufriedenheit mit aktionsunfähigen Verwaltungen. Sie reichen an die grundlegende Struktur unserer gegenwärtigen Regierungsform. Vielleicht der stärkste Beweis für dieses Gefühl waren die Reden im Wahlkampf um das Amt des Präsidenten 1968. Fast ohne Ausnahme haben die Kandidaten beider großen Parteien versucht, an dieses Gefühl der Macht und Unerreichbarkeit der Regierung zu appellieren. Ronald Reagan nannte sich selbst einen »Bürger-Politiker« ohne Bindungen an die Bürokratie; Richard Nixon sagte, daß die Bundesregierung Recht und Macht an die Städte und örtlichen Verwaltungen zurückgeben müsse; Nelson Rockefeller sprach von der »neuen Politik« der Bürgerpartizipation. Auch die Demokraten, zu lange die Partei der starken staatlichen Führung, begannen von Partizipation zu sprechen. Eugene McCarthy benutzte seine Vorwahlkampagne als Demonstration der direkten Bürgermitbestimmung an Regierungsfragen. Robert Kennedy, der als einer der ersten von diesen Veränderungen sprach, unterstützte kurz nach seiner Wahl in den Senat eine Neuverteilung des Steueraufkommens, Dezentralisation und Bürgervereine. Selbst Hubert Humphrey, bisher ein Symbol des althergebrachten Liberalismus, drängte die Regierung, die Bürger mehr als bisher an Entscheidungsprozessen zu beteiligen.
In gewisser Weise ließ der Wahlkampf von George Wallace eine Aufforderung an die Bürger, sich gegen ihre Regierung aufzulehnen, durchschimmern. Neben dem klaren Konzept des Rassismus, daß seine Haltung charakterisierte, sprach Wallace immer wieder von dem »kleinen Mann« – »dem Stallarbeiter und dem Taxifahrer, dem Drogisten und dem Friseur« – als dem Opfer eines allmächtigen Establishment, das aus »Vorschriftenvorschreibern« und »Pseudointellektuellen« bestehe, »die kein Fahrrad gerade parken können, die Euch aber vorschreiben wollen, wann Ihr aufstehen und wann Ihr zu Bett gehen müßt«. Und er versprach, daß er, würde er Präsident, »deren Aktentaschen nehmen und in den Potomac werfen würde«.

Es gibt keinen Zweifel, daß dieses Gefühl der Distanz, dieser Wunsch nach Selbstbestimmung, der quer durch alle ideologischen Bekenntnisse, ungeachtet der Unterschiede zwischen rechts und links, existiert, eines der Hauptthemen gegenwärtiger Politik wird. Die Regierung wird gezwungen sein, in irgendeiner Form auf diese Forderung nach Ausgleich zu antworten.

Dies spüren wir am deutlichsten in der Stadtverwaltung, denn das ist die Ebene, die den Bürgern am nächsten ist; denn sie ist für sein Wohlbefinden direkt verantwortlich: für die Sicherheit seiner Straßen und Häuser, für den Zustand seiner Nachbarschaft, für seinen Schutz bei Unfällen, für den Zustand seiner Krankenhäuser und Schulen. Die Wirklichkeit aber sieht so aus, daß in jeder großen Stadt, besonders in einer Stadt mit acht Millionen Einwohnern, der einzelne nur wenig für die Verbesserung in seiner Gemeinde tun kann – und dies ist zum Teil der Grund, daß sich ihr Zustand so verschlechtert hat.

Der Wunsch nach Selbstbestimmung gerät in Konflikt mit der konventionellen politischen Auffassung von der Politik einer Stadt. Jahrelang hat man behauptet, die Stadt sei ein riesenhaftes Gebilde, das nur von einer zentralen Entscheidungsinstanz, nach festgelegten Verfahren, regiert werden kann und in der die Entscheidungen durch einzelne getroffen werden müssen, die durch Ausbildung und Erfahrung dafür qualifiziert sind. Dieses Konzept gewann an Überzeugungskraft während der ersten Jahrzehnte der Reform in diesem Jahrhundert, als man es für gefährlich hielt, »die Stadt aus der Politik herauszuhalten«. Einige halten Zentralisation heute für notwendiger als damals, weil nur durch langfristige Planungen die Zukunft der großen Städte gesichert werden kann. Mit Hunderten städtischer Behörden, mit nationalen Eingriffen, die das Leben der Stadt direkt betreffen, mit regionalen Maßnahmen, die Luft- und Wasserverschmutzung erfordern, könne nur eine zentralisierte Planung die Sicherheit der großen Städte und die Beständigkeit ihrer Dienste gewährleisten.

Das ist eine vollkommen verständliche Theorie. Der einzige Nachteil: sie vereinfacht das Problem, und sie ist nicht aus den Tatsachen abgeleitet.

Überlegen wir doch einmal, was in der Stadtverwaltung von New York geschehen ist. Als wir die Regierung übernahmen, fanden wir eine Verwaltungsstruktur vor, die so groß, so unüberschaubar, so unkontrollierbar geworden war, daß sie buchstäblich nicht mehr wußte, was sie tat. Sie war so zersplittert, daß eine Beschwerde über eine normale Straße in das Ermessen des Highway-Departments gehörte, eine Beschwerde über eine kleine Brücke in keine städtische Abteilung paßte, eine Beschwerde über einen Parkweg das Parks-Department anging und Schwierigkeiten mit einer großen Brücke zum Aufgabenbereich der Triborough Bridge and Tunnel Authority gehörten. Das hier Erzählte galt für viele Fälle, ebenso viele aber gab es, in denen sehr viele Entscheidungen zentral zusammengefaßt waren, so daß eine Vielzahl von Beschwerden – in einer Stadt mit der Population einer kleinen Nation – von einer einzigen Abteilung entschieden werden mußte. Für den normalen Bürger wurde dadurch jeder Schaden, der behoben werden sollte, zu einer Sisyphusarbeit.

Die Schulen waren ein solches Beispiel. In allen Kontroversen und Streitigkeiten um das Schulwesen in den letzten Jahren blieb die Grundorganisation erhalten – ein Board of Education, das aus wenigen Mitgliedern bestand und über ein Bildungsprogramm von mehr als einer Million Schüler, verteilt auf etwa 900 Schulen, entschied. Ein archaisches Unterrichtssystem war die Grundlage für die Ausbildung an den städtischen Schulen.

Diese Zustände gibt es überall in den großen Städten Amerikas. Da ist kein Bürgermeister, der nicht Tausende von Briefen vorzeigen könnte, die jeder einzelne eine Schauergeschichte über den Versuch eines Bürgers enthalten, Antwort auf die geringste Beschwerde zu bekommen. Das Weiterreichen von einer Abteilung zur nächsten, die mangelnde Information, das Fehlen einer zentral verantwortlichen Stelle – dies sind die üblichen Merkmale einer Stadtverwaltung, von der viele Leute glauben, sie sei der Fantasie Franz Kafkas entsprungen.

Niemand bestreitet die Notwendigkeit einer reaktionsfähigen sensiblen Verwaltungsorganisation – sie ist auf jeden Fall zur ersten Priorität während meiner Amtszeit als Bürgermeister geworden. Eines der wichtigsten Dinge, die wir erreicht haben, ist es, die zentrale Kontrolle über Entscheidungen, die bisher ohne jede Kontrolle getroffen worden waren, zu gewinnen. Der Policy Planning Council (Planungsausschuß) und das Program Planning Budgeting (Programm-Finanzausschuß) und das Program Planning Budgeting System (PPBS, Programm-Finanzierungs-Ausschuß), die wir in der Finanzbehörde eingerichtet haben, geben der Stadt zum ersten Mal genaue Informationen darüber, wo unser Geld am wirksamsten angelegt werden kann. Wir wissen genau, was es kostet, neue Programme einzuführen, oder ob Alternativen uns bessere Resultate für unsere begrenzten Mittel liefern. Wir wissen, welche Arbeitsinvestitionen sich mit neuen

Programmen verbinden und ob unrentable Programme gefördert oder abgebrochen werden sollen. Wir haben Management-Experten von außen hinzugezogen, wie zum Beispiel die Rand Corporation, sie soll uns helfen, die Stadtverwaltung zu koordinieren, und uns sagen, ob eine Entscheidung über neue Transportwege auf richtigen oder falschen Voraussetzungen beruht. (Macht eine Bevölkerungsumschichtung vielleicht die neue Verkehrsanbindung unnötig? Oder haben wir das Wachstum der Stadt an anderer Stelle vernachlässigt?) All das ist wichtig – und es führt zu einer Zentralisierung von Informationssammlung und Urteilsfindung. Aber es beantwortet noch nicht die Forderung nach Bürgerpartizipation. Es zeigt uns nur, daß die vergangene Autorität zwar zentralisiert, ihre Kapazität jedoch gering war.

Ebenso sicher wird niemand die Notwendigkeit eines Konzepts für regionale Planung bestreiten, das die städtische und die ländliche Umwelt schützt. Wir alle haben die Folgen von chaotischen, unkontrollierten Landnutzungen gesehen: die wachsende Verschmutzung des Wassers, die den Hudson-River in eine Kloake verwandelt hat; die Verschmutzung der Luft durch chemische Abgase und Verbrennungsrückstände, die zu einer direkten Gefahr für Gesundheit und Leben werden; die Zerstörung von Stadt- und Landgebieten durch den Bagger; die unkontrollierte Zersplitterung der Vorstädte, aus denen keine natürliche Stadtanlage entstehen noch das Gefühl der Gemeinschaft sich entwickeln kann.

Wir benötigen regionale Abkommen und sogar nationale Gesetze auf den verschiedensten Gebieten, wie den Air Quality Act (das Luftqualitätsgesetz) und den Clean Air Act (Gesetz zur Luftreinerhaltung), die beide sowohl finanzielle Beihilfe gewähren als auch die Grenzen zulässiger Luftverunreinigung auf Bundesebene festlegen. Eine ähnliche Gesetzgebung brauchen wir für Grünflächen und noch unerschlossene Gebiete, um sie vor Bebauung und Zerstörung zu schützen. Planung tut not in unseren Städten, damit keine Häusermassen gebaut werden, ohne daß Erholungsflächen vorgesehen, ohne daß gewachsene Nachbarschaften erhalten, ohne daß Verkehrswege und andere städtische Dienste für die Leute, die dort einmal wohnen sollen, eingerichtet werden.

Die Frage lautet deshalb nicht, ob wir planen, sondern *wie* wir planen sollen: Von wem können wir beraten werden, welche Entscheidungsmechanismen stehen uns zur Verfügung, wie kann eine Verzögerung, die Erneuerung in Verwüstung verwandelt, vermieden werden? Nach vier Jahren als Bürgermeister bin ich überzeugt: Wir können nicht *für* den Bürger planen, wenn wir nicht *mit* ihm planen, wenn wir nicht dem einzelnen, den Nachbarschaften, und den Gemeinden das Recht geben, gehört zu werden, das Recht, uns herauszufordern, und vor allem das Recht, so viel wie möglich von dem selbst zu entscheiden, was das Aussehen und Leben der Gemeinden bestimmen wird.

Ich empfehle denjenigen, die glauben, daß eine solche vermehrte Partizipation zur Zersplitterung führt, sich an die Resultate zu halten. Die Geschichte der letzten fünfzig Jahre ist voll von Beispielen, in denen eine zentrale, mächtige Entscheidungsgewalt, die weder demokratisch noch vernünftig plante, unsere Zukunft ernsthaft gefährdete.

Es gab zum Beispiel keinerlei Zersplitterung beim Schnellstraßenbauprogramm, aber es gab auch keine Gutachtertätigkeit auf diesem Gebiet – New Yorks Schnellstraßen wurden von der Triborough Bridge and Tunnel Authority geplant und gebaut, einer unabhängigen Institution, die praktisch ohne Kontrolle arbeiten konnte, da sie über das vollständige Entscheidungsrecht von Planung und Ausführung der Straßen verfügte, die die Stadt mit ihrer Region verbinden.

Aber diese Konzentration der Macht konnte kurzsichtige Entscheidungen nicht verhindern. Sie konnte die Zerstörung ganzer Nachbarschaften, die Überfüllung der innerstädtischen Straßen, den Bau von Schnellstraßen entlang der Küste von Manhattan Island, die die New Yorker Ufer von der Stadt abtrennt und die Erholungsmöglichkeiten stark reduziert, nicht verhindern. Sie hat keine effektive, integrierte Planung für die ganze Stadt leisten können. Tatsächlich wurden durch die Macht der Straßenplaner und durch ihr eingleisiges Interesse am Bau von Straßen bei fast allen Schnellstraßenplanungen wichtige Interessen der Stadt verletzt. In einem Fall schlugen die Schnellstraßenexperten Autobahnen in zweiter Ebene quer über das Zentrum von Manhattan und über Lower Manhattan vor; die erste Maßnahme allein hätte 5000 Bewohner und 2000 Geschäfte aus Manhattan vertrieben und die umgebenden Gebiete zu Slums werden lassen. In anderen Worten, die Vergabe von so viel Entscheidungsgewalt an eine Instanz mit einem einzelnen begrenzten Interesse führte zu den Alternativen: gute Planung oder bloße Funktionserfüllung.

Ähnlich fand sich in den ersten Wohnungsbauprogrammen, nach denen Slums durch Neubauten ersetzt werden sollten, kein Vorschlag für Gespräche mit den Bewohnern der betroffenen Nachbarschaften. Die Entscheidungen wurden zwischen New York und Washington getroffen. Und auch hier wurde der Plan durch die fehlende Partizipation negativ beeinflußt, die Planer hatten praktisch keinen Kontakt zu den Menschen und keinen Einblick in ihre Interessen; diese unpolitischen Experten setzten einfach diese oder jene Wohnform als wünschenswert in die Planung ein. Das Ergebnis waren schlecht gebaute Wohnsiedlungen, die sich entweder überhaupt nicht in die umgebenden Nachbarschaften einfügten oder sie sogar gefährdeten, weil ihretwegen wichtige Zentren des Gemeinschaftslebens zerstört worden waren: Geschäfte, Straßen, Lokale und die undefinierbaren kleinen Annehmlichkeiten, die zur Atmosphäre einer Nachbarschaft beitragen. Niemand hatte gefragt, ob die Bewohner lieber in ausgebauten alten Häusern inmitten der bestehenden Nachbarschaft gewohnt hätten oder ob die vorgeschlagene Wohnform für sie die richtige sei. Sie wurde gebaut, die Leute wurden umgesiedelt, die Stadt nahm Schaden.

Darüber hinaus war die Zentralisation von Macht keine Garantie für eine termingerechte Fertigstellung der Wohnungen im Stadtsanierungsprogramm. Im Gegenteil, Verzögerungen von zwölf oder mehr Jahren waren nicht ungewöhnlich, und 1969 konnte das Wohnungsbauprogramm in New York City nicht einmal mehr mit der Abrißquote Schritt halten. Was während des Stadtsanierungsprozesses in den fünfziger Jahren wirklich geschah, war, daß billige Wohnungen abgerissen und relativ teure dafür gebaut wurden – Wohnungen, die die Ausgesiedelten niemals bezahlen konnten.

Schlechte Planung wird dann zur Gefahr, wenn Regierung und Bürgerschaft den Kontakt zueinander verlieren. Das aber ist nicht der einzige Nachteil einer hierarchischen Entscheidungsstruktur. Wir müssen wissen, daß die Amerikaner, durch alle Schichten hindurch, ohne Rücksicht auf Rasse und Herkunft, Klasse und Alter, einen hohen Preis für diese entpersönliche distanzierte Macht gezahlt haben. Dieser Preis ist die Überzeugung, daß die Regierung und ihre Staatsbürger keine gemeinsamen Ziele mehr haben, daß der einzelne nichts mehr für das Aussehen der Gemeinde, in der er lebt, tun kann, ja nicht einmal mehr für seine eigene Lebensform: daß entpersönliche Bürokraten, die weder verstehen noch wissen wollen, was die Bürger wünschen, das Schicksal dieser Nation bestimmen.

Ich glaube nicht, daß wir diesen Preis noch länger entrichten können – nicht in den Ghettos, nicht in den Arbeitergemeinden, nicht in den Gemeinden der Mittelklasse, nicht in den vorstädtischen, nicht in den ländlichen Gemeinden. Und ich glaube nicht, daß die Bürger Amerikas, wo auch immer sie leben, weiter bereit sind, dafür zu bezahlen.

Ich glaube eher, daß die Verantwortlichen der Regierungen – der örtlichen, der staatlichen und der Bundesregierung – anfangen müssen, der Partizipation und wachsenden Autonomie der Bürger, in ihrer Rolle als Bürger einer selbständigen Gemeinde, den Weg zu ebnen. Ich glaube, daß wir aus dieser neuen Form der Planung nicht einfach nur ein Mehr an Partizipation gewinnen werden, sondern wirklich bessere Planung, bessere Erfüllung aller erforderlichen Dienste und den Beginn eines wiederzugewinnenden Vertrauens der Bürger in ihre Regierung.

Während der letzten drei Jahre haben wir in New York City auf dieses Ziel hingearbeitet. Wir sind weit davon entfernt, es verwirklicht zu haben. Wir haben viele Fehler gemacht. Wir haben bei dem Versuch, die Traditionen der Vergangenheit und die Trägheit der Bürokratie zu durchbrechen, vielen Schwierigkeiten begegnen müssen. Die Stadt ist noch immer unfähig, auf die Forderungen vieler Gruppen zu antworten, und sie ist manchmal nicht willens, genug Entscheidungsgewalt mit ihnen zu teilen. Wir finden weiterhin veraltete Verfahren und Gleichgültigkeit auch bei den Behörden von Staat und Bund. Trotzdem glaube ich, daß wir einen großen Schritt vorangegangen sind, und ich glaube, wir haben bewiesen, daß, trotz aller immanenten Probleme, der Partizipationsgedanke unsere Anstrengungen lohnt.

Zum ersten Schritt gehören Maßnahmen, die die Frustration, die von einer Verwaltung ausgeht, überwinden können, die dieses Gefühl bekämpfen, daß Verwaltungen, auf allen Ebenen, nichts weiter sind als endlose Reihen von Büros und Abteilungen, in denen eine Beschwerde entweder verloren, ignoriert oder vergessen wird. Wir sahen zu Beginn unserer Regierung, daß die Verzweiflung in den Ghettos am größten war, wo es in vielen Fällen einfach keine Möglichkeit gab, eine Verbindung zur Stadt herzustellen.

Die Gründung der Stadt-Aktionsausschüsse zeigte, daß Kommunikation zwischen den Gemeinden und der städtischen Behörde möglich ist. Aber die Aktionsausschüsse waren noch nicht genug. Wir fanden es außerordentlich wichtig, überall in der Stadt lokale Vertretungen der Stadtbehörde einzurichten, denen die Bürger ihre Beschwerden über die Funktionen der städtischen Behörde vorlegen können. Im Wahlkampf von 1966 setzte ich mich dafür ein, Nachbarschafts-Rathäuser einzurichten, um den Bürgern den Weg durch das Dikkicht der Verwaltung zu erleichtern. Dieser Vorschlag stieß auf heftigen Widerstand, vor allem bei denen, die damals das politische

Geschehen lenkten. Sie fürchteten nicht nur die politischen Folgen solcher Nachbarschafts-Rathäuser, sondern auch die Konkurrenz, die solche Zentren für die Funktion der politischen Vereine bei der Beratung der Wähler entstehen ließen – eine Funktion, die man lange Zeit als wesentlich für den kontinuierlichen Bestand politischer Vereinigungen in großen Städten gehalten hatte.

Folgerichtig weigerte sich das Abgeordnetenhaus, Geld für Nachbarschafts-Rathäuser zu bewilligen, und wir waren gezwungen, private Geldgeber dafür zu finden. Damit wurde die Zahl solcher Einrichtungen vorerst begrenzt. Trotz dieses Rückschlags waren die Ergebnisse fast sofort positiv, besonders in den Gemeinden, wo das Nachbarschafts-Rathaus zum Zentrum der Arbeit des Stadt-Aktionsausschusses wurde.

Zum Beispiel wurden 2300 Anfragen durch ein Nachbarschafts-Rathaus, das in einem stadteigenen Gesundheitsamt eingerichtet worden war, an die Stadtbehörde weitergeleitet. Die Beschwerden erfaßten ein breites Feld: vom Wohnen bis zum Zustand der Straßen und ihrer Sauberhaltung, von herumstehenden Autowracks bis zu Problemen der Fürsorge und Anträgen für neue Ampeln – lauter Dienstleistungen, mit denen eine Stadt versucht, für ihre Bürger da zu sein. Das Nachbarschafts-Rathaus hatte drei Angestellte, sie wurden von Freiwilligen aus der Nachbarschaft unterstützt, die sich aus eigenem Antrieb aktiv an der Gemeindepolitik beteiligten, als Bewohner oder als informelle Bürger-Advokaten, die die Beschwerden und Probleme direkt an die Maschinerie der Stadtverwaltung weitergeben konnten.

Die Ergebnisse waren erstaunlich. Die Anzahl der behandelten Anfragen stieg von 2200 im Jahre 1967 auf mehr als 8800 in den ersten neun Monaten von 1968. Noch wichtiger aber war es, daß die Bürger ihr örtliches Rathaus als wirkungsvollen Mechanismus zur Lösung ihrer Probleme erkannten, daß sie gewillt und sogar bestrebt waren, es als Zentrum für eine gesteigerte Bürgerpartizipation an der Stadtplanung auszunutzen.

Eines der behandelten Probleme betraf zum Beispiel eine Gruppe Asozialer, die sich in der Nähe von einigen Kneipen an einer großen Durchgangsstraße versammelten. Es waren keine hartgesottenen Kriminellen, sie hatten nur keinen anderen Ort, zu dem sie gehen konnten. Das Nachbarschafts-Rathaus kaufte ein Grundstück für diese Männer und richtete es für Kartenspiele und ähnliches ein; erhalten und verwaltet wurde es von denen, die es benutzten. Das

Rathaus fand auch einen Geschäftsraum, den die Männer im Winter benutzen konnten. Es war natürlich nur ein kleiner Schritt, und er konnte die wirklichen Probleme nicht beheben. Aber es war ein Schritt, von dem die ganze Gemeinde profitierte und den sie mit eigenen Mitteln, ohne die endlosen Verzögerungen der zentralen Entscheidungsfindung, bewältigen konnte.
Genauso konnte das Nachbarschafts-Rathaus eine dieser unbedachten Planungsentscheidungen boykottieren. Das Parks Department hatte für den Bau eines Schwimmbades ein Grundstück vorgesehen, das direkt in einer Einflugschneise des La Guardia-Flughafens liegt. Die Bewohner hielten diesen Standort für gefährlich. Man hatte diese Entscheidung getroffen, ohne die beteiligten Bürger und ohne das Nachbarschafts-Rathaus zu fragen. Dieses organisierte in einer Aktion, die unter früheren Regierungen unbeachtet geblieben wäre, die Proteststimmen gegen die Stadtbehörde. Die Aktion war erfolgreich, das Schwimmbad wurde in einer Nachbarschaft geplant, der man es ursprünglich auch versprochen hatte.
Natürlich hatte diese Aktion keinen Einfluß auf die Entwicklung von New York City. Sie löste keine grundlegenden Probleme, noch konnte sie weitere Verzögerungen verhindern. Aber sie zeigte, wie eine Stadt sich selbst helfen kann, indem sie das Instrumentarium der Exekutive verbessert. Und das geschieht als direkte Folge der Gemeinde-Partizipation. Ebenso wichtig dabei ist, daß dieser Mechanismus dazu diente, Bürgergruppen überhaupt erst einmal zu bilden.
Dieses Verfahren kann für sehr viel größere Aufgaben Anwendung finden. Viele unterstützten die Einrichtung von Bürgerkooperationen in den Gemeinden der unteren Einkommenschichten, um damit die finanzielle Hilfe von Stadt, Staat und Bund zu koordinieren und die wirtschaftliche Entwicklung zu planen. Es gibt keinen Grund, warum Nachbarschafts-Rathäuser nicht auch diesem Zweck dienen könnten, vor allem in Gemeinden, wo nicht die Armut das wichtigste Problem ist, sondern wo die städtischen Dienste unbedingt verbessert werden müssen und es immer wichtiger wird, daß die lokalen Gruppen miteinander sprechen. Das Rathaus kann zum Zentrum für nachbarschaftliche Beschwerden werden. Damit dient es als Alternative sowohl für fruchtlose Gänge durch behördliches Dickicht als auch für Proteste und Konfrontationen, die nur den verzweifelten Versuch darstellen, irgendeine der Stadtbehörden aufmerksam zu machen.
Es kann zum Forum werden für die örtlichen Vertreter der Stadtplanungskommission und für örtliche Planungsgruppen. Vorschläge

für wichtige Stadtentwicklungspläne können hier in einem frühen Stadium diskutiert werden und so die Mittel der Kommunikation zwischen Stadt und Gemeinde wiederum erweitern. An die Stelle von nachträglichen Beschwerden tritt die authentische Beratung mit den betroffenen Gruppen, so daß der endgültige Vorschlag so viel Zustimmung wie möglich erhält. Natürlich sind damit nicht alle Gegensätze aufgehoben, denn in einigen Fällen werden manche Interessen unvereinbar sein. Aber es funktioniert, die Arbeit der Nachbarschafts-Rathäuser, die wir bisher einrichten konnten, hat es bewiesen.

Wir erfuhren das, als wir vorschlugen, eine Wasser-Kontrollstation im oberen Teil des Westufers am Hudson River zu bauen. Die Bewohner fürchteten, daß die Kontrollstation ihre Erholungsflächen beanspruchen und ihre Gemeinde verschandeln würde. Der konventionelle Weg wäre gewesen, die Gefahr der Wasserverschmutzung gegen die Notwendigkeit von Erholungsflächen abzuwägen und der Wasserverschmutzung den Vorrang zu geben.

Wir versuchten es anders. Wir luden Vertreter der Stadtverwaltung, der örtlichen Planungsgruppe und anderer Interessengruppen ein, um ein Kontrollkomitee zur Prüfung der Alternativen zu bilden. Das Ergebnis war eine Anlage, die Erholungsflächen und ästhetische Kriterien berücksichtigt und die eine Bereicherung für die Nachbarschaft bildet. Dies war mehr als die bloße Versöhnung opponierender Haltungen – es verhinderte die lange ermüdende Folge von Rechtsstreitigkeiten, politischen Querelen, Protesten und Demonstrationen, die Verzögerungen unvermeidlich nach sich ziehen. Wir beschleunigten damit das Projekt, verbesserten es und gaben den Bürgern Gelegenheit, die Entwicklung ihrer Gemeinde direkt zu beeinflussen. Dieses Verfahren kann zu einer der wirkungsvollsten Methoden bei der Wiedereinführung der Bürgerselbstbestimmung werden. Sie macht die Gemeinden nicht nur lebensfähig, sondern weckt auch die Bereitschaft, mit der Stadtverwaltung zusammenzuarbeiten.

Für den Versuch, die Rechte der Gemeinden zu erweitern, gab es verschiedene Versionen. Wir haben zum Beispiel mit erweiterten Bürgergremien zur Unterstützung der lokalen Polizeidienststellen experimentiert, um das ständige Mißtrauen zwischen der Polizei und den Ghettobewohnern abzubauen, das nicht nur die Bekämpfung von Verbrechen erschwert, sondern auch das Vertrauen der Bürger in ihren Rechtsstaat erschüttert. Das Ziel dieser Gremien war einfach: die Unabhängigkeit von Polizei und Gemeinde in Sachen öffentlicher

Sicherheit zu unterstreichen, gegenseitige Achtung zu fördern, eine öffentliche Zusammenarbeit zu entwickeln.
Kurz, die Bürgergremien trafen sich in den Polizeidienststellen, um eine unbegrenzte Fragenliste zu diskutieren. Das Gespräch begann mit den Erklärungen der Polizei, wie wichtig die Bürgermitarbeit bei der Gesetzesausübung sei, und es endete mit den Klagen der Bürger über unzureichende und ungerechte Polizeimethoden. Es war kein einfaches Programm. Die mißtrauischsten Polizisten und die asozialsten Mitglieder der Gesellschaft haben sich nicht oft daran beteiligt. Die in ihren Nachbarschaften fest etablierten Bürger nahmen am häufigsten daran teil, das waren aber auch diejenigen, die die Hilfe am wenigsten brauchen. Dennoch haben diese Bürgergremien die üblichen, falschen, stereotypen Bilder vom gesetzlosen Ghettobewohner und dem brutalen Polizisten in Frage stellen können. Viele der Teilnehmer haben begonnen, die Persönlichkeiten hinter den Typen zu sehen, und schon damit haben die Bürgergremien einen guten Zweck erfüllt. Darüber hinaus waren sie der Anlaß für gemeinsame Aktionen von Bürgern und Polizei bei der Aufdeckung von Verbrechen und anderen Gemeindeangelegenheiten.
Diese Form der Partizipation ist ein weiterer kleiner Schritt. Während Projekte wie Nachbarschafts-Rathäuser und Polizei-Bürger-Gremien breite Planungsfunktionen erfüllen können, sind sie in erster Linie aber auch ein wirksames Informationssystem, das die Stadtbehörde mit unverfälschten Informationen über die Probleme innerhalb der Gemeinden versorgt.
Der gleiche Versuch ist auch auf anderen Gebieten unternommen worden, zum Beispiel mit der Einrichtung eines 24-Stundendienstes im Bürgermeisteramt. Wir verstehen die Arbeit in der Stadtbehörde nicht mehr als einen Neun-bis-fünf-Uhr-Job, der abends schließt und am Morgen wieder geöffnet wird. Man hatte bisher von den Bürgern erwartet, daß sie ihr Leben so einrichteten, daß nichts Ungewöhnliches in den Zwischenzeiten geschieht. Wir haben die Erfahrung gemacht, daß ein »Nacht-Bürgermeister« – ein städtischer Beamter, der während der ganzen Nacht Dienst tut – Krisen vermeiden kann, die entstehen, wenn ein Notruf unbeantwortet bleibt.
Zuletzt haben wir versucht, eine Menge Freiwilliger in den Dienst der Stadt zu stellen. Unter der Leitung des stellvertretenden Bürgermeisters Timothy Costello haben wir eine Reihe behördeninterner Programme aufgestellt. Unser Stadtplanungsteam beschäftigt mehr als 2500 College- und Universitätsstudenten während der Sommerferien

und in Teilzeitarbeit. Mit Hilfe einer Stiftung haben wir ein ganzjähriges Stipendienprogramm eingerichtet, das qualifizierten Studenten die Chance einer »Stadtübersicht« bietet. Mehr als 25 000 Freiwillige gehören zu unserer Hilfspolizei (für die die Stadt die Uniformen und die Ausbildung bezahlt), und immer mehr nehmen an den neu gegründeten »Mieter-Streifen« teil, die die Verbrechen in städtischen Wohngebieten bekämpfen sollen. Und jeden Abend, von fünf bis elf Uhr, sind die Telefone im Keller des Rathauses von einer Gruppe freiwilliger Bürger besetzt, die im Aktionszentrum des Bürgermeisters Anfragen von New Yorkern über städtische Unterstützung beantworten.

Diese Reformen aber sind nur der Anfang. Viel schwieriger ist es, die Bürger an langfristigen Entwicklungs-Planungen zu beteiligen und ein brauchbares Beratungssystem aufzubauen. Ich muß noch einmal darauf hinweisen, daß unsere Ergebnisse auf diesem Gebiet noch lange nicht perfekt sind. In einigen Nachbarschaften haben wir unser Beratungsprogramm nicht durchhalten können; in anderen waren die Konflikte zwischen der Stadt und den Gemeinden unlösbar. Aber das, was bisher geschehen ist, überzeugt mich, daß die Partizipation erweitert werden kann und erweitert werden muß und daß selbst in dem komplexen Gebiet der Stadtentwicklung auf diesem Weg eine wirksamere und demokratischere Verwaltungsform möglich wird.

Ein solcher Schritt war das Gemeinde-Aktions-Programm (Community-Action-Program) im Kampf gegen die Armut, ein Programm, das größtmögliche Beteiligung und Kontrolle durch die Betroffenen – durch die Armen – erforderte. Dieses Unternehmen war sehr vielschichtig, und es hat Reaktionen ausgelöst, die von Enthusiasmus über Zynismus bis zur nackten Angst reichten. In seinen Auswirkungen erreichte dieses Programm Gemeinden, die bisher keinen Anteil an wirtschaftlichen Entscheidungen gehabt hatten. Es bot ihnen beides, Macht und Mittel, in einer Form, die sie unabhängig machte von der etablierten politischen Organisation.

Ein solches Programm mußte natürlich Konflikte entstehen lassen. Rivalisierende Gemeindegruppen kämpften um die Macht, und da dieser Kampf außerhalb der Parteiorganisation gekämpft wurde, die solche Auseinandersetzungen schlichten kann, war er oft weniger überschaubar und dadurch beunruhigender als politische Konfrontationen. Wegen der verschiedenartigen Konzeptionen von einer Gemeinde wurden diejenigen, die die Macht hatten, von den anderen oft der Veruntreuung oder des Verrats angeklagt.

Und doch, entgegen allen Konflikten, brachte diese Aktion ein unleugbares Ergebnis: Trotz der oft geäußerten Annahme, daß Ghettos jede Art von Führung entbehren, mußten einige der aufmerksameren Beobachter in der Stadt zuletzt feststellen, daß es auch hier Unterschiede gab. Nach Abzug aller Schwierigkeiten blieb ein Maß an Selbsthilfe und Selbstvertrauen in den ärmsten, unterprivilegierten Gemeinden von New York, das sich die vergangenen Regierungen nie erträumt hätten. Schulversager, Fürsorgemütter, Gelegenheitsarbeiter wurden zu artikulierten, eindrucksvollen Sprechern für ihre Nöte.

Welche Reformen auch immer im Kampf gegen die Armut noch nötig sein werden – und ich glaube, es sind schwerwiegende Eingriffe nötig –, es ist deutlich geworden, daß wir niemals wieder auf eine hierarchische Verwaltungsform zurückgreifen können. Die Gemeinden brauchen die Chance, ihre eigene Entwicklung zu planen, ihre Bewohner selbst für die Aufgabe zu gewinnen, Eigenes aufzubauen. Sie sind noch immer mißtrauisch gegenüber der Stadtverwaltung, verärgert über das Desinteresse des Staates und des Bundes; sie zweifeln noch immer, ob ihr Engagement mit ausreichenden Mitteln aufgewogen wird. Aber sie zeigten beides, ihre Bereitwilligkeit, für friedliche Veränderungen zu arbeiten, und ihre Kraft, mehr als ihren Anteil an der Last zu übernehmen. Ich glaube, dieser Wille und diese Kraft müssen genährt und unterstützt werden, nicht nur, weil es einfach realistisch ist, sondern weil es an eine Tradition des Selbstvertrauens anknüpft, das von den vergangenen Regierungen viel zu selten herausgefordert wurde. Es ist richtig, unseren Bürgern das Recht zur Selbstbestimmung zu geben – und es ist notwendig.

Ein neueres, aufregenderes und weiter durchgreifendes Beispiel von Partizipation ist unser Model Cities Program (Modellstadtprogramm). Es wird aus städtischen Mitteln und Bundesmitteln finanziert. Das Programm beruht auf der Überzeugung, daß keine Anstrengung, auf welchem Gebiet auch immer, wirksam werden kann, wenn sie nicht Teil der allgemeinen Anstrengung zur Verbesserung der Verhältnisse ist. Genauer: Man sollte keine Wohnungen planen, ohne für Verkehrswege, Erholungsflächen, Polizeidienststellen zu sorgen; man sollte keine bezirkliche Gesundheitsfürsorge einrichten, ohne sie mit Kindertagesstätten, Altenheimen oder anderen Sozialprogrammen zu verbinden.

So wurde die Entwicklungsplanung mit der Beteiligung aller Gemeindeämter zum Merkmal des Model Cities Program. Die Mitglieder des Gründungskomitees werden aus den Nachbarschaften durch Listen direkt gewählt, - und eingebaute Kontrollmechanismen sollen ein Maximum an Einflußnahme durch die betroffenen Gruppen gewährleisten. Diesem Komitee wird ein hohes Maß an Entscheidungsfreiheit für die eigene Gemeinde zuerteilt.

Die Stadt muß natürlich gewillt sein, mit diesen Gruppen zusammenzuarbeiten - und das ist nicht immer leicht. Es gibt immer wieder starke Antagonismen zwischen denen, die in den traditionellen städtischen Ämtern arbeiten - wie in der Stadtreinigung und dem Amt für Wohnungsbau -, und den Gemeindesprechern, die weder mit dem Niveau der Einrichtungen zufrieden sind, noch die Bindungen bestehender Verwaltungsstrukturen begreifen wollen. Darüber hinaus wird durch die lange Tradition unkoordinierter Arbeit in den Stadtbehörden die Zusammenarbeit im Model Cities Program weiter erschwert.

Trotzdem können wir hoffen. Wir beobachteten, daß die Bürger, nachdem sie sahen, daß sie wirklich am Entscheidungsprozeß beteiligt waren, ihre Haltung augenblicklich veränderten. Sie verzichteten auf nutzlose Proteste und Konfrontationen. Seit sie die Macht haben, selbst etwas gegen ihre Nöte zu unternehmen, sind sie eher bereit, ihre Unzufriedenheit in reformerische Tätigkeit umzusetzen.

Die Ergebnisse sind manchmal erstaunlich, wie zum Beispiel in einem Fall in Brooklyn. Neun Jahre lang hatte ein Wohnungsbauprojekt in Coney Island wegen dauernden Querelen zwischen Stadt und Gemeinde brachgelegen. Wir versuchten auch hier, das Model Cities Program anzuwenden, obwohl viele glaubten, daß die Verlagerung der Entscheidungen in eine neue Gruppe hinein nur noch weitere Verzögerungen verursachen würde. Aber die Wohnungsbaubehörde verband sich mit zwei lokalen Gruppen und arbeitete einen Kompromiß aus, der, obwohl er niemanden ganz befriedigte, von allen angenommen wurde.

Weniger als ein Jahr nach dem Beginn der Model Cities Action waren die Hindernisse überwunden, und man konnte mit dem Bau beginnen. Wir haben auf ähnliche Weise das Mißtrauen zwischen Gemeinden und Stadtbehörden über die Verteilung der Kompetenzen abbauen können. Seit sie wirklich entscheiden konnten, sahen sich die Gemeindegruppen in einer positiven Rolle: sie konnten ihre Gemeinde entwickeln und erhalten, anstatt gegen Entscheidungen zu protestieren, auf die sie keinen Einfluß nehmen konnten.

Wir haben außerdem versucht, diese Erkenntnisse in allgemeine Regeln für die Stadtverwaltung umzumünzen. Zum Beispiel haben wir in unserem Wohnungsbauprogramm so weit wie möglich auf Hochhausmonströsitäten verzichtet, die die Sonne aussperren, die Nachbarschaft sterilisieren und niemanden froh machen. Wir haben uns statt dessen mit dem »Westentaschenwohnungsbau« beschäftigt, mit der Bebauung kleiner, völlig verwahrloster Grundstücke, die wir bebauten, ohne die Integrität der Gemeinde, in der sie lagen, anzugreifen. Oder wir haben Sanierung und Ausbau konstruktiv sicherer Gebäude finanziert. Diese Politik hätten wir natürlich auch ohne Bürgerpartizipation verfolgen können, aber es hat sich herausgestellt, daß die Befragung der Betroffenen bei der Standortverteilung dieser Projekte unersetzlich war. Außerdem hätten wir dieses Konzept nicht durchhalten können, ohne eine allgemeine enthusiastische Haltung in den Gemeinden. Trotz der erhöhten Aufwendungen, die diese Entwicklungsprogramme erfordern, haben wir einen großen Teil der Wohnungen für die mittlere und untere Einkommensschichten vorsehen können. Dies bedeutet nicht, daß wir auf den Bau großer Wohnblocks ganz verzichtet haben. Es bedeutet nur, daß es, gerade in gesunden Gemeinden, barer Unsinn wäre, die Wünsche der Bewohner zu ignorieren, nur um spektakuläre, unangemessene Projekte durchzusetzen. Um es so einfach wie möglich zu sagen: in vielen Fällen waren die Bewohner mit ihren Wünschen im Recht, und die Behörde war im Unrecht.

Wir haben beobachtet, daß Partizipation wirkungsvolle Programme hervorbringt. Die Community Development Agency (Gemeinde-Entwicklungs-Ausschuß) hat eine Reihe von Programmen ausschließlich auf nachbarschaftliche Bedürfnisse zugeschnitten. Zum Beispiel wurden zweiundzwanzig Schwangerschafts- und Säuglingsfürsorgestellen in Bezirken eingerichtet, in denen werdende Mütter bisher nur selten einen Arzt aufsuchten und die Säuglingssterblichkeit höher war als in irgendeinem westlichen Land. In den drei Jahren seit dem Bestehen dieser Fürsorgestellen ist die Säuglingssterblichkeit erheblich zurückgegangen; das ist fast ganz das Verdienst dieser Einrichtungen.

Ähnlich hat durch die Einrichtung von Rechtsberatungsstellen, die von den Gemeinden selbst geleitet werden, die Zahl der Leute, die diese Dienste in Anspruch nehmen, erheblich zugenommen. Wie die Nachbarschafts-Rathäuser in den Gemeinden der Mittelklasse, so antworten auch die Rechtsberatungsstellen auf einen spezifischen Bedarf – die Bewohner hatten keine Mittel, um sich in Rechtsfällen durch einen Anwalt vertreten zu lassen. Diese Einrichtungen gaben den Gemeinden etwas, das sie nie zuvor gehabt haben – das Gefühl, zu dem Verwaltungssystem in so wichtigen Angelegenheiten wie Wohnen, Gesundheitsfürsorge und Rechtsvertretung Zugang zu finden.

Ich habe in diesem Kapitel vor allem von der Planung gesprochen, die die armen Gemeinden betrifft, vor allem weil in diesen Gemeinden die Entfremdung am stärksten war und weil wir unsere ersten Investitionen dort machten, wo die größte Not herrschte.

Aber es ist offensichtlich, wenigstens nach meinen Erfahrungen, daß die Unzufriedenheit mit der Verwaltung weit über die armen und die schwarzen Gemeinden hinaus in alle Gemeinden reicht, gleichgültig, wie wohlhabend sie auch sein mögen. Und einer der Hauptvorwürfe, der meine Verwaltung traf, war wirklich der, daß »Lindsay viel zu viel für die Armen« oder, weniger behutsam, »viel zu viel für die Schwarzen tut«.

Dieser Vorwurf kam, glaube ich, weniger daher, daß man wirksame Aktionen vermißte – denn in der Erfüllung der Schlüsselforderungen der mittelständischen Gemeinden nach mehr Polizeischutz, besseren Reinigungsdiensten, neuen Verkehrswegen und Schutz der Grünflächen waren unsere Anstrengungen enorm. Der Vorwurf entstand eher aus den sichtbaren Zeichen von Konsultation und Kooperation zwischen den armen Gemeinden und der Stadt. Wir hatten wohl die Desillusionierung, die aus der fehlenden Kommunikation in der Vergangenheit entstanden war und der Verwaltung das Interesse und die Fähigkeit absprach, für ihre Bürger zu sorgen, einfach unterschätzt.

Wir hatten zum Beispiel geglaubt, ein faszinierendes Projekt zur Stadtentwicklung in Brooklyn zu planen. Anstatt eine Schnellstraße in zweiter Ebene quer durch eine Nachbarschaft zu rammen, schlugen wir den Bau einer Straße entlang eines bestehenden Bahngleises vor, um nur wenige Menschen umsiedeln zu müssen. Darüber hinaus wollten wir die Luftrechte über der Straße für Schulen, Wohnbauten und Grünflächen nutzen, eine Idee im Programmverbund (Bund – Land – Stadt), die uns aus Mitteln des Highways-Programms wichtige städtische Einrichtungen finanziert hätte. Boyd, der frühere Minister für Transport, war begeistert, genauso viele Stadtplaner, die die konventionellen Stadtplanungen mit größter Skepsis beurteilten. Aber die Bürger der betroffenen Gemeinden wollten nicht. Sie kämpften konsequent dagegen, und der Plan mußte zuletzt aufgegeben werden.

Dies war ein Fall, in dem, in meinen Augen, die Gemeinde Unrecht hatte. Aber wir mußten lernen, daß auch hier der Gemeinde die Macht zusteht; denn die Opposition und das Ressentiment innerhalb der Gemeinde wären zu groß gewesen, um den Plan wirkungsvoll zu realisieren. Wir mußten diese Lehre annehmen, ob wir wollten oder nicht.

Das Prinzip der Partizipation ist für die Gemeinden der Mittelklasse ebenso gültig wie für die armen Gemeinden. Es wird hier sogar leichter einzuführen sein, da die gut situierten Gemeinden schon über eine Anzahl arbeitender Organisationen und Persönlichkeiten verfügen und größere Erfahrung bei der Durchsetzung ihrer Ziele in bürokratischen Institutionen besitzen. Wir haben auf verschiedene Weise damit begonnen – indem wir zum Beispiel die Einrichtung von Stadt-Aktionsausschüssen und Polizeidistriktsgremien auch auf die gut situierten Gemeinden ausgedehnt haben. Ich glaube, daß die Einrichtung von weiteren Partizipationsprogrammen, vor allem von Nachbarschafts-Rathäusern, in diesen Gemeinden einen wirksamen Ansatz bilden wird, um die tiefe und weitverbreitete Abneigung gegen die Verwaltung zu überwinden.

Das Experiment, das Entscheidungsvermögen des einzelnen innerhalb seiner Stadtverwaltung zu erweitern, ist noch lange nicht abgeschlossen. Es bleiben viele Schwierigkeiten, und zweifellos wird es weiterhin Konflikte, Fehler und gelegentliche Fehlschläge geben. Aber ich bereue meine Entscheidung nicht, dieses Amt als Partner, nicht als Vorsitzender der Regierung auszufüllen. Es ist leicht – und verlockend – zu vergessen, daß die letzte Entscheidung in einer freien Gesellschaft bei den Bürgern liegt. Geschichte und Tradition haben uns weit weggeführt von dem Credo Jeffersons, daß jeder Mann ein »aktives Mitglied der gemeinsam gebildeten Regierung« werden und wachsende Verantwortung für seine Gemeinde übernehmen solle. Aber ich glaube, dies ist auch heute noch ein gültiges Ziel. Es wäre ein wirklicher Markstein in der Geschichte, wenn es uns gelänge, uns aus der Verzweiflung und Hoffnungslosigkeit zu befreien, die das Vermächtnis aus der Vergangenheit unserer Städte sind.

DIE INNEREN KÄMPFE

Ich habe von einigen der Aufgaben berichtet, mit denen wir uns während meiner vierjährigen Amtszeit als Bürgermeister von New York auseinandergesetzt haben. Manche von ihnen haben nur lokale Bedeutung, aber alle sind verbunden mit den Problemen, die andere große Städte unsicher machen. Und dies ist vielleicht die wichtigste Erkenntnis aus dieser vierjährigen Tätigkeit als New Yorks Bürgermeister, daß wir, trotz der Einmaligkeit unserer Stadt, in vielerlei Hinsicht mit den anderen Stadtzentren Amerikas durch die gleiche Art von Problemen und durch den gemeinsamen Wunsch nach grundsätzlichen Änderungen im Verhältnis zu Staats- und Bundesregierungen, eng verbunden sind.

In diesem zweiten Teil möchte ich über die größeren Probleme sprechen, die jede große Stadt berühren – über das Verbrechertum, die Armut und die grundsätzliche Knappheit der Mittel, die die städtischen Dienste zu einer unglückseligen Auseinandersetzung mit den notwendigen Forderungen zwingt. Es ist notwendig, daß ich dabei auf meine Erfahrungen in New York zurückgreife – es ist die Stadt, die ich kenne –, aber viele der Grunderfahrungen des städtischen Lebens sind auch anderswo anwendbar. Zusammengenommen bilden diese Erfahrungen eine große nationale Herausforderung. Entweder wir stellen uns der Arbeit, die in unseren Städten geleistet werden muß, oder unsere Städte werden keine lebensfähige Umwelt mehr für unsere Gesellschaft sein. Und in einer Nation, in der drei Viertel der Bevölkerung in städtischen Gebieten leben, ist es schwer, sich vorzustellen, wie die Größe einer Nation erhalten werden kann, die nichts tut, um den Zentren, in denen ihre Menschen leben und arbeiten, die Bedeutung zu bewahren.

Ich habe hier keine Möglichkeit, viele der Aufgaben zu besprechen, die die Qualität des städtischen Lebens direkt beeinflussen. Stadtplanung, Lohntarife, Mieterschutz, die vielschichtigen Probleme des Schulwesens, die Ausweisung von Stadtflächen für gemischte Nut-

zungen, besondere Management-Reformen in der Stadtverwaltung –
das alles sind Aufgaben, denen sich keine Stadtverwaltung verschließen darf, und eine vollständige Darstellung nur einer dieser Aufgaben
würde ein weiteres Buch füllen. So wichtig sie jedoch auch sein mögen,
sie können sich nicht messen mit den grundlegenden Auseinandersetzungen, die unsere Städte erschüttern: mit der Kriminalität, der
Armut und dem Verhältnis der Städte zu der Staats- und Bundesregierung. Es sind die Schwierigkeiten, die das städtische Amerika von
heute prägen – und es sind die Schwierigkeiten, die wir schnell und
grundlegend bewältigen müssen.

7 Ernste Gefahren: Armut und die Fesseln der Fürsorge

Partizipation und Kommunikation sind wichtige Instrumente zur
Lösung städtischer Probleme. Aber wir müssen außerdem ein tiefes
Verständnis für die wichtigen, gefährlichen Übel der Stadt entwickeln, um zu erkennen, wie und warum sie die Stadt befallen haben
und wie ihr Weiterwachsen verhindert werden kann. Wir müssen
uns ernsthaft damit auseinandersetzen, auf welche Art laufende
öffentliche Programme und politische Maßnahmen nicht nur gegenüber den Problemen, die sie lösen wollen, versagen, sondern sie noch
weiter verschärfen. Es gibt viele Beispiele dafür: Die Alterung der
Bausubstanz und die Überfüllung der Straßen – und die Wohnungsbau- und Verkehrsprogramme, die dagegen wirken sollen; das Versagen in wichtigen Diensten wie der Gesundheitsfürsorge; die veraltete
byzantinische Regierungsstruktur, die nicht wirksam arbeiten kann.
Ich habe einige dieser Fehlschläge in meinem Buch diskutiert. Zwei
der Probleme fordern jedoch besondere Aufmerksamkeit. Beide
können eine Stadt polarisieren, Rasse von Rasse und Klasse von
Klasse separieren. Beide fordern Vorurteile und Vereinfachungen
heraus, beide bringen die Bürger von einem engagierten Bemühen
um die Lösung der Probleme ab. Beide dienen als wirkungsvolle
Plattformen für einseitige, gefährliche, politische Äußerungen. Eines
der Probleme ist die Kriminalität – ich werde im nächsten Kapitel
darüber berichten. Das andere ist das doppelgesichtige Übel von
Armut und Sozialfürsorge. Auf beiden Gebieten sind wir gezwungen,
verzweifelt gegen populäre Fehlkonzepte zu kämpfen und aus eigener

Kraft Reformen vorzuschlagen. Bisher haben sich die meisten von uns defensiv verhalten. Wir haben bislang höchstens simple Lösungen für komplizierte politische Aufgaben als falsch und destruktiv entlarvt. Aber wir, als Regierung der Stadt, müssen zeigen, daß wir konstruktive, weitreichende Reformen bewirken und daß unsere politischen Maßnahmen den Kampf gegen Armut und Gesetzlosigkeit wirklich unterstützen können. Denn ohne wirkungsvolle Alternativen werden viele, verzweifelt und verwirrt, die kurzsichtigen Lösungen akzeptieren und damit die Probleme nur noch vertiefen.

Ich habe vorher von den vielen Abenden erzählt, die ich in den Straßen von New York, in den verschiedenen Nachbarschaften, verbracht habe. Manchmal ermutigen mich diese Spaziergänge, wenn ich sehe, wie eine Gemeinde aus eigener Kraft einen Häuserblock renoviert oder auf einem leerstehenden Grundstück, das vorher mit Müll und Abfall bedeckt war, einen Spielplatz einrichtet. Manchmal aber zeigen sie mir nur die Fehlleistungen der Stadtverwaltung – Straßen, in denen Autowracks rosten, weil die Müllabfuhr versagt hat. Manchmal erinnern sie mich an die vergangenen Fehler, die unsere Aufgabe weiter erschweren, wenn ich zum Beispiel an Löchern im Straßenbelag vorbeigehe, die wegen der schlechten Pflasterung vor dreißig Jahren oder durch falsche oder fehlende Abwasserführung, wie in Queens oder Staten Island, jetzt aufreißen. Es sind die Ergebnisse früherer Fehler in Planung, Entwurf und Konstruktion – oder, wahrscheinlicher, die Ergebnisse fehlender Planung überhaupt.

Und dann gibt es Wege durch Stadtgebiete, die mich in Wut und Verzweiflung versetzen, die die schwierige Frage aufwerfen, ob wir, trotz aller unserer Anstrengungen, nicht doch einen vergeblichen Kampf kämpfen.

Dies sind meine Gedanken, wenn ich durch eine Gemeinde in Brownsville gehe. Brownsville liegt im Herzen von Brooklyn. Es war früher eine jüdische Gemeinde, heute wohnen hier fast ausnahmslos Neger und Puertorikaner. Wir nehmen an, daß es etwa 100 000 Menschen sind, aber niemand weiß es genau. Trotz aller behördlichen Zählungen und Kontrollen umgehen mehr als zwanzig Prozent der Bewohner von Brownsville die polizeiliche Meldung. Viele arbeiten sporadisch – wenn überhaupt – und haben weder eine ständige Adresse, noch irgendeine Verbindung zu öffentlichen Stellen. Wir wissen nicht, wer sie sind.

Aber wir kennen diejenigen, die gemeldet sind. Ihr Durchschnittseinkommen beträgt wenig mehr als die Hälfte des städtischen

Durchschnitts – der selbst durch das geringe Einkommen der armen Weißen, Neger und Puertorikaner festgelegt wird. Kein einziger Steuerbezirk in Brownsville registriert Einkommen, die dem städtischen Durchschnitt nahekommen. Von fast 50000 Wohnungen sind nur etwa vier Prozent akzeptabel. Die restlichen 96 Prozent erfüllen keine der normalen Bedingungen und genügen selbst den geringsten Ansprüchen nicht mehr.
Bei anderen statistischen Erhebungen liegt Brownsville an der Spitze. Hier sterben mehr Neugeborene als in jeder anderen Gemeinde von New York. Hier sind mehr Jugendliche kriminell. Hier werden mehr Bürger Opfer von Verbrechen. In jeder Skala, in der wir die Probleme von Gemeinden aufzeichnen – Rauschgifthandel, Abhängigkeit von Sozialunterstützung, Krankheit, Unterernährung –, steht Brownsville an erster Stelle.
Und diese nüchternen Zahlen übertreiben die Wirklichkeit des Lebens in Brownsville nicht. Seine Bewohner sind gewöhnt an schmutzige Straßen, Wohnungen ohne Wasser, die raschelnde Bewegung von Ratten. Seine verlassenen Gebäude zerbröseln allmählich, der Müll in den Fenstern starrt auf die Bürgersteige. Ausgemergelte Männer sitzen ausdruckslos auf Vorgartenstufen, vier kleine Kinder schlafen aneinandergepreßt auf einer zerlumpten Matratze.
Ein hartgesottener Journalist schrieb dazu: »Die Tiere im Zoo haben es besser. Der Zoo ist geheizt und sauber.«
Ein ansässiger Pfarrer sagte bitter: »Wenn es eine Hölle gibt, dann haben sie die Bewohner von Brownsville schon hinter sich.«
Das ist die Beschreibung einer Gemeinde in New York City. Es ist aber auch das verkleinerte Abbild einer Nation innerhalb Amerikas, einer isolierten Welt, die in Chikago, Detroit, Newark, St. Louis, Atlanta, Washington und Los Angeles fragmentarische Form annimmt.
Unter denen, die wir zählen können, in dieser heimlichen Nation, gibt es eine Million Arbeitslose oder unter dem Existenzminimum verdienende Menschen. Wenigstens vier Millionen leben in Armut. Etwa eine Million Wohnungen genügen den Bestimmungen nicht.
Es ist eine Nation, in der die Säuglingssterblichkeit um sechzig Prozent höher liegt als sonstwo im Land, in der die Sterblichkeit der Mütter drei- bis viermal so hoch ist. Es ist eine Nation, deren Schulen nichts unterrichten und deren Kinder nichts lernen. Ihre Bewohner werden fünf- bis vierzigmal sooft zu Opfern von Verbrechen wie andere Amerikaner.

Es ist eine Nation, die ihren Bürgern keinen Beweis dafür geben kann, daß sich ihr Leben eines Tages verbessern wird.
Und diese Nation berührt uns überall. Sie kommt in die kleineren Städte, die erst jetzt die Probleme andauernder Armut, unzureichender Wohnungen, ungenügender städtischer Dienste kennenlernen. Sie erfaßt wie New York City so auch die Vorstädte, wo die Zahl der Verbrechen und die Zahl der Sozialempfänger schneller steigt als in der Innenstadt. 1967 lebte ein Fünftel aller armen schwarzen Stadtbewohner Amerikas in den Vorstädten, und mehr als ein Viertel aller schwarzen Bewohner der Vorstädte war arm.
Mit anderen Worten, wir alle sehen uns den Folgen der wachsenden Armut in Amerika gegenüber. Wir können ihr nicht entfliehen. Man flieht vergeblich aus der großen Stadt; die Probleme kommen mit. Ein Viertel der Bürgeraufstände, die die amerikanischen Städte 1967 erschütterten, ereignete sich in Städten unter 500000 Einwohnern. Am schwersten betroffen wurden scheinbar so ruhige Gemeinden wie Plainfield in New Jersey.
Blieb das »andere Amerika« bisher unsichtbar, jetzt ist es sichtbar geworden. Nach den Frühjahren und den Sommern, die wir überstanden haben, nach den gefährlichen Unruhen und wilden Demonstrationen, nach dem leidenschaftslosen Zeugnis der Statistiken müssen wir erkennen, daß wir der größten Gefahr für Frieden und Fortschritt in diesem Land seit der Depression gegenüberstehen.
Und noch immer wollen viele von uns – Männer und Frauen, in gutem Glauben und in lauterer Absicht –, das, was vor uns liegt, nicht beachten.
Ich erinnere mich an einen Spaziergang durch Brownsville und East New York im September 1967 mit vier bekannten Geschäftsleuten, von denen man erwartete, daß sie in der Wirklichkeit leben. Unter ihnen war der verstorbene Präsident der General Electric, Gerald Phillippe. »Unglaublich«, war alles, was er sagte. Gilbert Fitzhugh, der Vorsitzende des Metropolitan Life, war auch dabei. »Es ist zum Verzweifeln«, sagte er. »Man weiß nicht, wo man anfangen soll, und doch weiß man, daß etwas getan werden muß.« Auch J. Irwin Miller, der Vorsitzende der Cummins Engine Company aus Kolumbus gehörte zu der Gruppe. »Das wichtigste Problem unseres Landes«, sagte er zu mir, »sind die großen Städte. Es gibt keine größere Gefahr für unsere Nation.«
Diese Männer waren keine Fanatiker. Sie waren, wie die Mitglieder der Untersuchungskommission über Bürgeraufstände (President's

Commission on Civil Disorders), ernste, kluge Männer, die beim Anblick dieser Tragödie entsetzt waren. Sie und wir alle – besonders wenn wir das politische Vertrauen unserer Bürger genießen – müssen offen zugeben, daß diese Tragödie existiert. Und wir müssen entschlossen sein, sie zu beenden.

Das aber ist nur der Anfang. Einmal entschlossen zu handeln, werden viele von uns die gegenwärtigen Maßnahmen gegen die Armut für angemessen und realistisch halten und plötzliche Veränderungen der Methode als unklug, unpraktisch oder falsch ablehnen. Aber wir dürfen uns nicht von geistiger Trägheit oder Mangel an Phantasie bestimmen lassen. Wenn wir die Existenz der Armut zugeben, müssen wir uns auch über die Vergeblichkeit der bisherigen Methoden Rechenschaft ablegen. Wir müssen erkennen, daß unsere gegenwärtigen Maßnahmen gefährlich und unverantwortlich sind. Ihre Fehlleistung liegt nicht nur darin, daß sie das Problem nicht lösen können, sondern vor allem darin, daß sie es noch unendlich vertiefen. Sie verursachen nur noch mehr Armut – und noch mehr Hoffnungslosigkeit unter den Armen. Sie sorgen für eine kontinuierliche Geldverschwendung. Sie frustrieren den hart arbeitenden Durchschnittsarbeiter, dessen Steuergelder ohne sichtbaren Erfolg ausgegeben werden. Wenn teure Maßnahmen für die Hilfsbedürftigen und für die Helfenden ihr Ziel verfehlen, werden Polarisierung und Opposition unvermeidbar.

Kurz, wir können den gegenwärtigen Kurs nicht beibehalten. Wir alle müssen die Existenz einer eigenständigen Nation der Armut im Herzen unserer Städte anerkennen. Wir müssen uns dazu entschließen, diese Armut mit rationalen, wirksamen, gerechten und menschlichen Methoden zu beenden. Und wir müssen allesamt versuchen, Art und Richtung unserer bisherigen Anstrengungen grundlegend zu verändern.

Als erstes müssen wir das bestehende Fürsorgesystem umstrukturieren, denn es verknüpft die Probleme nur noch enger miteinander; es verbraucht mehr Geld und verursacht mehr Bitterkeit als all unsere Anstrengungen zusammen. Damit wir verstehen, warum dieses Fürsorgesystem versagt hat und wie es verändert werden kann, müssen die Ursachen der Armut in New York und anderen Städten genauer untersucht werden. Wir müssen die Gründe, warum unser System die Ursachen nicht beheben, sondern im Gegenteil, ihre Wirkung nur verschärfen kann, herausfinden.

In New York City gab es im vorigen Jahr etwa 1,2 Millionen Arme –

etwa fünfzehn Prozent der städtischen Bevölkerung. Warum sind sie arm?

Den ersten Teil der Antwort finden wir, wenn wir fragen, warum und wie sie überhaupt nach New York gekommen sind. Zwei Fünftel der Armen in New York sind Neger. Ein Drittel sind Puertorikaner. Der größte Teil der armen Minorität sind Emigranten, die erst vor kurzem nach New York kamen, oder die Kinder von Emigranten.

Viele der Neger, die in New York leben, kamen während der letzten fünfundzwanzig Jahre aus dem Süden. Gleich nach dem Zweiten Weltkrieg ereignete sich eine Revolution auf den Farmen der Südstaaten, die schwarze Arbeitskräfte überflüssig machte. In zwanzig Gemeinden am Mississippidelta nahm die Beschäftigung ungelernter Arbeiter in den fünf Jahren zwischen 1949 und 1954 um rund neunzig Prozent ab.

Da es keine anderen Arbeitsplätze für die ungelernten Arbeiter im Süden gab, gingen sie in das »gelobte Land« des Nordens. Während alle früheren Migrationen durch die Mär vom Arbeitsreichtum im Norden ausgelöst wurden, wurde diese durch die Reduktion des Arbeitsangebots im Süden ausgelöst. Als die Neger in New York und in den anderen Städten ankamen, gab es nur wenig Arbeitsplätze für sie.

Die Gründe für den Mangel an freien Arbeitsplätzen geben den zweiten Teil der Antwort.

Erstens: Die Zuwanderer und ihre Kinder hatten – da sie die Opfer ungenügender Bildungssysteme sind – keine Qualifikation für einen Arbeitsmarkt, der zunehmend durch die Nachfrage nach Facharbeitern bestimmt wird. Zweitens: Die Zuwanderer zogen in die städtischen Ghettos – als die einzigen Stadtgebiete, in denen sie Wohnungen finden konnten –, und viele Firmen zogen daraufhin in die Vorstädte. Darüber hinaus hat man Negern und Puertorikanern oft die wenigen freien Arbeitsplätze aus Rassengründen versagt. Und endlich hat der extrem niedrige Lohn, den sie für die Arbeit, die für sie übrig blieb, erhielten, sie zu der Einsicht bringen müssen, daß ihre Arbeit keinen Sinn hat und daß sie den beruflichen Aufstieg in eine besser bezahlte, weniger erniedrigende Stellung nicht schaffen werden. Eine solche Reaktion ist auf einem Arbeitsmarkt zu erwarten, bei dem ein Drittel der Arbeitsstellen – insgesamt 1,3 Millionen – mit weniger als 90 Dollar die Woche bezahlt wird.

Aus diesen und anderen Gründen leben über eine Million New Yorker in Armut. Nachdem die Arbeitschancen kontinuierlich eingeschränkt worden waren, machte die Gesellschaft das Anerbieten der sozialen Fürsorge. Aber anstatt gegen die Gründe der Armut anzugehen, ist unser Fürsorgesystem dazu angelegt, sie weiter zu verschärfen. Um diese Tragödie zu verstehen, müssen wir genau wissen, wie die Sozialfürsorge arbeitet. In New York und in anderen Städten verstehen wir unter Sozialfürsorge eine Reihe von Programmen, die denjenigen öffentliche Hilfe anbieten, die nicht selbst für sich sorgen können. Einige der Programme stoßen normalerweise auf wenig Widerstand: Unterstützung für die Alten, die Blinden, die Krüppel, Unterstützung der Veteranen und überhaupt aller Hilfsbedürftigen. Fast die Hälfte des New Yorker Wohlfahrtshaushaltes wird für solche Fälle ausgegeben, deren Not bekannt ist und gegen deren Unterstützung sich niemand auflehnt.

Es ist die andere Hälfte des Wohlfahrtsbudgets, das Bitterkeit und Kontroversen zwischen Steuerzahlern und Sozialempfängern gleichermaßen auslöste. Es ist diese Hälfte, die die Leute meinen, wenn sie über die Fürsorge schimpfen, ein Programm, das unter der Bezeichnung AFCD – Aid to Families with Dependent Children (Hilfe für Familien mit minderjährigen Kindern) – geführt wird. Es ist ein Programm, durch das die Regierung notleidende Familien unterstützt – Familien, in denen der Vater fehlt, in denen die Kinder ganztägige Aufsicht brauchen und die Mutter nicht arbeiten kann.

Das AFDC-Programm, das als temporäre Hilfe für Familien während der Depression konzipiert worden war, ist inzwischen zum wichtigsten Prinzip amerikanischer Fürsorge geworden. Gegenwärtig erhalten zwischen sechs und sieben Millionen Mütter und Kinder im ganzen Land Geld aus dem AFCD-Fond. Der jährliche Aufwand beträgt mehr als drei Milliarden Dollar, wenig mehr als die Hälfte davon trägt der Bund. In New York City allein leben etwa zehn Prozent aller Sozialempfänger. Dieses AFCD-Programm trägt, als Kernstück des Fürsorgesystems, die Schuld daran, daß wir gegen die Ursachen der städtischen Armut nicht ankommen.

Der erste wichtige Grund für die gefährliche Konzentration von Armen in der Stadt liegt in den Umständen, die so viele zwangen, den Süden zu verlassen. Das AFCD-System hat eine wichtige Rolle in dieser Bewegung gespielt. Da dieses System den bundesstaatlichen Fürsorgeämtern fast völlige Handlungsfreiheit läßt, konnten die Ärmsten der armen Gegenden im Süden buchstäblich nicht mehr überleben. Noch heute zum Beispiel erwartet der Staat Mississippi von einer sechsköpfigen Familie, daß sie mit 55 Dollar pro Monat ihr Leben finanziert: Essen, Wohnung, Kleidung, ärztliche Betreuung, die gesamten Lebenskosten. Von einem Kind in einer Familie in Mississippi erwartet man, daß es von 30 Cent pro Tag satt wird. Obwohl nicht überall die Bedingungen so extrem sind, gibt es ähnliche Regelungen in den meisten Südstaaten. Das allein würde schon genügen, um die Armen aus dem Süden zu vertreiben. Aber wenn man die Handlungswillkür, die den staatlichen Fürsorgestellen gegeben ist, hinzurechnet – die Willkür, mit der fast ohne Grund Notleidenden Hilfe verwehrt, mit der fast ohne Grund alle Einzelheiten im Leben einer armen Frau ans Licht gezerrt werden können –, wundert man sich, warum überhaupt noch Arme in solchen Staaten leben. Unser föderalistisches Fürsorgesystem, mit seinen lokalen Machtmandaten, hat die Flucht der Ärmsten der Nation in die Städte des Nordens gründlich vorbereitet.

Um die ungleiche Lastverteilung noch zu steigern, trägt die Bundesregierung den Hauptteil der Kosten für die unzureichenden Fürsorgeprogramme des Südens, und nur einen sehr viel kleineren Anteil an den höheren Fürsorgeprogrammen der Stadtgebiete des Nordens. Mississippi erhält 84 Prozent seines AFCD-Haushalts von Washington; New York erhält nur 50 Prozent. Die acht größten Staaten des Nordens tragen 73 Prozent aller staatlichen und örtlichen AFCD-Kosten, obwohl nur 46 Prozent der Bevölkerung hier wohnen. Und da sich die Last der Fürsorgekosten ständig vergrößert, müssen Städte wie New York deswegen auf andere lebensnotwendige Einrichtungen verzichten.

Unglücklicherweise steht der Reform dieser unheilvollen regionalen Ungerechtigkeit das Vorurteil über die Menschen aus dem Süden entgegen. Viele glauben, sie kämen nur nach New York, um »stempeln zu gehen«, um von der relativ großzügigeren Sozialleistung in den Nordstaaten zu profitieren. Und so negieren viele Leute die Dringlichkeit, mit der die Probleme der Fürsorge in den nördlichen Städten behandelt werden müssen.

Es mag ein vernünftiges Argument sein, nur stimmen die Voraussetzungen nicht, auf denen es beruht. Jede Statistik in New York beweist, daß die überwiegende Mehrheit der Sozialempfänger aus Menschen besteht, die länger als zwei Jahre in der Stadt gelebt haben, bevor sie ihren Antrag stellten, und daß nur zwei Prozent aller Sozialempfänger weniger als ein Jahr von ihrem Antrag in der Stadt lebten. Diese Familien kommen nach New York, um Arbeit zu finden, nicht Unterstützung. Viele von ihnen kämpfen sich auf

Arbeitsplätzen durch, die ihnen nicht genug einbringen, um ihre Familien zu erhalten. Wirtschaftliche Notwendigkeit und hoffnungslose Suche nach einer wirklichen Arbeitschance bringen manche Familien zur Sozialfürsorge als einziger Alternative. Und diejenigen mit wenig Ausbildung haben eben auch noch weniger Chancen. Auch hier wirkt das Fürsorgesystem, weit davon entfernt, das Problem zu lösen, nur noch als Katalysator der Schwierigkeiten.
Wie geschieht das? Erstens sorgt die Fürsorge kaum für wirkliche Ausbildung. Trotz der Existenz von mehr als einem Dutzend Trainingsprogrammen auf Bundesebene, wurde keines direkt mit dem Sozialfürsorgesystem gekoppelt, dem diejenigen, die am nötigsten eine Arbeit brauchen, »in die Falle« gegangen sind. Der Fürsorger verbringt Stunden mit dem Ausfüllen von Fragebögen, er hat aber fast keine Zeit, für die Ausbildung derer, die arbeiten wollen, oder für die Unterbringung derer, die arbeiten können, zu sorgen. Hinzu kommt, daß die meisten Städte kein Geld haben, um den halbprofessionellen Arbeitskräften, die für ein Minimum arbeiten müssen, einen Lohnausgleich zu zahlen, damit sie ermutigt werden, in ihren Positionen zu bleiben und ihre Berufsausbildung fortzuführen.
Zweitens hat das AFCD-Programm bis zu diesem Jahr die Arbeitswilligen nur entmutigt, weil es ihnen jeden Dollar, den sie verdienten, von der Sozialunterstützung abzog. Das bedeutet eine hundertprozentige Besteuerung des Einkommens. Ganz gleich, wie hart ein Sozialempfänger mit einer großen Familie auch arbeitete, das Gesamteinkommen seiner Familie würde nicht wachsen. Es überrascht deshalb nicht, daß viele Arbeiter zu der Überzeugung kamen, daß eine Ganztagsarbeit unter schlechten Bedingungen kaum der Mühe wert sei; denn ihr Familieneinkommen ließ sich nur dann erhöhen, wenn der Mann die Familie verließ und so der Frau ermöglichte, Sozialunterstützung zu beantragen.
Drittens hat das AFCD-System eine ganze Reihe von Konsequenzen, die das Selbstbewußtsein des ungelernten Arbeiters weiter untergraben. Er hat es sowieso schwer, sein Selbstbewußtsein auf einem Arbeitsmarkt zu erhalten, der seine bisherige Arbeit als überholt abstempelt. Aber das allgemeine Sozialfürsorgesystem hat das Problem weiter intensiviert, indem es einem Mann, der von dem Lohn einer Ganztagsarbeit seine Familie nicht ausreichend ernähren kann, jede Unterstützung verweigert. Die einzige Möglichkeit liegt für ihn darin, seine Familie zu verlassen, damit seine Frau Sozialunterstützung erhält und er sie heimlich von seinem Lohn unterstützen kann. Das

bedeutet, daß man dem armen Arbeiter das Recht verweigert, in seiner Familie zu leben, daß man ihn durch sein Unvermögen, mehr zu verdienen, zum Angehörigen einer niederen Klasse stempelt, daß man ihn vor die unmögliche Wahl stellt, entweder seine Familie zu verlassen, um sie besser zu ernähren, oder bei ihnen zu bleiben und dafür mit einem noch niedrigeren Lebensstandard zu bezahlen. Nur in wenigen Staaten – einschließlich New York mit seinem Home Relief Program (Familien-Ausgleichs-Programm) – erhalten die Familien der Arbeiter einen Lohnausgleich. Der Bund gibt den Staaten für solche Programme die Investitionen nicht zurück. New York City und New York State müssen also die volle finanzielle Last dieses Programms selbst tragen.

Viertens: Weil der Bund die Lohnausgleichsprogramme nicht unterstützt, können die Staaten und Städte nicht mehr als zehn Prozent Nachlaß auf die Abzüge gewähren. Ein Mann, der 3500 Dollar im Jahr bei einer Ganztagsarbeit verdient, kann 1200 Dollar durch das Home Relief Program in New York City zur Unterstützung seiner Frau und seiner Kinder erhalten; aber wenn er sein Einkommen auf 4500 Dollar im Jahr verbessert, wird er kein Anrecht auf Lohnausgleich mehr haben. Sein Antrieb, sich in seiner Leistung zu steigern, wird dadurch natürlich ad absurdum geführt. Ganz allgemein wird das Problem der unzureichenden Arbeitsplätze durch die Haltung der Sozialfürsorge weiter verschärft, die ihren Sozialempfängern bedeutet: »Wir geben Euch einen schmalen Ausgleich dafür, daß Ihr nicht fähig seid, für Euch selbst zu sorgen. Aber versucht nicht, zu sparen, versucht nicht, zu arbeiten, versucht nicht, Euch besser zu machen als Ihr seid.« Die Fürsorge hat damit eine permanente Unterschicht geschaffen, eine riesige Zahl für immer unmündiger Staatsbürger.

Die Geschichte des AFCD kann die Versäumnisse dieses Programms erklären. Es wurde in den Notzeiten der Depression gegründet und war als Hilfe für verwitwete Frauen und Familien von arbeitsunfähigen Männern konzipiert. Es war nicht dafür entworfen, städtische Arme in so großer Menge zu unterstützen. Aber wie auch immer sein Ursprung war, wir können eine so große Zahl von Amerikanern nicht länger als Krüppel betrachten und durch die Statuten des Programms festlegen, daß sie arbeitsunfähig sind und daß es keine Arbeit für sie gibt. Ein System, das so über viele seiner Bürger denkt, hat keinen Platz in der zivilisierten Gesellschaft, über die Jane Addams sagt, daß sie »allen Menschen ein gleiches Maß an Respekt entgegenbringen müsse«. Doch wenn wir den Armen der Stadt nahelegen, daß es hier keinen Platz für sie gibt, keine Möglichkeit, sich und ihre Familien in Würde und Anstand zu ernähren, so haben wir ihnen eben dieses Maß an Respekt versagt. Ein solches System ist dann nicht mehr wert, daß es fortbesteht.

Doch wieder ist es ein weit verbreitetes Vorurteil, das einer Veränderung dieses unmenschlichen Verhaltens entgegenwirkt: die allgemeine Behauptung, daß nur Betrüger sich des warmen Mäntelchens der Fürsorge bedienten, um den Steuerzahler zu schröpfen, so weit sie nur könnten. Ich kann diejenigen, die noch immer daran glauben, nur bitten, einmal mit mir durch die Straßen zu gehen und mit denen zu sprechen, die von der Fürsorge abhängig sind. Sie werden schnell herausfinden, daß unter den gegenwärtigen Bedingungen, die durch die staatliche Gesetzgebung reguliert werden, ein Fürsorgekind von 66 Cent pro Tag ernährt werden muß, daß eine Familie für Kleidung und Einrichtung weniger als 100 Dollar ausgeben darf, daß die Fürsorge ein Telefon für Luxus hält und nicht einen Cent für Erholung oder Unterhaltung bewilligt. Wie viele würden diese Form des Überlebens für eine Bereicherung auf Kosten des Steuerzahlers halten? Verschiedene Durchschnittsfamilien in den Vorstädten haben einmal versucht, eine Woche lang von dem Betrag zu leben, den die Fürsorge bewilligt, und sie konnten es nicht – obwohl sie wußten, daß die selbst gewählte Armut nach einer Woche enden würde.

Nein, die Armen betrügen uns bestimmt nicht, wenn sie vorgeben, keine Arbeit zu finden, um in den »Luxus« der Sozialunterstützung zu gelangen. Sie betrügen eher auf andere Weise – sie werden versuchen, eine Ganztags- oder Halbtagsarbeit geheim zu halten, um weiter die volle Summe der Sozialunterstützung zu beziehen. Der richtige Weg, solche »Schwindeleien« zu vermeiden, liegt gewiß nicht darin, Sozialempfänger durch eine lange Liste von Vorschriften einzuschüchtern, sondern darin, ihnen durch ein wirksames Arbeitsbeschaffungsprogramm die Möglichkeit einer festen Anstellung zu geben, ohne daß sie dabei die Versorgung ihrer Kinder aufs Spiel setzen müssen.

Und genau das ist es, was sie sich wünschen. Nach einer Umfrage wollen sieben von zehn Müttern lieber arbeiten, als weiter von Sozialunterstützung zu leben, zwei weitere wären bereit zu arbeiten, wenn ihre Kinder ganztägig versorgt werden könnten. Eine geschiedene Mutter mit drei Kindern faßte das allgemeine Gefühl in Worte: »Ich weiß«, sagte sie, »daß die Sozialunterstützung uns zwar ein Dach über dem Kopf gibt, aber wir bezahlen dafür mit allem, was einem Menschen Würde und Selbstvertrauen gibt.«

Immer wenn ich diese Gerüchte höre über die Armen, die in Scharen nach New York kommen, um hier dieses herrliche »leichte Leben« zu führen, erinnere ich mich an ein Erlebnis während eines Spaziergangs mit einem prominenten Politiker, den ich durch eine der schlimmsten Gemeinden der Stadt führte. Wir gingen durch eine Straße, die aussah wie ausgebombt. Wir gingen in ein Haus, das so verfallen aussah, daß wir annahmen, es sei unbewohnt. Aber es war bewohnt. Ganze Familien versuchten, hier zu leben. Wir sprachen mit einer Frau dort, einer Mutter von vier Kindern. Sie habe versucht, Arbeit zu finden, sagte sie, aber sie habe keine gefunden und auch keine Unterbringung für ihre Kinder, da die Kindertagesstätten der Gemeinde ihr lange Wartelisten vorlegten. Sie erhielt Sozialunterstützung, aber das reiche nur, um ein oder zweimal im Monat Fleisch zu kaufen.

Mein Begleiter sah sich in dieser Wohnung um und sagte: »Warum sind Sie nach New York gekommen?«

»Um ein besseres Leben zu finden«, sagte sie.

Er sah sich verwirrt um.

»Haben Sie es gefunden?« fragte er endlich.

»Ja«, sagte sie.

All diese Gründe zeigen uns, daß wir dieses System sofort ändern müssen. Wir müssen zugeben, daß die Organisation unseres Sozialfürsorgesystems total versagt hat. Es hat die Ursachen für die städtische Armut nur erweitert, es hat die Abhängigkeit institutionalisiert, es hat Staats- und Stadthaushalte erheblich und ungerecht belastet. Es sollte vollständig aufgegeben werden für eine bessere Lösung.

Ein neues Programm sollte vier wesentliche Elemente enthalten:

1. Es sollte ein nationales Lohnausgleichsprogramm vorsehen, mit allgemeinverbindlichen Werten, die auf den regionalen Lebenskostenindex umgerechnet werden. Es sollte einen angemessenen Beitrag zur Unterstützung derer bereithalten, die nicht selbst für sich und ihre Familie sorgen können. Und es sollte auf Bundesebene finanziert werden, damit die städtischen Steuerzahler nicht weiter gezwungen sind, für nationale Probleme zu bezahlen.

2. Die Aufgaben der Sozialunterstützung müssen vollständig von den Aufgaben der sozialen Einrichtungen getrennt werden. Im Augenblick wird das System von so vielen nationalen Vorschriften und Reglements belastet, daß es sich selbst stranguliert. Seine Verwaltungs-

kosten sind so hoch wie die des gesamten Internal Revenue Service (Steuerbehörde des Bundes), der das Zwanzigfache an Geld verwaltet. Die sozialen Einrichtungen, die wir nötig brauchen – Gesundheitsfürsorge, Wohnungsbeschaffung, Arbeitsnachweis – sollten von den örtlichen Behörden verwaltet werden. Sie sind vollständig zu trennen von der ganz andersartigen Aufgabe, Familien am Leben zu erhalten.
3. Das neue System sollte Sozialempfänger aktiv zur Arbeit ermutigen, indem es ihren Arbeitswillen unterstützt, anstatt ihnen Dollar für Dollar von dem abzuziehen, was sie verdienen.
4. Was wir vielleicht am nötigsten brauchen, ist eine Integration von Sozialunterstützung und Arbeitsangebot, ein System, das die Sozialempfänger direkt an sinnvolle Arbeitsmöglichkeiten heranführt.
In New York brauchen wir ein solches System besonders dringend, da uns eine große Zahl von Arbeitskräften in fast allen Dienstleistungsbetrieben fehlt. Unsere Sozialempfänger könnten bei angemessener Ausbildung genau das Arbeitskräftepotential bilden. Mit geeigneten Methoden könnte unser gegenwärtiges Berufs-Trainings-Programm hundertfach verbessert werden. Wir könnten zum Beispiel eine Vielzahl von technischen Hilfskräften ausbilden, während sie schon Lohn beziehen. Wir könnten Krankenschwestern ausbilden, indem wir ungelernte Frauen als Hilfsschwestern einstellen und sie während ihrer Arbeitszeit anlernen und unterrichten.
Mit einem integrierten System für Lohnausgleich und Berufstraining könnten wir unseren armen Gemeinden die Chance zur Selbsterhaltung bieten. Höhere Löhne würden der armen Bevölkerung erlauben, wieder würdevoll zu leben; die Last der Öffentlichkeit und ihrer Fürsorgetätigkeit würde sich erheblich vermindern. Es wäre ein Ziel, das die Anstrengung wert ist, die es kosten wird, das Sozialfürsorgesystem von Grund auf zu reformieren.
Man bedrängt die Bundesregierung, die Verantwortung auf diesem Gebiet zu übernehmen, und die Reformvorschläge Präsident Nixon's sind ein wichtiger Anfang. Aber es muß noch viel mehr geschehen. Die Städte können nicht mehr warten, bis sich Washington widerstrebend bereit findet zu handeln. Der Staat New York sollte dem Beispiel von vierzig anderen Staaten folgen und New York City und die anderen Verwaltungsbezirke von den Lasten der Fürsorge befreien. Die Gründe für eine nationale Übernahme der Kosten sprechen auch für eine staatliche Übernahme, und New York State liegt auf diesem Gebiet hinter den meisten anderen amerikanischen Staaten weit zurück.

Inzwischen haben wir in New York mit eigenen Maßnahmen begonnen, um das bestehende System zu ersetzen. Wir haben in den vergangenen drei Jahren verschiedene grundlegende Reformen eingeleitet, die den Weg zu einem besseren System vorbereiten.
Als erstes hat New York die sozialen Dienste vollkommen von der fürsorgerischen Aufgabe getrennt. Andere Städte folgen jetzt nach. Dann haben wir ein System ausgearbeitet, nach dem eine einmalige Erklärung der Bedürftigkeit die langen Fragebogen ersetzt, die bisher den größten Teil der Zeit eines Fürsorgers beansprucht hatten.
Als nächstes haben wir damit begonnen, den Arbeitswillen durch unser Arbeits-Initiativ-Programm (Employment Incentive Program) zu stützen, das jetzt vom Bund übernommen worden ist. Nach diesem Programm kann der AFCD-Empfänger die ersten 85 Dollar seines Lohns ohne steuerliche Abzüge und ein Drittel des restlichen Betrages zusätzlich zu seiner Sozialunterstützung behalten. Durch das Arbeits-Initiativ-Programm haben wir Sozialempfängern geholfen, eine Ausbildung zu finanzieren, Arbeit anzunehmen und zu behalten und endlich ihr Einkommen durch Arbeit wirklich zu verbessern. Seit dieses Programm existiert, haben über 25000 Personen daran teilgenommen, und viele Familien konnten daraufhin auf eine Sozialunterstützung verzichten und eine selbständige Existenz aufbauen.
Drittens hat die Manpower and Career Development Agency (städtischer Entwicklungsausschuß für Arbeit und Beruf) damit begonnen, bezirkliche Ausbildungszentren in der ganzen Stadt einzurichten, in denen ungelernte Arbeiter in Intensivkursen für die offenen Arbeitsstellen ausgebildet werden. Wir planen, soviel Sozialempfänger wie möglich an diesen Lehrgängen zu beteiligen, und wir hoffen, daß einige der New Yorker Industrien, die von ihrer Steuer einen Teil der Fürsorgekosten bezahlen, sich selbst helfen werden, indem sie frisch ausgebildete Kräfte aus diesen Zentren engagieren.
Zuletzt haben wir ein neues, grundsätzlich anderes Programm entworfen, mit dem der Lohn der unterbezahlten Arbeiter erhöht und der Stadthaushalt dabei so wenig wie möglich belastet werden soll. Dieses Programm nennen wir das Training Incentive Payments Program (Aufstiegs-Trainings-Programm), für das die Stadt zum Zwecke eines Pilot-Tests im frühen Sommer 1969 Mittel aus der Bundeskasse erhielt. In dem Training Incentive Payments Program (TIPP) stellen Unternehmer ungelernte Arbeiter ein und bilden sie für die Arbeit aus, die sie in diesen Unternehmen leisten sollen. Das Lehrprogramm bleibt dem Unternehmer überlassen. Wenn der Lohn

nach erfolgreichem Abschluß erhöht wird, zahlt die Stadt dem Unternehmer die Ausbildungskosten zurück; Berechnungsgrundlage für die Rückzahlung bildet dabei die Lohnerhöhung.
Das Programm enthält kein großes Risiko und keine teueren Ausbildungsstätten ohne Erfolgsgarantien; denn die Rückzahlung erfolgt erst dann, wenn der Lohn des Arbeiters sich wirklich erhöht. Und es wird keine Ausbildung für imaginäre Arbeitsstellen mehr geben, denn der Unternehmer richtet die Ausbildung danach aus, welche Arbeitsplätze er zu besetzen hat.
Es gibt keinen Zweifel daran, daß es offene Arbeitsstellen gibt. Etwa 40 000 gut bezahlte Arbeitsplätze sind unbesetzt, weil die Firmen keine geeigneten Arbeitskräfte finden können. Unter dem TIPP-Programm können die Unternehmer ungelernte Arbeiter ausbilden und ihnen – wenn die Ausbildung erfolgreich ist – ohne Risiko Lohnerhöhungen versprechen; mit diesem Versprechen werden sich die ungelernten Arbeiter überzeugen lassen, an ihrem Arbeitsplatz zu bleiben.
Wir hoffen mit Bundesunterstützung unsere offenen Arbeitsstellen zu besetzen, die niedrigen Löhne zu erhöhen, die Möglichkeiten zum weiteren Berufstraining auszuweiten. Wenn uns das gelingt, werden wir die ständig wachsende Zahl potentieller Sozialempfänger reduzieren können.
All diese Maßnahmen wurden entworfen, um die öffentliche Fürsorge zu entlasten. Letztendlich aber ist die öffentliche Fürsorge ein Aufgabengebiet des Bundes oder der Staaten. Weder die Städte noch die Staaten allein können gesetzliche Festlegungen für die nationale Wirtschaftslage treffen. Und sie können vor allem weder die finanzielle Last des Systems noch die soziale Ungerechtigkeit tragen, die durch seine Fehler entsteht.
Die Bundesregierung muß deshalb die gesamten Kosten eines verbesserten Systems übernehmen. Niemand sonst kann das tun. Das Versagen der Bundesregierung, Arbeitsplätze zu schaffen und allgemeine, örtlich relativierte Mindestsätze für die Sozialunterstützung festzulegen, hat zu den schwerwiegenden Problemen geführt, mit denen viel zu viele Städte in den letzten Jahren kämpfen mußten.
Ein solches vom Bund finanziertes System würde viele der Probleme lösen. Aber die grundlegenden Veränderungen sind nicht so leicht zu erreichen. Wir müssen unsere Fehler zugeben und ganz von vorn beginnen. Wir müssen nicht nur ein neues Programm initiieren; wir müssen es wagen, an ein neues Sozialempfinden zu glauben, das für

diejenigen Chancen bereithält, die wir heute noch als Krüppel behandeln. Ein neues Programm kann Löhne festigen, Achtung erhalten, Arbeit ermutigen und die Schande der Abhängigkeit beenden. Aber nur ein neues Empfinden kann den Armen und den Städten gleichermaßen helfen, die wachsende Bitterkeit, das allgemeine Mißtrauen zu überwinden, die unsere Aufgabe schon von vornherein so beschweren.

8 Ernste Gefahren: Kriminalität

»Denn das Land ist voll Blutschulden, und die Stadt voll Frevel.« Sprach Gott zu Hesekiel. Diese Vision gibt es noch immer, und ebenso die Bedrohung durch Verbrechen: die Bedrohung des Eigentums, der Sicherheit, des Lebens; die Gefahr rassischer oder ethnischer Diskriminierung von Gruppen, die nebeneinander, aber nicht miteinander leben; die Gefahr durch die fruchtlosen Versuche, die das Problem dadurch zu lösen suchen, daß man den Boden amerikanischer Tradition verläßt.

Ich glaube, ich spreche für jeden Bürgermeister in diesem Land, wenn ich behaupte, daß kein Problem den Stadtbewohnern mehr unter die Haut geht als wachsende Kriminalität: kein Problem weckt mehr emotionale Reaktionen, kein Problem gefährdet die Vertrauensbasis einer Gemeinde stärker, keines verlangt mehr Aufmerksamkeit von unserer Seite als dieses. Zum Teil resultiert das aus der Natur des Verbrechens selbst. Keine Statistik und kein noch so eindrucksvolles Programm kann das Leid eines Mannes lindern, dessen Haus beraubt, dessen Eigentum gestohlen, dessen Frau überfallen und dessen Kinder verletzt wurden. Kein Versprechen, Gründe und Alternativen zu untersuchen, kann wirklich auf die Beschwerde einer Gemeinde antworten, deren Bewohner sich fürchten, durch ihre Straße zu gehen.

Neben der finanziellen Last, die die Kriminalität uns auferlegt, neben den 20 Milliarden Dollar pro Jahr, die der Bund dafür aufbringt, neben den ungezählten Aufwendungen für Notdienste und Polizeischutz, für Gerichte und Gefängnisse, ist die wirkliche Last die, die wir als Einzelne und als Gemeinschaft zu tragen haben. Wir sperren uns hinter die verschlossenen Türen unserer Häuser und Wohnungen,

die Nächte der Stadt verwandeln sich in Stunden der Angst. Wir werden mißtrauisch gegenüber anderen, mißtrauisch gegenüber allen, die eine andere Hautfarbe haben als wir. Wir verlieren sogar das gesetzliche Recht auf freie Bewegung, das Recht der Versammlung, das Recht, über unsere Umgebung ohne Angst zu verfügen. Der Präsident der American Bar Assocation beschrieb es so: »Die Furcht vor einem Überfall sperrt uns ebenso fest ein wie die Berliner Mauer.« Und wäre es aus keinem anderen Grund, als uns das Gefühl persönlicher Freiheit und Sicherheit wiederzugeben – wir müssen das Verbrechen als gefährlichsten Feind der Stadt betrachten und auch so behandeln.
Die Kriminalitätsquote in den großen amerikanischen Städten war bisher etwa doppelt so hoch wie der nationale Durchschnitt; in unseren größten Städten mit über einer Million Einwohnern war die Rate mehr als doppelt so hoch wie der nationale Durchschnitt und beinahe dreimal so hoch wie die Quote der Vorstädte. Es gibt aber Anzeichen dafür, daß die Dinge sich ändern. Die Kriminalitätsquote der Vorstädte beginnt, sich der der Großstädte anzugleichen, ja, sie in manchen Fällen sogar zu überholen. Obwohl ein Teil dieser Veränderungen anderen Faktoren als nur der zunehmenden Gesetzlosigkeit angelastet werden kann – die Zahl der Jugendlichen mit niedrigem Einkommen ist in den großen Städten rapide angestiegen, ein verbessertes Kontrollsystem zeichnet viele der Fälle auf, die bisher unberücksichtigt blieben – bleibt die Tatsache bestehen, daß in allen unseren Städten heute mehr Verbrechen geschehen als je zuvor.
Es ist auch keine Antwort auf die Forderung nach Schutzmaßnahmen, wenn wir erklären, daß die Angst vor Verbrechen schon immer bestand – obwohl es der Wahrheit entspricht. Eine Untersuchungskommission des Senats stellte fest, »daß die Kosten für die Bekämpfung von Verbrechen laufend steigen« – das war 1933. Die Zeitung »New Republic« klagte die Regierung an, »daß das System der gesetzlichen Fahndung vollständig zusammengebrochen sei« – das war 1925. Das »Harper's Magazine« beschrieb die wachsende Kriminalität als Ereignis, »das an das Gewissen der ganzen Welt rühre« – und das war 1852.
Die Kontinuität dieser Bedrohung macht jedoch eine Reaktion darauf nicht weniger dringlich, besonders heute, da die Sorge um Verbrechen sich in manchen Gegenden in nackte Angst verwandelt hat, da verantwortungslose Leute schnelle und falsche Lösungen anbieten, die unsere fundamentale Freiheit gefährden. Wir müssen uns statt dessen

alle – die Polizei, die Bürger, die Behörde – bereitfinden, den langen harten Weg der Verhütung und Kontrolle von Verbrechen zu gehen. Dieser Weg, glaube ich, besteht aus drei wesentlichen Schritten: Zuerst müssen wir verstehen, wie und warum Verbrechen verübt werden; zweitens müssen wir unvoreingenommen die Lösungen prüfen, die keine Verbesserungen bringen und die das Erbe Amerikas ohne wirkliche Hoffnung auf mehr Sicherheit verraten; drittens müssen wir alles daransetzen, die Programme und Maßnahmen, die uns eine wirkliche Chance gegen die weitere Ausbreitung des Verbrechens bieten, mit aller Kraft zu verwirklichen.

Ein ganz ungerechtfertigter, in unseren Städten aber weit verbreiteter Mythos besagt, daß die schwarzen Ghettos Brutstätten von Verbrechen seien und daß die meisten ihrer Bewohner mit dem Verbrechen irgendwie sympathisieren. Das Gegenteil ist wahr. Es gibt nichts, was die Gemeinden einer Stadt, die schwarzen und weißen, die reichen, mittelständischen oder armen, mehr verbindet als die gemeinsame Forderung nach besserem Schutz vor dem Verbrechen. In einer Umfrage bei Bewohnern einer schwarzen Gemeinde stand am Kopf der Liste, vor Wohnungsnot, Krankheit und Armut, die Forderung nach mehr Polizeischutz. Kriminalität ist in einer armen Gemeinde eine viel größere Gefahr als irgendwo anders. The President's Crime Commission (die Kriminalitäts-Kontroll-Kommission) stellte fest, daß die Bewohner armer Gegenden dreimal so oft zu Opfern von Schwerverbrechen werden wie andere Stadtbewohner. Eine Untersuchung in einer großen Stadt führte zum gleichen Ergebnis und verschärfte es noch durch die Feststellung, daß die Gefahr in einer armen Gemeinde mehr als dreißigmal so groß ist wie in einer reichen Gemeinde. Das ist ein bedenkliches Resultat; denn eine der wichtigsten Ursachen des Verbrechens ist gerade die Gefahr rassischer und wirtschaftlicher Klassenbildung. Wenn die weißen Bewohner einer Stadt ihre schwarzen Mitbewohner grundsätzlich als »zum Verbrechen geneigt« betrachten, wenn sie nicht verstehen wollen, wie sehr auch die schwarzen Gemeinden das Verbrechen fürchten, dann werden Stereotypisierungen unvermeidlich. Ähnlich werden die schwarzen Stadtbewohner, wenn sie nicht zwischen Rassismus und einer realen, verständlichen Angst vor Verbrechen unterscheiden können, die Rassengegensätze für unüberwindlich halten. Alle Chancen zur Zusammenarbeit wären dann vertan.

Das ist ein Aspekt, den wir verstehen müssen. Noch wichtiger aber ist es, die Maßnahmen und Vorschläge zu durchschauen, die Ver-

brechen und Gesetzlosigkeit *nicht* verhindern können, die in Wirklichkeit nur die Gefahr unsinnigen Blutvergießens und die Gefahr für unsere Republik vergrößern. Ich möchte dieses Element besonders betonen; denn nur wenn wir verstehen, was nicht getan werden darf, werden wir erkennen können, welche Maßnahmen wirksam sein werden und schon wirksam waren.
Die Frage ist nicht, ob wir das Verbrechen mit allen uns zur Verfügung stehenden Mitteln bekämpfen sollen oder nicht. Was die verschiedenen Lager unterscheidet, sind vielmehr die Diagnosen und Therapien, die zu viele von uns für anwendbar halten.
Viele haben sich von vereinfachten Lösungen überzeugen lassen, die ein schnelles Ende der Angst versprechen, es aber nicht herbeiführen können; mit denen behauptet wird, durch die Anwendung von Gewalt könne unser Frieden wieder hergestellt werden; die uns glauben machen wollen, wir könnten unsere Zukunft sichern, wenn wir uns über die Lehre der Vergangenheit und das Erbe des Bill of Rights hinwegsetzen. Wir würden einer schrecklichen Zeit entgegengehen, wenn diese Annahmen richtig wären. Wir hätten dann nur noch zu wählen zwischen dem planlosen Terror des Verbrechens und dem öffentlichen Terror des Staates. Wir müßten dann zugeben, daß das große Experiment der freien Demokratie fehlgeschlagen sei, daß sie vor ihrem zweihundertsten Jahrestag als Opfer der Gewalt zu Grunde gegangen sei.
Aber wir sind nicht gezwungen, diese Konzession zu machen. Trotz der Überzeugung derer, die die Repression predigen, wird sie niemals eine wirksame Waffe gegen Verbrechen und Gewalttätigkeit abgeben. Sie kann höchstens ein Beruhigungsmittel sein gegen die Angst, die das Verbrechen auslöst. Der wirkliche Kampf aber wird länger dauern und härter sein. Er wird Leidenschaft und Geduld, Entschlossenheit und Anstrengung erfordern. Er verlangt aber auch das Zugeständnis der Öffentlichkeit, daß die Entscheidungen des Supreme Court – das Verbot, auf jugendliche Verbrecher zu schießen, die Bestätigung des Rechts auf freie Versammlung – nicht für das Anwachsen von Kriminalität und Gewalttätigkeit verantwortlich sind.
Hilft es denn, wenn man einen dreizehnjährigen Jungen niederschießt, weil er in ein Ladengeschäft eingebrochen ist? Die Männer unserer Polizei, die Männer, die dem direkten Angriff ausgesetzt sind, scheinen nicht so zu denken. Nach einer Statistik der International Association of Chiefs of Police (Internationale Vereinigung der Polizeikommissare)

hält die überwältigende Mehrheit der Polizeikommissare jener Städte, die 1968 gegen die schwersten Unruhen zu kämpfen hatten, die Anwendung von Schußwaffen nur für einen letzten Ausweg – den nur die direkte Bedrohung des eigenen Lebens rechtfertigt.
Die gleichen Gedanken spiegeln die Interviews von Streifenpolizisten. »Wenn man anfängt zu schießen«, sagte einer, »verliert man zu leicht die Kontrolle. Man muß seine Gefühle unterdrücken.« »Kein vernünftiger Polizeibeamter würde ohne Befehl schießen«, sagte ein anderer.
Diese Ansichten zeigen mehr als nur Gefühle. Sie spiegeln die Überzeugung, daß Gewalt nur noch mehr Gewalt herausfordert, daß durch Gewalt nur noch mehr unschuldiges Leben, von Polizisten und Zivilisten, geopfert würde und das wesentliche Ziel, die Ordnung auf unseren Straßen wiederherzustellen, dabei verlorenginge.
Das war eine der wichtigsten Lehren des blutigen Sommers von 1967. Es war eine der wesentlichen Erkenntnisse der Commission on Civil Disorders (Untersuchungsausschuß für innere Unruhen). Und es ist eine Lehre, die sich diejenigen merken sollten, die politische Macht gewinnen wollen, indem sie an die niedrigen Instinkte des Menschen appellieren. Wir wissen, was wirklich hilft: die schnelle Verteilung von genug Polizeikräften, die Zerstreuung der Menge, die Isolierung und Verhaftung von Wortführern, die ruhige Entschlossenheit der Polizisten. Wir erkannten die Wirksamkeit dieser Maßnahmen während der spannungsgeladenen Tage von 1966 in East New York. Die Polizei, die beleidigt und beschimpft wurde, tat nichts anderes, als die Menge zu zerstreuen und die Ordnung aufrechtzuerhalten. Es fiel kein einziger Schuß. Die Polizisten hatten Befehl, nur in Lebensgefahr zu schießen. Eine polizeifeindliche Zeitung schrieb später: »Selbst die Polizeiveteranen mußten erkennen, daß das gefährliche Spiel sich auszahlte. Es gab wenig Zusammenstöße, die Situation war während der ganzen Zeit unter Kontrolle.«
Dies sind Methoden, die Polizisten überall in unserem Land erfolgreich angewandt haben, um Ausbrüche von Unruhen zu verhindern. Und diese Haltung müssen wir unterstützen, wenn wir nicht wollen, daß beginnende Unruhen in blutiger Gewalttätigkeit enden.
Man erzählt uns, durch diese selbsternannten Experten, daß die Gerichtshöfe sich der Verbrecher annehmen, daß sie das Interesse der Verdächtigen über das Interesse der Gesellschaft stellen und daß deshalb die Kriminalität steigt und steigt.
Was aber ist wahr? Seit der Miranda von Arizona-Verordnung, die die

Polizei verpflichtet, Verdächtige vor dem Verhör auf ihre konstitutionellen Rechte hinzuweisen, gab es zwei ausführliche Untersuchungen über die Auswirkungen dieser Verordnung. Beide wurden in großen Städten durchgeführt, beide kamen zu dem gleichen Ergebnis: sie hat keine meßbaren Auswirkungen auf die Zahl der Verurteilungen. Entweder haben die Verdächtigen ihre Verbrechen dennoch gestanden, oder die Polizei hatte genügend Beweise, um sie ohne Geständnisse zu verurteilen.

Die Schwierigkeiten der Polizeitätigkeit liegen nicht in der juristischen Anerkennung der Bill of Rights, sondern in der überalterten verwaltungstechnischen Struktur. Nicht die Entscheidung für oder gegen die Gewalt wird uns helfen, die Verbrechen wirkungsvoll zu bekämpfen, sondern ein neues Instrumentarium und viel mehr finanzielle Mittel. Ich werde das später bei der Beschreibung der Mittel noch ausführlicher erläutern. Wichtig dabei ist, daß durch die Kritik an Gerichtsentscheidungen statt an der Funktion von Verwaltungs- und Justizbehörden die wirklichen Hindernisse für eine wirksame Ausübung des Polizeidienstes einfach ignoriert werden.

Es ist natürlich wahr, daß die allgemeine Kriminalitätsquote seit den letzten, heftig diskutierten Entscheidungen des Surpreme Court angestiegen ist, aber sie ist auch in den Jahren vor diesen Entscheidungen gestiegen – in den fünfziger Jahren um 63 Prozent gegenüber den vierziger Jahren. Sie ist gestiegen, weil die vielen Härten und Nöte die Menschen zu Verbrechen treiben, und nicht, weil der Surpreme Court die Verfassung bestätigt hat.

Es gibt vieles in diesen leidenschaftlichen Argumentationen für die Gewalt, was einfach unrichtig ist. Und auch gefährlich. Denn was wird geschehen, wenn wir beginnen, diese Form der Forderung nach »Recht und Ordnung« zu erfüllen? Was wird geschehen, wenn die Entscheidungen des Surpreme Court nichts mehr gelten, wenn die Polizei Verhaftungen vornehmen kann, ohne durch Vorschriften gebunden zu sein, wenn Polizeibeamte angewiesen werden, auf einen dreizehnjährigen Dieb zu schießen!

Was wird geschehen, wenn wir, nach diesem Kampf um »Recht und Ordnung«, sehen müssen – und wir werden es sehen –, daß die Kriminalitätsquote weiter steigt, daß die Straßen immer noch nicht sicher sind, daß mehr und noch mehr Leben verspielt werden und daß Amerika in zwei bewaffnete Lager geteilt ist?

Die Antwort, fürchte ich, wird sein, daß die enttäuschten Hoffnungen neue und noch gefährlichere Forderungen hervorbringen werden.

Wir sehen heute die Auswirkungen unerfüllter Versprechen anderer Art. In unseren unterprivilegierten Gemeinden entstand ein großer Teil der verzweifelten Kraft, die zur Empörung treibt, aus den nicht erfüllten Erwartungen in eine friedliche Entwicklung. Wir würden den gleichen Prozeß eines Tages auch bei anderen Amerikanern wiedererkennen, die eine weitere Einschränkung der fundamentalen gesetzlichen Rechte fordern würden, um in einem letzten verzweifelten Versuch eine geordnete Gesellschaft zurückzugewinnen – so wie ein Spieler nur mehr und immer mehr Geld setzt, wenn er verloren hat.

Vielleicht werden manche dann damit beginnen, unser Strafgesetz zu überprüfen und zu fragen, warum wir eine einstimmige Entscheidung brauchen, um einen Angeklagten zu verurteilen. Warum sprechen wir nicht einen Verdächtigen schuldig, wenn er sich weigert auszusagen? Warum schaffen wir nicht die Privilegien zwischen Rechtsanwalt und Angeklagten, zwischen Priester und Beichtendem ab? Und warum halten wir einen Mann für unschuldig, solange das Gegenteil nicht bewiesen ist? Wenn die Polizei jemanden verhaftet, ist er dann nicht ohnehin irgendwie schuldig?

Was ich damit sagen will, ist eine alte Wahrheit, die neu bestätigt werden muß: Wenn wir einmal den Weg der Gewalt beschritten haben, ist es schwer – sehr schwer – wieder umzukehren. Jeder neue Freiheitsverlust wird, da er keinen sofortigen Frieden bringt, die Forderung nach einer weiteren Einengung der Rechte nach sich ziehen, bis das wichtigste Dokument, das je zum Schutz des einzelnen geschrieben wurde, nichts mehr ist als eine leere Schale – aber Verbrechen und Gewalttätigkeit werden weiter regieren. Wir haben dem Beginn dieses Prozesses in unserem Land schon zugesehen. Viele Bürger haben begonnen, laute, aber friedliche Demonstrationen auf der Straße mit Revolte und Aufstand gleichzusetzen. Viele haben begonnen zu glauben, daß die Ausübung eines gesetzlichen Rechts sich durch nichts von Aufstand und Verbrechen unterscheidet, wenn die Demonstranten in unorthodoxer Manier gekleidet sind und unorthodoxe Meinungen vertreten.

Natürlich ist es ein Grund zur Sorge, wenn Amerikaner den normalen Weg von Diskussion und Entscheidung so versperrt finden, daß sie gezwungen sind, ihre Beschwerden auf die Straße zu tragen. Und sicherlich sind manche der Demonstranten zutiefst zu beklagen; denn sie suchen Konfrontation, und wenn nötig, gewalttätige Reaktion, um Sympathien zu gewinnen oder nur irgendeinen Erfolg zu verbuchen.

Deshalb müssen diejenigen auf der Seite des Gesetzes ruhiger und klüger sein als diejenigen, die versuchen, es zu verletzen. Gewalttätige Unterdrückung durch die, die die Rechte der Verfassung verwalten – und zu veruntreuen suchen –, wird noch mehr Unruhen und noch mehr Konflikte bringen. Es war der Mob, der durch Beleidigungen, Beschimpfungen und physische Herausforderungen eine bewaffnete Polizeimacht in unserem Land praktisch in das hineintrieb, was wir heute das »Boston Massaker« nennen – und diese britische »Überreaktion« verurteilen wir heute als eine Verletzung unserer Ideen, unserer Freiheit und unserer Menschen.

Ich versuche nicht, die Schwierigkeiten zu bagatellisieren, die es kostet, in Zeiten der Auseinandersetzung die Ordnung aufrechtzuerhalten. In New York City gab es mehr als eine viertel Million Menschen, die für und gegen dieselbe Sache am selben Tag demonstrierten. Wir haben Fehler gemacht. Wir hatten Schwierigkeiten. Aber wir haben gezeigt, daß eine gut trainierte Polizeimacht beides schützen kann – die Rechte der Demonstranten und den Frieden der Stadt. Dennoch, trotz dieser Beweise, glauben viele – beeinflußt von der Vorstellung, daß Kriminalität, Unordnung und Andersdenken denselben Ursprung haben –, daß der einzige Weg, die Ordnung dieser Stadt zu sichern, das Verbot aller und jeder – friedlicher oder nichtfriedlicher – Demonstration sei. Was ist der nächste Schritt? Sollen wir andersschreibende Zeitungen verbieten? Sollen wir vergessen, was die Geschichte uns gelehrt hat: daß der, der die Freiheit unterdrückt, es immer im Namen von »Gesetz und Ordnung« tut?

Wir dürfen das niemals vergessen. Wer an unser Land glaubt, muß für dieses Gesetz und diese Ordnung eintreten, die unsere Nation zwei Jahrhunderte lang erhalten haben.

Das Grundgesetz in diesem Land garantiert das Recht der freien Rede und der friedlichen Versammlung, in Zeiten der Ruhe und in Zeiten der Krise.

Das amerikanische Gesetz hält einen Mann für unschuldig, bevor nicht seine Schuld erwiesen ist, und es bestimmt, daß die Strafe im Gericht durch Richter und Geschworene festgelegt und nicht auf der Straße oder in einem Gemeindehaus durch bewaffnete Offiziere vollzogen wird.

Wir wollen uns an dieses Erbe von Recht und Ordnung – das Erbe der Freiheit erinnern, das wir für uns und unsere Kinder aufgebaut haben. Es ist ein Rahmen und ein Fundament, das uns zu lange und zu gut gedient hat, als daß wir es jetzt zerstören dürfen. Wir sollten uns auch an das erinnern, was uns fremde Systeme in entsetzlichen Beispielen gezeigt haben. Wenn wir durch die Forderung nach bewaffneten Soldaten auf Schritt und Tritt, die ungefährliche Demonstranten niederschlagen, versucht werden sollten, müssen wir uns fragen, ob wir solche Bilder nicht schon irgendwo gesehen haben. Und natürlich kennen wir sie: aus jeder Diktatur, die mit brutaler Gewalt regiert. Erst vor kurzem haben wir in Prag diese Vision verwirklicht gesehen. Alle fünf Schritte ein bewaffneter Soldat, und auf den Straßen das Blut der jungen Männer – mit langem Haar und ungewöhnlicher Kleidung –, die man getötet hatte, weil sie gegen die kommunistische Tyrannei protestierten, die unter dem Deckmantel von Gesetz und Ordnung operiert. Wenn wir je den Boden unserer Rechtsordnung verlassen, werden das *unsere* Soldaten und *unsere* Kinder sein.

Wenn wir auf die drohende Gefahr eine Antwort suchen, dürfen wir niemals vergessen, wie lange wir um Freiheit und Gerechtigkeit gekämpft haben. Wenn wir es vergessen, wird es zwar Sicherheit, wird es Ordnung geben. Was aber fehlen wird, werden die Rechte sein, die das Leben eines freien Mannes von dem Leben eines Sklaven unterscheiden.

Wenn wir die Repression zurückweisen, geschieht es nicht, um Resignation oder Duldung von Verbrechen zu predigen. Die Kriminalität bleibt das vordringlichste Problem in unserem Land, und wir müssen es bekämpfen. Wenn aber nicht mit den Methoden der Tyrannei, wie sonst?

Wir müssen, glaube ich, mit einer umfassenden Aktivierung aller städtischen Ressourcen beginnen, die durch substantielle Finanzhilfe von Stadt und Bund unterstützt werden muß. Wir müssen ein umfassendes System der Verbrechenbekämpfung in jedem Teilbereich städtischen Lebens, der die persönliche Sicherheit betrifft, aufbauen – bei der Polizei, in den Gerichtshöfen, in den Gefängnissen. Gerade die Gefängnisse tragen die Verantwortung für Abschreckung, Vorbeugung und Bestrafung. Sie sollen doch Verbrecher in *gesetzestreue Bürger* verwandeln. In Wirklichkeit aber versagen diese Institutionen in vielen unserer Städte. Sie leiden unter unzureichenden Mitteln, veralteten Organisationen und dem totalen Unvermögen, ein interdisziplinäres Konzept zu erarbeiten.

Zu Anfang meiner Amtszeit richteten wir den Criminal Justice Coordinating Council (Koordinierungsausschuß für Strafrecht) ein, in dem Vertreter aller beteiligten Institutionen zusammensitzen: Vertreter der Polizeiverwaltung, Bezirksverordnete, Angehörige der Ge-

richte, Vertreter privater Organisationen, die sich mit Rechtsreformen befassen (zum Beispiel des VERA Institute of Justice, einer privaten Organisation zur Reformierung des Justizsystems) und Vertreter sozialer Organisationen. Wir beschlossen, ein umfassendes Programm auszuarbeiten. Wir sind noch lange nicht am Ziel, aber ich glaube, daß wir ein großes Stück des Weges zurückgelegt haben, der zu grundlegenden Reformen unseres gesamten Justiz- und Rechtssystems führt.
Der problematischste Teil ist natürlich die Polizeibehörde. Neben den Querelen zwischen Polizeibeamten und Ghettobewohnern und neben all den anderen Vorkommnissen, die zu den Spannungen in den Städten beitragen, ist die erste und wichtigste Aufgabe der Polizei, durch ihre Anwesenheit den Frieden zu sichern. Aber wie kann ein einzelner Polizist mehrere tausend Menschen, die in einem einzigen Häuserblock wohnen, vor Dieben, Räubern und Mördern schützen? Wie können wir je hoffen, genug Polizisten auf unsere Straßen und in unsere Parks zu schicken? Die Forderung nach mehr und mehr Polizisten ist in ihrer extremen Auswirkung nichts anderes als eine Forderung nach dem städtischen Bankrott. Denn wir haben selbst mit 32000 Polizeibeamten – der größten städtischen Polizeimacht der Welt, sie übertrifft selbst die Armeen vieler Nationen – noch lange nicht genug. Wenn wir jeden städtischen Häuserblock 24 Stunden am Tag bewachen wollen, müßte unser Polizeietat 25 Milliarden Dollar betragen, das Vierfache unseres gesamten städtischen Haushalts.
Natürlich werden durch die Größe New Yorks alle Probleme vervielfacht. Wie kann ein Dieb, auch wenn er wertvolles Gut gestohlen hat – Schreibmaschinen, Fernsehgeräte, Juwelen – in einer Stadt dieser Größe gestellt werden? Wie kann die Polizei jeden Hehler, jeden illegalen »Schuppen«, in dem gestohlene Ware verkauft wird, jede Wohnung, in der illegale Ware gelagert wird, ausfindig machen? Nicht einmal eine Million Polizeibeamter könnte das. Vor drei Jahren stellte ein ehemaliger Polizeikommissar von New York die Frage: »Wie lange können wir es uns noch leisten, auf Verbrechen ... nur mit der Vergrößerung unseres Polizeistabes zu antworten? Wann werden wir genug Beamte haben? Bei 30000? Bei 40000? ... Anstatt weiter zu vergrößern ... sollten wir versuchen, die Effektivität derer, die wir haben, zu steigern.
In einer grundlegenden Studie über die personelle Besetzung der Polizei zwischen 1940 und 1964 schrieb die Polizeibehörde: »Unsere wirkliche Effektivität, gemessen in verfügbaren Stunden, ist 1964

geringer als 1940. Zwei Streifenbeamte leisteten damals die gleiche Zahl von Stunden wie drei Streifenbeamte unter heutigen Arbeitsbedingungen. Noch präziser formuliert: Obwohl wir 1964 achttausend Polizeibeamte mehr beschäftigen als 1940, ist die verfügbare Leistung der Abteilung um 34 Prozent gesunken.
Warum? Warum erhalten wir weniger Arbeitsstunden bei einer um achttausend Beamte vergrößerten Polizeimacht? Diejenigen, die sich im Management auskennen, kennen die Antwort. Während dieser Zeit wurden die Arbeitsbedingungen der New Yorker Polizisten erheblich verbessert. Der Urlaubsanspruch wurde um fünfzig Prozent gesteigert, die Essenszeiten wurden verdoppelt, die Arbeitswoche bestand aus fünf anstatt sechs Tagen. Der Polizist von 1940 arbeitete 311 Tage pro Jahr, der Polizist von 1964 arbeitet noch 234 Tage.
Diese Veränderungen waren durchaus gerechtfertigt. Sie gaben den Männern mit dem gefährlichsten und anstrengendsten Beruf der ganzen Stadt das Äquivalent guter Arbeitsbedingungen. Aber sie zeigen uns auch die Unsinnigkeit eines Versuchs, der das Problem der Kriminalität mit der laufenden Verstärkung der Polizeimacht zu lösen sucht. Um wenigstens die Stundenleistung von 1940 zu erhalten, müßte die Stadt zusätzlich 12000 Polizisten einstellen – zu einem Kostenfaktor von 150 Millionen Dollar. Wir können aber einen fünfzigprozentigen Anstieg des Polizei-Etats nicht mehr verkraften. Bei der unerträglichen Knappheit unserer Haushaltsmittel ist eine solche Investition bei dem zu erwartenden Ergebnis nicht vertretbar.
Wir haben deshalb eine andere Möglichkeit gesucht: die maximale Ausnutzung der Polizeimacht, die wir haben, verbunden mit notwendigen Neueinstellungen. Ich glaube, daß die bisherigen Ergebnisse uns bestätigen.
Wir stellten mehr Polizisten – 4000 Beamte – ein, die unsere Polizeimacht auf 32000 erhöhen; denn eine gleichbleibende Besetzung reicht nicht aus. Aber wir haben auch versucht, die Polizeimacht, die wir jetzt besitzen, besser auszunutzen. Dieses Ziel konfrontierte uns mit veralteten irrationalen Strukturen, die die Beamten, den gesamten Polizeiapparat und die Fähigkeit der Stadt, sich gegen das Verbrechen zu wehren, gelähmt haben.
Ein einfaches Beispiel. Mehr als zweitausend ausgebildete und für den Kampf trainierte Polizeibeamte saßen im Innendienst hinter Schreibtischen der Meldestellen und anderswo. Weil man bürokratische Festlegungen lange Zeit für sakrosankt hielt, hatte niemand danach gefragt, warum die Schreibtischarbeit nicht von Schreibkräften aus-

geführt wird und die Polizisten ihre Ausbildung im Kampf gegen das Verbrechen anwenden. Wir haben also zweitausend Zivilisten eingestellt, die inzwischen die Plätze hinter den Schreibtischen der Polizeiwachen eingenommen haben. Diese Maßnahme brachte zweitausend Polizisten zusätzlich auf die Straßen von New York, wobei die Kosten für die Stadt sehr viel geringer waren, denn die Schreibkräfte verdienen sehr viel weniger als Polizeibeamte. Und dieser Schritt hat noch einen Vorteil. In vielen Polizeidienststellen der Stadt hat die Anwesenheit von Zivilbeamten, meist Leuten aus der Nachbarschaft, dazu beigetragen, die Kluft zwischen der Polizei und den Bewohnern zu überbrücken.

Das war eine verhältnismäßig leichte und einfache Maßnahme. Aber wie effektiv wurde die Arbeitszeit der Polizeibeamten wirklich genutzt? Wir fanden zu unserer Überraschung heraus, daß einem Polizeibeamten nach jeder Verhaftung, gleich ob eines Verkehrssünders oder eines Mordverdächtigen, ein ungeheurer Zeitverlust bevorsteht. Wenn ein Autofahrer eine Geschwindigkeitsübertretung nicht zugab, mußte der Polizist ihn vor ein Verkehrsgericht bringen und warten, bis der Fall aufgerufen wurde – das bedeutete oft einen Verlust von mehreren Stunden. Wenn der Polizist einen Verdächtigen nach fünf Uhr nachmittags verhaftete, mußte er bis zum nächsten Morgen warten, um ihn den Gerichten zu überantworten, und er verlor dabei kostbare Zeit, die er auf den Straßen der Stadt oder im Kreise seiner Familie hätte zubringen sollen. Und er mußte den Verdächtigen zu einem Gericht bringen, das meist weit von seinem Bezirk entfernt lag.

Wir haben in New York City eine Reihe von Maßnahmen eingeleitet, die der Zeitvergeudung der einen Abteilung durch die Arbeitsweise der anderen entgegenwirken sollen. Da in dem Criminal Justice Coordinating Council die Vertreter aller Justizbehörden zusammensitzen, konnte eine Reihe von Reformen überraschend schnell vorbereitet werden.

Zuerst haben wir ein Traffic Alert Program (Verkehrspolizei-Bereitschaftsprogramm) eingerichtet, das einen Polizeibeamten nur dann aus seinem Dienst abruft, wenn sein Fall innerhalb einer Stunde vor Gericht aufgerufen wird. Sonst bleibt er auf seinem Posten zur Sicherung der Bürger. Im ersten Jahr konnte uns dieses Experiment fünfzig Prozent der Zeit, die bisher vergeudet worden war, einsparen, und damit auch fünfzig Prozent der Steuergelder, die sonst hätten ausgegeben werden müssen, um diesen Zeitverlust zu decken.

Danach erließen wir ein Programm, das die 24stündige Verhandlung

bei den Gerichten einführte. Wenn also ein Mann während der Nacht verhaftet wird, kann er sofort zu einer ersten Verhandlung vor ein Gericht gebracht werden, so daß der Polizist nicht bis zum nächsten Morgen warten muß, um in seinem Fall auszusagen. Diese Reform bringt auch andere wichtige Vorteile. Für den Verdächtigen bedeutet es, daß er nicht mehr die ganze Nacht in Gefängnissen zubringen muß, bevor er, wenn er unschuldig ist, am nächsten Morgen freigesprochen werden kann.
In Bronx haben wir versucht, Verdächtige einem Gericht vorzuführen, das sich direkt in der Polizeidienststelle befindet. So kann ein Polizist einen Verdächtigen zu seiner Wache bringen, ihn dem Gerichtsprozeß überantworten und sofort an seinen Posten zurückkehren. In den ersten Monaten dieser Aktion haben wir Hunderte von Polizeistunden gewonnen, und wir hoffen, daß eine Wiederholung dieses Experiments uns noch viel mehr Zeit einsparen wird. Außerdem bedeutet die Anwesenheit eines richterlichen Beamten auf der Polizeiwache einen zusätzlichen Schutz für den Verdächtigen, der sich sofort an eine nichtpolizeiliche Instanz wenden kann.
Vor mehr als fünfzig Jahren – als die Polizei noch keine Organisation besaß, die sie vertrat und vor willkürlichen Arbeitszeitregelungen schützte, verabschiedete die Legislative des Staates ein Gesetz, das den Polizeibeamten Schutz gewähren sollte. Es setzte fest, daß drei Polizei-Staffeln oder -Schichten in der Stadt arbeiten sollten – die erste von 8 bis 16 Uhr, die zweite von 16 Uhr bis Mitternacht, die dritte von Mitternacht bis 8 Uhr morgens. Dieses Gesetz war berechtigt im Jahr 1911, als es beschlossen wurde. Im Jahr 1969 war es zu einer gefährlichen Behinderung im Polizeidienst geworden.
Verbrecher richten sich leider nur sehr wenig nach Polizeistunden. Ihre Arbeit, vor allem Gewaltverbrechen, verrichten sie meist zwischen 8 Uhr und 2 Uhr nachts – fast die Hälfte aller Schwerverbrechen in New York geschehen während dieser Zeit. Doch das Gesetz von 1911 erlaubte es uns nicht, unseren Polizeieinsatz auf diese Stunden zu konzentrieren. Wir planten, eine neue – vierte – Polizei-Staffel oder -Schicht von 6 Uhr abends bis 2 Uhr nachts einzuführen. Um dies zu tun, mußten wir das Gesetz ändern.
Die Stadt hat erstaunlicherweise nicht das Recht, ein solches Gesetz zu ändern – die Staatslegislative, deren Mitglieder kaum in New York leben oder arbeiten, haben in diesem Fall die Entscheidung. Acht Jahre lang hatten zwei Bürgermeister und drei Polizeikommissare für diese Veränderung gekämpft. Erst in diesem Jahr konnten wir,

durch die wachsende Sorge über die Kriminalitätsquote und die Beteiligung der Öffentlichkeit an den Auseinandersetzungen, die Reform endlich durchbringen. Wir haben dadurch die Möglichkeit, unser Polizeiaufgebot in den kritischen Nachtstunden um fünfzig Prozent zu erhöhen, und das fast ohne zusätzliche Kosten. Diese Maßnahme zeigt deutlich, daß eine Stadt, wenn sie sich überwindet, bestehende Strukturen nicht als gottgegeben hinzunehmen und sich den harten Auseinandersetzungen um Reformen zu stellen, ihre Widerstandskraft gegen das Verbrechen um vieles erhöhen und verbessern kann.

Reformen wie die der vierten Polizeistaffel, mit der wir die Leistung unserer Polizeimacht erhöhten, sind wichtig; aber wir können nicht erwarten, daß solche Verbesserungen aus dem Nichts entstehen. Unsere Polizei muß die Mittel und Ausrüstungen erhalten, die sie für ihren Kampf gegen das Verbrechertum in einem modernen Stadtgebilde braucht. Dazu braucht sie eine weit bessere Ausstattung als sie jetzt hat.

Eine der entscheidenden Verbindungen zwischen Bürger und Polizei ist die schnelle Kommunikation. Auf diesem Gebiet hat New York wichtige Pionierarbeit geleistet. In Zusammenarbeit mit der New York Telephone Company haben wir den ersten dreistelligen Notruf im ganzen Land installiert. Jeder Bürger in New York kann 911 wählen und erhält sofort Kontakt mit der Polizeiwache seines Bezirks. Durch einen Computer wird der Hilferuf von der Telefonzentrale an den Bereitschaftsdienst in weniger als einer Minute weitergegeben. Daraufhin wird sofort Hilfe geschickt. Die Computer geben dem Bereitschaftspolizisten gleichzeitig Zahl und Standort der Streifenwagen an; sie zeigen ihm, welche Wagen einen anderen Auftrag ausführen und welche verfügbar sind. Das ist das neue SPRINT-Kommunikations-Netz. Es ist das schnellste Bereitschaftssystem der ganzen Welt. Es zeichnet die Fahrten der Streifenwagen per Computer auf, um bei kritischen Vorfällen schnelle Schutzmaßnahmen einleiten zu können. Dazu sind alle Fußstreifen mit einem Sprechfunkgerät ausgerüstet, das mit dem zentralen Computer-Bereitschaftssystem gekoppelt ist und über das sie Hilfe herbeirufen und Unruhen sofort melden kann.

Wir arbeiten noch an einer anderen Reform, die die Effektivität der Polizei ohne zusätzliche Kosten erhöhen soll, die aber bisher noch von der Patrolmen's Benevolent Association boykottiert wird. In vielen zerstreuten Wohngebieten dienen die Polizeistreifen vor allem dem Schutz vor Einbruch und Diebstahl. Wenn wir in diesen Gebieten

Ein-Mann-Streifenwagen einsetzen könnten, ließe sich die Zahl der Polizeistreifen dort verdoppeln, ohne daß Polizisten von anderen wichtigen Posten abgerufen werden müßten. Eine große Stadt hat diese Methode erprobt und so erfolgreich gefunden, daß sie sie jetzt allgemein für alle Streifen anwendet. Sie erhielt die Zustimmung vom Sonderausschuß der Presidential Crime Commission. Und unsere eigenen Versuche in zwei Gemeinden zeigen, daß diese Methode keinerlei zusätzliche Gefahr für die Polizeibeamten mit sich bringt. Wir hoffen, daß auch wir diese Reform sehr bald einführen können.

Bisher habe ich ausschließlich Reformen besprochen, die sich auf die Arbeit der Polizeibehörde auswirken. Aber die Polizei ist ja nur ein Teil unserer Anstrengungen in der Bekämpfung von Verbrechen. Auch unser Gerichtssystem braucht eine grundlegende Überholung, angefangen bei dem Tempo, mit dem Verdächtige verurteilt werden, bis hin zu der Behandlung, die sie nach ihrer Verurteilung erfahren. Auch hier hat der Criminal Justice Coordinating Council mit wertvoller Unterstützung des VERA Institute of Justice wichtige neue Möglichkeiten erarbeitet.

Der erste Schritt befaßt sich damit, diejenigen aus dem Rechtsprozeß herauszunehmen, die nicht hineingehören. Zum Beispiel stellen Alkoholiker die Hälfte aller Verhafteten in den Bezirken. Es liegt auf der Hand, daß dieser endlose Kreislauf – von der Straße ins Gefängnis, vom Gefängnis auf die Straße – niemandem hilft und nichts anderes als eine sinnlose Vergeudung von Polizeistunden bedeutet. Wir haben in einem Testprogramm versucht, Alkoholiker außerhalb des normalen Gerichtsprozesses zu behandeln. In einem Alkoholiker-Zentrum auf der Bowery in Manhattan haben wir für diejenigen, die sich von ihrer Abhängigkeit befreien wollen, Beratungsdienste, ärztliche Hilfe und langfristige Behandlungen eingerichtet. Auch diese Aktion steht im engen Verhältnis zur Kriminalität. Die Polizei gibt damit eine Aufgabe ab, die viel Zeit kostete und wenig Erfolg brachte, und gewinnt wiederum Kraft für ihre eigentliche Aufgabe: den Schutz von Leben und Eigentum.

Viel wichtiger aber ist eine Reihe von Experimenten, an denen wir arbeiten, um die Rauschgiftgefahr einzudämmen. Etwa die Hälfte aller Straßenüberfälle und Diebstähle sind eine Folge davon. Ein Rauschgiftsüchtiger wird fast alles tun, um an eine Dosis zu kommen – und das bedeutet mehr Einbrüche, mehr Diebstähle auf offener Straße, mehr Raubüberfälle, mehr Gefahr für die Stadt. Mit einer

Reihe experimenteller Programme – von Psychotherapie bis zur Anwendung von Methadon, einem chemischen Mittel, das als Übergangsdroge gegen die Agonie beim plötzlichen Entzug von Heroin wirkt – versuchen wir Methoden zu finden, mit denen wir die Rauschgiftsucht wirksamer bekämpfen können als mit einer endlosen Serie von Verhaftungen.
Der Kampf gegen Narkotika verlangt ein ebenso großes nationales Engagement wie der Kampf gegen die Armut, den Präsident Kennedy geplant und den später Präsident Johnson eingeleitet hat. Natürlich ist die Verantwortung auf lokaler Ebene groß, und New York hat versucht, dieser Verantwortung gerecht zu werden. Vor vier Jahren, als ich Bürgermeister wurde, gab es ein städtisches Rauschgift-Rehabilitierungszentrum. Heute gibt es deren mehr als fünfzig. Wir gründeten eine eigene städtische Behörde, die Addiction Service Agency (Rauschgiftdezernat), die sich ausschließlich mit allen Auswirkungen von Rauschgift beschäftigt. Diese Behörde hat die Phönix-Häuser gegründet, in denen Süchtige aufgenommen werden. Dort können sie ihre eigene Rehabilitierung aufbauen, sie können zusammen leben, zusammen arbeiten und Eigenverantwortlichkeit übernehmen. Wir haben mit intensivierten Polizeikontrollen begonnen und unsere Rauschgiftabteilung verdoppelt. Jeder einzelne Polizist wurde für den Rauschgifthandel in seinem Gebiet voll verantwortlich.
Aber es muß noch mehr geschehen. Auch hier ist ein nationales Engagement entscheidend. Wir müssen zu allererst die Einfuhr der Gifte kontrollieren. Opium wächst nicht in Brooklyn. Es wächst anderswo und wird durch einen blühenden Rauschgifthandel in die Stadt geschleust. Nur die Bundesregierung hat die Macht, mit anderen Ländern und ihren Einwanderer- und Zollbehörden zu verhandeln, um die Überschwemmung mit Giften einzudämmen. Außerdem hat sich Washington bisher um die Gründe und Formen dieser Sucht überhaupt nicht gekümmert, obwohl bisher so wenig über diese Krankheit bekannt ist. Außerdem können wir den Rauschgifthandel nicht bekämpfen ohne einen allgemeinen Angriff auf das organisierte Verbrechertum, das den Handel kontrolliert und daraus Profit schlägt. Ohne besondere Maßnahmen des Bundes, die diese organisierten Verbrecherimperien auflösen, die ebenso sicher wie andere große Handelsfirmen existieren, werden wir weiterhin mit Rauschgift verseucht werden.
Rauschgiftmißbrauch ist zu einer wachsenden Sorge in den mittelständischen Familien geworden, deren Kinder mehr und mehr nach

gefährlichen Drogen wie Amphetaminen und starke Halluzinogenen greifen. Wir haben in New York City versucht, das Problem an der Wurzel zu fassen. Wir haben Unterrichtsprogramme in den Schulen eingeführt, wo junge Menschen, die selbst Rauschgift genommen haben, über die Wirkungen sprechen. Sie können diese Themen mit mehr Ernsthaftigkeit und Autorität vortragen als ein normaler Erwachsener, der vielleicht weniger von Drogen weiß als seine Zuhörer und dessen Übertreibungen den Sinn seiner Rede ins Gegenteil verkehren können. Es ist nicht wahr, daß der Genuß von Marihuana einen gesunden Jungen in einen Mörder verwandelt – und unsere Kinder wissen das. Aber sie wissen vielleicht nicht genug über die wirklichen Gefahren der gehirnschwächenden Drogen, und sie müssen sich bei denen informieren, die ihre Fragen direkt beantworten können. Es ist uns klar geworden, daß wenigstens ein Teil der Faszination der Droge darin liegt, eine Erfahrung, allein oder in Gesellschaft, zu machen, die ganz anders ist als die normalen Pflichten des Lebens, die künstlich und nutzlos erscheinen. Wir können über dieses gefährliche Spiel mit den Drogen den Kopf schütteln, wir können uns aber auch einige harte Fragen stellen, was fehlt – warum die gemeinsame Erfahrung einer Marihuana-Zigarette so viel anregender ist als die gemeinsame Arbeit mit Kindern, die Hilfe brauchen.

Die Stadt ist entschlossen, auch die schlimmste Beschuldigung unseres Rechts- und Justizsystems anzugreifen: die Rate der Rückfälligen und Gewohnheitsverbrecher. Die Statistiken sind alarmierend, denn sie zeigen, daß zwei Drittel der jugendlichen Ersttäter später wieder Verbrechen begehen. Sie zeigen, daß weder unsere Anstrengungen zur Rehabilitierung noch zur Abschreckung wirksam sind. Wir arbeiten jetzt an einem zusätzlichen Programm zur Rehabilitierung auf verschiedenen Gebieten. In einem Programm, das von der Stadt und Robert Kennedy gemeinsam entworfen wurde, werden Lehrer und VISTA-Angestellte in die Resozialisierungszentren berufen, um die Jugendlichen auf ihre Rückgliederung in die Gesellschaft vorzubereiten. Wir hoffen, ihnen soviel Schulbildung und Berufstraining mitgeben zu können, daß sie bei ihrer Entlassung ohne Schwierigkeiten in Schulen und Arbeitsstellen aufgenommen werden, anstatt gegen verschlossene Türen zu rennen und schließlich wieder nur einen Ausweg im kriminellen Verhalten zu finden.

Das VERA-Institut hat dazu ein eigenes Arbeitsprogramm begonnen, wodurch Verurteilte mit der Zustimmung des Gerichts und des District Attorney's sorgfältig kontrollierte Ausbildungs- und Arbeitsmöglichkeiten erhalten. Dieses Programm, das die Gesellschaft vor den Menschen schützt, die noch kein unkontrolliertes Leben beginnen können, das zum anderen aber eine wirkliche Chance für die Verurteilten bereithält, ist mehr als die Rückführung in ein neues Leben; es ist ein wichtiger Schritt zur Minderung der Rückfallquote. Weit entfernt, »Verbrecher auszuzahlen«, wie man es mir während des Wahlkampfes 1969 vorwarf, ist die Hilfe von außen eine entscheidende Maßnahme zum Schutz unserer Stadt vor der Gefahr der Kriminalität.

Es gibt noch einen weiteren wichtigen Schritt, den wir unternommen haben, und das war die allgemeine Bürgererziehung. Es scheint unglaublich, daß dieselben Bürger, die soviel Angst vor den Verbrechern haben, oft deren beste Verbündete sind – indem sie versäumen, auch nur die einfachsten Schritte zum Schutz ihres Eigentums zu tun. In der Hälfte aller Wagen, die in den Vereinigten Staaten gestohlen werden, steckten die Schlüssel – und in New York registrieren wir etwa 25 Prozent aller Diebstähle als »Gelegenheitsverbrechen«, die nur möglich wurden, weil die Leute ihre Häuser nicht abgeschlossen und so den Verbrechern sozusagen Tips aus erster Hand hinterlassen haben.

Wir haben deshalb mit einer stadtweiten Kampagne begonnen, die Bürger auf alle notwendigen Schritte hinweist. Die Aktion: »Support Your Local Burglar« (»Helfen Sie Ihrem nächsten Einbrecher«), wie man sie spöttisch nannte, zeigte den New Yorkern, wie sie den Verbrechern in die Hände spielen, wenn sie es versäumen, sich selbst zu helfen. Zu dieser Aktion gehörte ein Versuchsprogramm, in dem Geschäftsleute durch besonders ausgebildete Kriminalisten kostenlos beraten wurden, welche Sicherungsmaßnahmen sie in ihren Geschäften installieren sollten.

Alle diese Maßnahmen können das Verbrechen nicht von unseren Straßen verbannen. Die Wurzeln reichen viel zu tief. Armut, Ungerechtigkeit, das Fehlen erkennbarer Chancen und die Kräfte in der Natur des Menschen, die ihn zum Verbrechen treiben – all das wird es noch lange Zeit geben. Was wir aber gelernt haben, ist, daß die Methoden und Praktiken der vergangenen Zeit unseren Anstrengungen nur entgegengewirkt haben. Nur die Bereitschaft der ganzen Stadt und eine integrierte Aktion gegen die Kriminalität können unsere Polizei, unsere Gerichte und uns selbst in die Lage versetzen, unserer Stadt wieder Sicherheit zu geben.

Welche Methoden wir auch wählen, die Kosten sind hoch. Kein Wort, keine Phrase, kein Wahlspruch, keine Verleumdung, keine Rede an die Nation, an den Kongreß, an die Staatsregierung kann auch nur die geringste Veränderung in der Kriminalitätsrate bewirken, wenn sie nicht mit harter Währung gedeckt werden. Im ersten Jahr betrug der Aufwand für viertausend zusätzliche Polizeibeamte im Jahreshaushalt von New York 1968/69 sechzig Millionen Dollar. Das laufende Budget der Polizei von New York City beträgt heute 460 Millionen Dollar. Es wird im nächsten Jahr auf über eine halbe Milliarde steigen. Und das sind nur die internen Polizeikosten, sie decken noch nicht die Kosten der Autobahnpolizei, der Blockstreifen, der Gefängnisaufseher, der Gerichtshöfe, der Jugendzentren, der Phönix-Häuser für Rauschgiftsüchtige und alle anderen Resozialisierungsprogramme. Und die Kosten werden weitersteigen, ebenso wie die Forderungen.

Und doch haben wir bisher nicht einmal eine Geste der Staats- und Bundesregierung bemerkt, mit der sie durch harte Dollars unseren bedrängten Städten in ihrem einsamen Kampf gegen das Verbrechen zu Hilfe gekommen wäre. Die National Commission on the Causes and Prevention of Violence (Nationale Untersuchungskommission für die Ursachen und die Verhütung von Verbrechen), hat uns ein eindrucksvolles Bild dessen aufgezeichnet, was uns erwartet, wenn diese Hilfe ausbleibt: die Städte werden zu bewaffneten Lagern, in denen die Bürger in Angst und Furcht leben und arbeiten. Dieses Schicksal abzuwenden – und die Unterstützung, die wir brauchen, zu gewinnen – ist eine Aufgabe, in der sich alle Städte zusammenfinden müssen, wenn der Kampf gegen das Verbrechen je gewonnen werden soll.

9 Die Stadt und der Staat

In New York gibt es eine besondere Tradition, mit der der Bürgermeister von New York und der Gouverneur von New York State die jüdisch-christlichen Feiertage begehen. In jedem Dezember irgendwann um Weihnachten und Chanukka, schreibt der Bürgermeister dem Gouverneur einen Brief, in dem er den Finanzplan der Stadt für das nächste Jahr umreißt und an die schweren Folgen erinnert, die entstehen können, wenn die Stadt nicht einen angemessenen Anteil der Steuergelder aus Stadt und Staat erhält. Der Gouverneur bestätigt dann die Forderungen der Stadt und umreißt seinerseits die gespannte Finanzlage des Staates, die ihm die geforderte Unterstützung unmöglich macht. Im April, etwa in der Zeit um Ostern und Passah, macht der Bürgermeister eine Pilgerfahrt nach Albany, der Hauptstadt des Staates New York, um seinen Fall noch einmal vorzutragen. Die Spitze der staatlichen Behörde hört seine Forderungen dann mit der wohlwollenden Zustimmung an, die sie sich für solche Bittsteller vorbehält, um dann, in letzter Minute, das Ritual mit schnellen harten Verhandlungen zu beenden und Notlösungen vorzuschlagen, die die Krise bis zum nächsten Jahr aufschieben sollen. Wenn ich mich an diesen Brauch erinnere, verstehe ich, warum ich vor jeder Reise nach Albany an Henry Hudson denken muß, der seine Reise als Kapitän der »Half Moon« begann und sie in einem Ruderboot irgendwo vor Kanadas Küste beendete.

Das ist eine faire Beschreibung des Spektakels, das die jährliche Finanzkrise von New York City umgibt. Aber der endlose Kampf um mehr Mittel ist an keiner Stelle lächerlich. Denn wir sprechen nicht von dem Verzicht auf Theateraufführungen und andere Lustbarkeiten, wir sprechen über die Begrenzung der Zulassungen zu der gebührenfreien Stadtuniversität, über verkürzte Öffnungszeiten in Museen und Büchereien, über vergrößerte Klassen in öffentlichen Schulen, über die Ablehnung des freien Mittagstischs für die ärmsten Studenten – oft ihre einzige warme Mahlzeit während des ganzen Tages –, über Einschränkungen in der Gesundheitsfürsorge für die Alten und Bedürftigen, über Einsparungen bei den Sommerferienprogrammen für die Kinder, die nun in der Stadt bleiben müssen, über eine allgemeine Schmälerung der öffentlichen Dienste.

New York City ist kein Ausnahmefall mehr. In zu vielen Städten ist die finanzielle Notlage nicht Ausnahme, sondern Regel. In Youngstown, Ohio, wurden die Schulen im Dezember 1968 geschlossen, weil die Wähler gegen einen Ausbildungsfonds gestimmt hatten und den Schulen ganz einfach das Geld ausgegangen war. Ähnliches drohte in Detroit. 1969 hatte Newark in New Jersey beinahe seine Bibliothek und sein Museum vollständig schließen müssen – zwei der großen kulturellen Institutionen des Staates. Philadelphia mußte Geld leihen, um seine Polizei zu finanzieren, und eine Zeitung brachte die Schlagzeile: »Philadelphia fürchtet den städtischen Bankrott.«

Die Städte der Nation sind in einer ernsten finanziellen Krise – und diese Krise wird nicht so bald vorüber sein. Mit den steigenden

Ansprüchen an städtische Dienste, mit dem Steigen der Kosten für die Dienstleistungen der städtischen Programme, mit der vollständigen Erschöpfung der Möglichkeiten, das städtische Einkommen zu erhöhen, sind die Städte unfähig, die nötigen Mittel aus eigener Kraft aufzubringen. Nach einer Schätzung werden die amerikanischen Städte in den Jahren zwischen 1967 und 1977 260 Milliarden Dollar zusätzlich zu ihren eigenen Einkünften benötigen. Wenn die Gesellschaft ihre Städte nicht aufgeben will, muß diese Finanzlücke geschlossen werden. Die Frage ist: Wie? Woher können wir das Geld nehmen?

Ich glaube, daß ein großer Teil des Geldes von der Bundesregierung kommen muß, entweder direkt, durch eine Neugliederung der Prioritäten und der Steueranteile, oder indirekt, durch Finanzhilfen, die die Beteiligung privater Unternehmen an den sozialen Aufgaben der Stadt fördern. Aber es muß ebensoviel Förderung vom Staat kommen. Erstens ist der Staat die Regierungseinheit, die der Stadt am nächsten ist, er kann direkten gesetzlichen Einfluß auf die Grundbedingungen der Stadtorganisation nehmen. Zweitens haben der Staat und die Stadt schon immer die wichtigsten öffentlichen Pflichten gemeinsam getragen: Polizei, Feuerwehr, Müllabfuhr, Gesundheitsfürsorge, Bildungswesen, Wohlfahrt. Und zuletzt kontrolliert der Staat die meisten Einkommensquellen der Stadtbehörde – durch solche Verordnungen wie die Limitierung der Stadtschulden und der Grundsteuer, durch zahlreiche verwaltungstechnische Vorschriften, durch die fehlende Autonomie der Stadt, über ihre Ressourcen selbst zu bestimmen. Angesichts dieser drastischen Einschränkungen der Stadtgewalt kann nur der Staat eine Finanzpolitik ausüben, die den zerstörerischen Einfluß dieser Kontrolle mildert. In den meisten Staaten ist mangelnde Unterstützung die Regel, aber es darf nicht dabei bleiben. Die Zeit erlaubt es nicht.

Die Pressionen, die unsere Städte in das gegenwärtige Stadium finanzieller Abhängigkeit gebracht haben, sind von vielen Städteplanern ausführlich diskutiert worden. Mehrere Wanderungswellen aus dem Süden, verschärft durch die Auswirkungen des Zweiten Weltkriegs und die stetige Abnahme von landwirtschaftlichen Arbeitsplätzen für ungelernte Arbeiter waren die Gründe dafür, daß die Städte von Millionen unausgebildeter schwarzer und weißer Arbeitskräfte überflutet wurden. Die Depression gab den Staaten und Städten zum ersten Mal die volle Verantwortung für die Einkommenssicherung vieler Menschen, eine Verantwortung, erstmalig in der amerikanischen Geschichte. Die forcierte Bauentwicklung innerhalb der Stadtgrenzen trieb die Wohnungskosten in schwindelnde Höhen. Und genau zu diesem Zeitpunkt erkannten Stadt, Staat und Bund, daß es ihre Aufgabe war, für ausreichenden Wohnraum für alle Bewohner der Stadt Sorge zu tragen.

Neben diesen allgemeinen Schwierigkeiten gibt es jedoch noch ein Element, das allen großen Städten gemeinsam ist und das vielleicht am besten am Beispiel von New York City verstanden werden kann. Es ist etwas, das ich – ungeachtet der Einwände aller Wirtschaftler – die »Unwirtschaftlichkeit der Größe« nennen möchte. In anderen Worten, es ist der Preis, den wir dafür zahlen müssen, so groß, so konzentriert, so dicht besiedelt zu sein.

Die Dichte einer Stadt ist indes kein Hindernis für das eigenartige Vibrieren, wenn an einem der ersten Frühlingstage die New Yorker ihren Winterschlaf abschütteln und zu Scharen auf die Straßen und in die Parks kommen. Es gibt eigene Formen der Freude in dieser Stadt. Dennoch ist die Bevölkerungsdichte der Grund für unvermeidlich hohe Kosten bei fast allen städtischen Diensten. Das Transportsystem kostet mehr, weil es hier besonders kompliziert ist, die Menschen in den Kern der Stadt zu bringen. Es werden zum Beispiel jeden Morgen dreieinhalb Millionen Menschen in die etwa zwölf Quadratmeilen von Midtown und Downtown Manhattan geschleust. Busse und U-Bahnen, die für drei Millionen weniger Menschen gebaut wurden, sind in Stoßzeiten immer überfüllt; die Verbindungsstraßen, die vor dem großen Vorstadt-Exodus gebaut wurden, sind Grund für umstürzlerische Unzufriedenheit. Und in bezug auf das Autofahren gilt, was Henry Barnes, unser ehemaliger Verkehrskommissar, zu Recht sagte: »Die einzige Möglichkeit, zur West Side zu kommen, ist, dort geboren zu sein.« Die durchschnittliche Verkehrsgeschwindigkeit beträgt kaum zehn Kilometer pro Stunde.

Aber wo und wie können wir bauen? Wenn wir ein Stadtgrundstück aufgraben, entsteht ein riesiges Chaos im Stadtinneren, weil die vielen Kabel, Drähte, Rohre direkt unter der Straße liegen. Deshalb muß jeder Kostenvoranschlag für Veränderungen die Dichte der Stadt als Kostenfaktor mit enthalten.

Das Wohnungsproblem ist ähnlich. Die Grundstückswerte in Manhattan sind die höchsten in der Welt; in manchen Gebieten ist der Boden so teuer, daß die bebauten Flächen für fünfzehn Dollar pro Quadratfuß (etwa 145 Dollar pro Quadratmeter) vermietet werden. Alle Grundstücke sind mit Wohn- oder Geschäftsbauten besetzt.

Jeder Versuch, ein solches Grundstück zu kaufen – aus welchem Grund auch immer –, stößt auf heftigen Widerstand derjenigen, die umgesiedelt werden sollen. Das ist verständlich, denn es gibt keinen Ort, an den sie ziehen könnten, für einen Preis, den sie aufbringen können. Die Kosten sind nicht das einzige Problem. Es ist kaum zu übersehen, wieviel schmutziger unsere Straßen geworden sind wegen der unzulässig geparkten Autos – etwa zweitausend pro Woche werden allein aus Manhattan entfernt –, sie machen es der Müllabfuhr unmöglich, die Straßen sauberzuhalten und blockieren den ganzen lebenswichtigen Prozeß der Müllbeseitigung. Dabei ist unzulässiges Parken wiederum nur eine Konsequenz der Dichte; freie Parkplätze sind kaum zu finden, und die Kosten der Garagen und Parkhäuser sind für viele Autofahrer zu hoch. Es ist also wieder nur die Zahl der hier lebenden Menschen, die unsere Kosten so immens erhöht.

Endlich ist es die große Zahl der städtischen Angestellten, die das Stadtbudget so stark belastet. Diese 350000 Männer und Frauen lehren in unseren Schulen, säubern die Straßen, löschen Brände, sorgen für Ordnung, arbeiten in städtischen Krankenhäusern und Colleges, pflegen die Parks, fahren unsere Busse und reparieren unsere Wasserleitungen. Lange Jahre lag ihr Verdienst weit unter dem normalen Durchschnitt. Ich fand es schon immer empörend und unfair, die Kosten der städtischen Angestellten durch zusätzliche freiwillige Tätigkeit auf einem niedrigen Niveau zu halten. Aber allein die Zahl unserer Angestellten macht eine Gehaltserhöhung zu einer teueren Angelegenheit, wenn sie mit dem gesamten System multipliziert wird. Allein im Haushaltsjahr 1970 werden die erhöhten Gehälter und Sozialleistungen die Stadt vierhundert Millionen Dollar kosten, mehr als das gesamte Budget mancher amerikanischen Städte.

So addiert sich die Größe zu all den besonderen Problemen einer großen Stadt, und sie zwingt die Stadt, ihr Budget ständig zu überziehen. Eine der besten Analysen der Situation der städtischen Haushalte finden wir in »Alice im Wunderland«, wo die rote Königin sagt: »Du mußt laufen, so schnell Du kannst, um am selben Ort zu bleiben. Um vorwärtszukommen, mußt Du mindestens doppelt so schnell laufen.« Unser Dilemma ist fast noch größer. Wir können so schnell laufen, wie wir wollen, unsere Ausgaben steigen schneller. Wir haben in New York City in den letzten drei Jahren revolutionierende Haushaltsreformen durchgebracht. Wir haben aufgehört, Anleihen auf die Zukunft aufzunehmen, wir haben unser Steuersystem neu geordnet, wir haben die Steuerprogression intensiviert, und wir haben sogar eine

Steuer für Pendler eingeführt. Trotzdem fehlen der Stadt 1969 fünfhundert Millionen Dollar – und es gibt keine Stadt in Amerika, die sich nicht in einer ähnlichen Lage befindet. Wir wenden uns deshalb an den Staat und fragen, bis zu welchem Ausmaß er an der katastrophalen Finanzlage der Stadt Anteil hat.
In New York und in vielen anderen Städten ergibt sich ein dreiteiliges Problem. Erstens: die umfassende staatliche Kontrolle über den Finanzhaushalt der Stadt; zweitens: die staatlich geförderten Programme, die bei der Stadt hohe Kosten verursachen; drittens: das Mißverhältnis zwischen der staatlichen Finanzierung städtischer Programme und den Abgaben der Stadt an den Staat, das uns Milliarden kostet.

Unter umfassender Kontrolle verstehe ich, daß die Stadt weder Steuern erhöhen, noch Geld borgen darf ohne die Zustimmung des Staates, und, in manchen Fällen, ohne Änderung der Verfassung. Es hängt nicht nur das gesamte System der Besteuerung und finanziellen Förderung einer Stadt von der Staatsregierung ab, sondern selbst städtische Maßnahmen zur Erhöhung der eigenen Mittel müssen vom Staat genehmigt werden. So mußten wir 1966, als wir eine Besteuerung der Pendler vorgeschlagen hatten, die außerhalb der Vorstadtbezirke wohnen, aber in der Stadt arbeiten, die Unterstützung der staatlichen Abgeordneten gewinnen, die gerade jene Bezirke vertraten, die erstmalig auf diese Weise besteuert werden sollten. Unter diesen Umständen war es ein unglaublicher Sieg, eine Pendlersteuer in halber Höhe der Steuer für die Stadtbewohner festzulegen. Aber wir hatten auch große Rückschläge. Anfang 1970 wurden die Bus- und U-Bahn-Tarife um 50 Cent erhöht. Zu dieser Zeit verdiente ein Drittel der arbeitenden Bevölkerung in New York weniger als 100 Dollar in der Woche. Diese Tariferhöhung war vom Staat beschlossen worden, nachdem der Gouverneur und die Staatsregierung den Antrag zurückgewiesen hatten, den die Stadt gestellt hatte: sie wollte nur eine Erhöhung zwischen 20 und 25 Cent.

Neben der finanziellen Kontrolle über die Stadt hat der Staat das Recht, Programme zu erlassen, die große Aufwendungen von Seiten der Stadt erfordern. Die kostspieligsten Beispiele sind das Wohlfahrtsprogramm und ein Programm der Gesundheitsfürsoge (Medicaid). Mit diesen Programmen setzt der Staat die Höhe der finanziellen Unterstützung fest; die Stadt muß ihren Anteil tragen. Wieder treffen die Auswirkungen solcher Programme besonders die großen Städte. Die meisten Armen wohnen innerhalb der Stadtgrenzen und auch die meisten der gesundheitlicher Fürsorge bedürftigen Menschen,

die für ein Existenzminimum arbeiten und für die Kranksein in eine finanzielle Katastrophe führt. Diese erzwungene Beteiligung der Stadt bedeutet, daß ein beträchtlicher Anteil aus dem Haushalt entnommen werden muß, ohne daß dafür irgendein finanzielles Äquivalent auch nur angeboten wird. Zum Beispiel muß die Stadt im Medicaid-Programm dreißig Prozent der Kosten tragen – es kostet uns Millionen und aber Millionen Dollar. (In dieser Summe sind noch nicht die Kosten enthalten, die uns als Folge plötzlicher Schwankungen in der Staats- und Bundespolitik entstehen. Zum Beispiel wurde zu Anfang des Programms eine große Zahl Bedürftiger aufgenommen, die später aus Geldknappheit wieder ausgeschlossen wurden. Ein großer Teil dieser Last geht jetzt an die städtischen Hospitäler.) Das Fürsorgeprogramm, eine nationale wirtschaftliche Fehlplanung, kostet die Stadt mehr als dreihundert Millionen Dollar aus ihren eigenen Einnahmen, mit denen sie für den Unterhalt der Blinden, der Kranken, der Arbeitslosen und der Krüppel aufkommen muß. Der Staat New York überträgt an seine Gemeinden einen größeren Teil des Fürsorgepakets als alle anderen amerikanischen Staaten, bis auf einen.
Es gibt eine Reihe kleinerer Mandate, die weniger kosten, die aber in ihrer Art noch mehr irritieren. Sie sind durch die Maschen der Gesetzgebung geschlüpft, als niemand aufpaßte. Zum Beispiel: New York City muß die Unterhaltskosten für die Bahnhöfe der Long Island Railroad bezahlen, die in der Stadt liegen (diese besondere Vorortbahn besitzt und betreibt der Staat). Ein anderes Beispiel: New York muß einen Teil der Gehälter der staatlichen Richter bezahlen (New York City aber finanziert seine eigenen drei Gerichtssysteme zu hundert Prozent). Die Ironie einer solchen Politik – Programme zu entwerfen, die der Staat wünscht und die die Stadt mit einem großen Anteil belasten – zeigt sich darin, daß diese Programme jeder grundlegenden Untersuchung vollständig widersprechen. Drei vom Präsidenten beauftragte Untersuchungskommissionen – als letzte der Untersuchungsausschuß Präsident Nixons – haben festgestellt, daß die Städte die steigenden Kosten, die aus ihrer finanziellen Abhängigkeit entstehen, nicht mehr tragen können und daß durch Mittel von außen, vorzugsweise durch Übernahme der gesamten Fürsorgekosten durch den Bund, die Städte von dieser unproportionierten Belastung befreit werden müssen. Und vierzig Staaten haben die Ungerechtigkeit der Lastverteilung inzwischen erkannt und, da die Übernahme durch den Bund noch aussteht, die Kosten lokal auf sich genommen. Der Staat New York sollte dasselbe tun.

Aber die Kosten der Stadt in diesen Belangen verblassen neben der grundlegenden Fragwürdigkeit in den finanziellen Beziehungen zwischen Stadt und Staat: dem Ungleichgewicht zwischen dem städtischen Beitrag zum Steueraufkommen des Staates und der staatlichen Unterstützung für die Stadt.
Die Gründe für diese Lage sind vielschichtig. Erstens kommen sie zum Teil daher, daß, zur Zeit der letzten grundlegenden steuerlichen Reformen, die Städte durch gesteigerte Eigentumsbildung und schnell wachsende Grundstückswerte noch in der Lage waren, die Forderungen ihrer Bürger voll zu erfüllen. Vor fünfzig, noch vor vierzig Jahren, so stellte eine Untersuchung fest, »waren die Mittel der Städte adäquat denen der Staaten und denen des Bundes«. Die Stadt war damals das Zentrum aller entscheidenden wirtschaftlichen Aktivität. Sie beherbergte damals all diejenigen Institutionen, die die städtischen Bedürfnisse am besten erfüllen konnten. In den Jahren, die inzwischen vergangen sind, haben dieselben Ursachen, die so viele arme Menschen in die Städte brachten, die Industrie und andere wirtschaftlich mächtige Institutionen vertrieben, und das steuerliche Mißverhältnis zwischen Stadt und Staat, das einst ohne Bedeutung für die Stadt war, zu einer Bedrohung für ihre Existenz gemacht.
Zweitens tendierte der Staat als letzte Entscheidungsinstanz über die Mittel der Stadt natürlich dazu, die Stadt eher als Quelle finanzieller Mittel und nicht als Empfänger zu betrachten. Die wirtschaftlichen Bedingungen in ländlichen und anderen Gebieten waren selbst vor der Depression schon kritisch, und der Staat brauchte, vor allem nachdem er die Finanzierung des allgemeinen Bildungsprogramms und der Sozialfürsorge übernommen hatte, eine kräftige Finanzierungsquelle. Und das eben war New York City. Wie ich schon weiter oben berichtet habe, schickt die Stadt jährlich drei Milliarden Dollar nach Albany und bekommt nur etwa die Hälfte davon zurück.
Drittens: Es wurde oft übersehen, daß die Staatsregierung, wie die meisten Regierungen im Land, lange Zeit ziemlich ungleich zusammengesetzt war. Trotz der Einwohnerzahl der Stadt – die vor der Auswanderung in die Vorstädte etwa die Hälfte der des Staates betrug – dominierte die ländliche Vertretung in der Regierung. Bis zu der Entscheidung: »Ein Mann – eine Stimme«, gelang es der Stadt nicht, auch nur annähernd gleichberechtigt in der Staatsregierung vertreten zu sein. Und bis dahin hatte diese Instanz schon viele Finanzierungsprogramme durchgesetzt, die, offen gesagt, einfach diskriminierend waren – vielleicht aus der Überzeugung, daß die Städte es irgendwie

weniger »verdienten«, vielleicht auch nur aus dem natürlichen Bedürfnis heraus, für jene Gemeinden zu sorgen, die von der Mehrheit in der gesetzgebenden Versammlung vertreten wurden. Aus welchem Grund auch immer, das Ergebnis war eine Unterfinanzierung der Stadt gerade zu dem Zeitpunkt, als sich ihre Eigenmittel reduzierten. Die große Zahl ungelernter Arbeiter, die es jetzt in den großen Städten gab, konnte keine Arbeit finden; und diejenigen, die sich auf Schreibtischarbeit hätten umstellen können, lebten nicht in der Stadt. Ein Kommentator schrieb: »Die städtische Wirtschaft tendiert dazu, Arbeitsplätze für diejenigen bereitzustellen, die in den Vorstädten leben.«

Es ist unmöglich, auch nur annähernd zu schätzen, wieviel Millionen Dollar New York und andere große Städte durch diese Lücke in der Finanzierung verloren haben. Wir wissen, daß von der Nachkriegszeit bis zu den jüngsten Reformen des städtischen Finanzierungsrahmens die Stadt Milliarden mehr bezahlt als erhalten hat – und selbst wenn wir staatliche Funktionen in die Rechnung einbeziehen, war die Gutschrift zugunsten der Stadt aus jenen Geldern, die sie für den Staat eingenommen und an ihn weitergeleitet hat, schockierend gering. Wir wissen, daß die Städte Amerikas allgemein in einer ähnlichen Zwangslage stecken wie unsere Stadt: zwischen 1950 und 1966 steigerten sich ihre Einnahmen um etwa 30 Prozent, während die Ausgaben um 44 Prozent gestiegen sind – und folgerichtig mußte die Schuld der Städte in diesen Jahren auf 59 Prozent steigen.

Selbst heute, nach bedeutenden Verbesserungen in der Regelung der staatlichen Beihilfen, bestehen noch immer schwerwiegende Diskrepanzen. Zum Beispiel werden die staatlichen Zuwendungen für Bildungsprogramme, eines der wichtigsten Bestandteile staatlicher Finanzhilfe, noch immer auf der Grundlage der Grundstückswerte berechnet. Unter diesen Umständen erwartet man von New York, mit seinen hohen Grundstückswerten in Manhattan, daß es eher in der Lage sei, seine Bildungsprogramme zu bezahlen als andere Orte im Staat New York – ungeachtet der mehr als eine Million Schüler in New Yorks Schulen, ungeachtet der hohen Kosten, die dadurch entstehen, daß viele der Schüler Sprachschwierigkeiten haben (in New York gibt es mehr als 125 000 Schüler, deren Muttersprache nicht englisch ist) und ungeachtet der massierten Bildungsprobleme, die, wie viele Studien gezeigt haben, in einem Schulsystem entstehen, wo hunderttausende der Schüler aus armen Familien, ohne ein sicheres Zuhause, ohne ausreichenden Bildungshintergrund, kommen. Dennoch erhält New York beinah ein Drittel weniger Zuschuß pro Schüler als das übrige Staatsgebiet – und Untersuchungen zeigen, daß andere Staaten die Schulsysteme ihrer großen Städte ähnlich behandeln. Diese Diskriminierung in den Bildungsmitteln reicht bis zur Universitätsstufe. New York City ist die einzige Stadt Nordamerikas, die eine gebührenfreie Universität unterhält, eine Universität, die einige unserer bedeutendsten Persönlichkeiten ausgebildet hat, die eine Brücke schlägt von der Armut zu einer möglichen Chance. Das Universitätsbudget von 22 Millionen Dollar braucht Hilfe von außen; vor allem wegen der Tendenz, die Bildungschancen für Schwarze, Puertorikaner und arme Weiße laufend zu vergrößern. Trotzdem bewilligt der Staat der New Yorker Universität weniger als ein Drittel des Geldes, das die State University erhält – obwohl der Staat über weitaus größere Mittel zur Finanzierung seiner Bildungsprogramme verfügt.

Es ist zuletzt eine unwiderrufliche Tatsache, daß die Stadt eine der wichtigen, beständigen Ressourcen des Staates bildet, auch für die Menschen, die nicht hier wohnen, ja nicht einmal hier arbeiten. Zählen wir folgendes zusammen: die Massenverkehrsmittel sind von großer Bedeutung für die Millionen Menschen, die täglich in die Stadt kommen; die Kontrolle der Luftverschmutzung ist ein wichtiges Anliegen nicht nur für die Stadt, sondern für jeden, auch für Pendler und andere, deren Gesundheit durch die dauernde Verschmutzung der Luft gefährdet wird. Wenn die Stadt wirtschaftlich und geistig verfällt, ist das Wohlergehen des Staates um eben das gleiche Maß gefährdet. Die Städte werden noch immer als Bürde und Problem gesehen, doch wir sollten nicht vergessen, welche unermeßlichen Werte die Stadt für den Staat bereithält. So sind die Investitionen in die Gesundheit der Stadt wohl die wichtigsten Investitionen, die der Staat überhaupt machen kann, und es ist eine Tragödie, daß diese Verpflichtung noch immer ignoriert wird, wenn es darum geht, Taten anstelle von Worten zu setzen.

Was ist zu tun gegen dieses Ungleichgewicht?

Zuerst müssen die Staaten den Städten Eigenständigkeit garantieren und ihnen eine größere Flexibilität in der Einteilung ihrer Mittel gewähren. Es gibt in New York City ein gutes Beispiel für die Vorurteile der Regierung in Albany, die die Erhebung notwendiger Mittel für die Stadt blockieren. Seit mindestens einem Jahrzehnt hat New York City den Staat gebeten, Wettbüros außerhalb der Rennbahn zuzulassen, was bedeuten würde, daß die Bewohner in staatlich autorisierten und kontrollierten Wettbüros überall in der Stadt Wetten abschließen könnten. Seit mehr als einem Jahrzehnt hat der Staat nichts in dieser Angelegenheit unternommen. Soweit man das überhaupt erklären kann, scheint der Widerstand daher zu kommen, daß man es irgendwie »unmoralisch« findet, außerhalb der Rennbahnen zu wetten, obwohl es patriotisch und bürgerlich ist, innerhalb des Rennbahngeländes Wetten abzuschließen, und der Staat es für »moralisch« hielt, vor zwei Jahren eine Lotterie aufzulegen. Ein faires und eher praktisches Gegenargument wäre die Befürchtung, daß durch diese Maßnahme ein Teil der Eintrittsgelder für die Rennbahn verlorenginge. Es wird uns außerdem vorgehalten, daß die armen Leute einen großen Teil ihres Einkommens verspielen würden, wenn man die außerhalb liegenden Wettbüros legalisierte. Mir scheint diese Argumentation verdächtig. Wenn es wirklich um die finanzielle Lage der armen Leute geht, so sollte man die Wetten außerhalb erlauben, denn es würde ihnen Eintritt und Fahrkosten sparen. Darüber hinaus hält das Verbot, außerhalb zu wetten, niemanden davon ab, auf Pferde zu setzen, ohne die Rennbahn zu betreten; diese Geschäfte führen illegale Büros aus, und das Betätigungsfeld für das organisierte Verbrechen wird damit nur bereichert, den Städten aber wird ihr Anteil an diesen Einkünften vorenthalten.

Viel wichtiger für die Stadt ist es, daß sie durch diese zusätzlichen Wettbüros etwa 100 bis 200 Millionen Dollar einnehmen könnte, ohne die Steuern erhöhen zu müssen. Da die New Yorker diesen Vorschlag mit überwältigender Mehrheit unterstützen und diese Maßnahme mit Sicherheit neue wichtige Einnahmen erschließen würde, gibt es keinen Grund für die kontinuierliche Ablehnung aus Albany. Solche Reformen können natürlich nicht den grundlegenden Bedarf an finanzieller Unterstützung decken. Sie können helfen, aber sie können die Lücke nicht schließen. Dafür brauchen wir nichts weniger als eine grundlegende Reform der Finanzierungsstruktur, für die seit einer Generation vom Staat nichts unternommen wurde und die die Stadt ohne die notwendigen finanziellen Ressourcen ließ. Ich glaube, daß in dieser Reform eine wichtige Möglichkeit liegt, sowohl für New York als auch für die ganze Nation.

Kurz, wir brauchen ein Finanzreformenmodell ähnlich dem, nach dem der Bund einen Teil seiner Einnahmen an die Staaten ohne Bedingungen und Einschränkungen weiterleiten soll, das die Staaten in die Lage versetzen würde, ihre Einrichtungen zu verbessern. Dieser Vorschlag, der von Walter Heller ausging und der von beiden großen Parteien vor kurzem auf der Gouverneurs-Konferenz unterstützt wurde, ist ein angemessener Vorschlag; auch ich unterstütze ihn. Es gibt keinen Grund, warum ein solches Modell nicht auch die Beziehungen zwischen der Stadt und dem Staat regeln sollte. Dieselben Grundprinzipien treffen zu – wobei die Staaten noch immer weit mehr Spielraum bei der Festlegung ihrer Einnahmen haben; sie haben eine breitere Steuerbasis, und sie – nicht die Städte – legen Steuerhöhe und Steuerart fest.

Nach meinem Vorschlag, den ich *Urbanaid* genannt habe und den ich nun im dritten Jahr ohne Erfolg in Albany vortrage, würde ein Teil der staatlichen Einnahmen direkt an die Gemeinden, gleichgültig ob groß oder klein, zurückfließen. Dieser Betrag sollte unterschiedlich sein, je nach der Bevölkerungszahl, dem eigenen Steueraufkommen und dem besonderen Bedarf der Region. Ein solches System ließe sich einfach verwalten; es würde die Aufgabe des Staates in keiner Weise erschweren, und es würde vor allen Dingen den Städten eine ständige Einnahme sichern, mit der sie ihren Haushalt sinnvoll planen könnten, ohne alljährlichen Krisen und Rückbeschuldigungen entgegenzusehen. Es würde außerdem der Angelegenheit den dramatischen Aspekt nehmen, wenn der Bürgermeister nicht mehr nach Albany reisen müßte, um Hilfe in letzter Minute zu erflehen. Diesen Verlust, glaube ich, könnten die Bürger verschmerzen, wenn sie wüßten, daß ihre kommunalen Einrichtungen nicht länger von einer Regierung abhängen, die immer wieder gezeigt hat, daß sie die Folgen der unzureichenden Finanzen allein den Gemeinden zur Last legt. Dieses Konzept der kommunalen Beteiligung am staatlichen Einkommen ist, in meinen Augen, eine wichtige Reform, die das Ungleichgewicht zwischen den Staaten und Städten dieser Nation ausbalancieren könnte. Verbunden mit einem sinnvollen Programm zur Verteilung der Bundesmittel würden dadurch automatisch die Prioritäten problembezogen neu geordnet, würde der stetige Verfall der städtischen Einrichtungen aufgehalten, hätten wir endlich die Instrumente, mit denen wir unsere Städte wieder in Orte zum Wohnen verwandeln könnten.

Dazu kann und muß der Staat die politische Autonomie der Städte vergrößern. Sowohl der New York City Council (New Yorker Abgeordnetenhaus) als auch der Board of Estimate (Haushaltsausschuß) sind gesetzgebende, politisch wirksame, Finanzen bewilligende Institutionen. Dieser doppelte legislative Apparat bildet eine ausreichende Kontrolle für die exekutive Macht des Bürgermeisters – und trotzdem wird praktisch jede wichtige Angelegenheit, von der Ausstattung der

Krankenhäuser bis hin zur Pensionsrate der Polizeibeamten, von der Staatslegislative entschieden. (Manchmal muß dasselbe Gesetz sowohl die Staatslegislative als auch das New Yorker Abgeordnetenhaus passieren, bevor es gültig wird.) Die staatliche Macht erstreckt sich bis in spezielle Verwaltungsangelegenheiten, sie entscheidet zum Beispiel, ob die Müllabfuhr berechtigt ist, falsch geparkte Autos abzutransportieren, die die Reinigung der Straßen verhindern.

Dies alles aber sind Aufgaben, die vollständig von der Stadt finanziert und verwaltet werden und für die der Staat keinerlei Verantwortung trägt. Und dennoch sind wir auch hier von dem Willen der Leute abhängig, die weder in der Stadt leben, noch allzu oft irgend etwas von ihren Problemen wissen.

In der letzten Wahlkampagne für das Bürgermeisteramt kandidierten die Schriftsteller Norman Mailer und Jimmy Breslin für städtische Ämter mit einer Kampagne, die einen staatsgleichen Status für die Stadt forderte – und ihr Vorschlag wurde sehr ernsthaft diskutiert. Darin zeigen sich die wachsende Frustration und das Gefühl der Machtlosigkeit unter den New Yorker Bürgern; sie sehen, wie wenig Einfluß sie auf ihre ureigensten Angelegenheiten haben, die zu einem großen Teil durch die unnachgiebige Kontrolle über unser politisches Leben von Albany aus reguliert werden. Diese Frustration ist besonders schmerzhaft, wenn wir daran denken, daß wir, die wir in der Stadt leben, die wichtigste Finanzierungsquelle sowohl für den Staat als auch für unsere eigenen kommunalen Programme sind. Die Forderung nach Eigenverantwortlichkeit – das Recht, über unsere eigenen Angelegenheiten zu bestimmen – wird in den kommenden Jahren lauter werden, und der Staat wird sich entschließen müssen, darauf zu antworten.

Das aber sind nicht die einzigen Reformen, die die Staaten einleiten können. Sie könnten zum Beispiel ihre Finanzleistungen neu strukturieren, um sie für die Städte effektiver zu machen. Der Staat gibt zum Beispiel große Summen zur Finanzierung von Verkehrsplanung aus, aber das meiste davon ist für Highways bestimmt. Wir brauchen Highways, um die wirtschaftliche Anbindung der ländlichen Gemeinden zu verbessern, aber die großen Summen, die uns ausschließlich für den Bau von Highways zur Verfügung gestellt werden, sind für die Struktur der Städte dasselbe wie Zucker für Diabetiker. Es gibt schon zuviele Highways, und sie haben unseren Städten in den letzten drei Jahrzehnten schon zuviel geschadet. Was wir brauchen, ist die freie Verfügbarkeit über die Mittel, die es uns erlaubt, Massenverkehrs-

mittel zu bauen. Die dringendste Priorität ist der Transport von Menschen *durch* die Stadt. (Wir haben in New York City einen ersten Versuch mit der Gründung der Metropolitan Transit Authority unternommen, durch die wenigstens alle Transportprobleme, der Pendlerverkehr, das U-Bahn- und Bus-Netz und die Highways sinnvoll koordiniert werden. Aber uns fehlt noch immer das Geld, um U-Bahnen und andere Transportsysteme schnell genug zu bauen und, was noch wichtiger ist, sie, nachdem sie gebaut sind, zu einem billigen Tarif zu betreiben.)
Es gibt Leute, die diese Vorschläge für illusorisch halten, die glauben, daß eine Änderung in der Haltung der Staatslegislative niemals zu erwarten sei. Ich glaube ihnen nicht. Einmal sind dies ganz realistische, praktische Vorschläge, die darin gründen, daß, was wir auch immer versprechen oder planen, es immer finanzieller Mittel bedarf, um unsere Städte zu sanieren – Mittel, die der Staat unseren städtischen Zentren bewilligen kann. Zum anderen glaube ich nicht, daß die Staaten noch länger auf ihre Rolle als Schrittmacher der Bundesgesetzgebung verzichten wollen. In der modernen Geschichte waren immer die Staaten die Wegbereiter des Experiments. Kinderarbeitsgesetze, Arbeiter-Unfallentschädigung, Arbeitslosenversicherung waren alles zuerst Programme von weitsichtigen Staatslegislativen – und einer von ihnen war der Staat New York –, die entschlossen waren, den Bedürfnissen ihrer Bürger Rechnung zu tragen.
In jüngster Zeit war der Wille zur Reform eher im Bund, vor allem aber in den Städten zu finden. Aber ich glaube, daß die Staaten die Handlungskapazität haben und daß sie, trotz all der Jahre der Passivität, wichtige Entscheidungen für die Gesundung unserer Städte treffen könnten. Sie haben die Mittel, und sie haben die Kapazität. Was ihnen fehlt, ist der Wille. Mit der Neugliederung der politischen Repräsentation, die den städtischen Zentren in New York State und in anderen Staaten die politische Vertretung zukommen lassen, die sie verdienen, könnten wir hoffen, daß eine neue Verantwortlichkeit für die Zustände in unseren Städten entstehen wird. Die Städte haben sich laut genug geäußert, ihr Status erlaubt weder Trägheit noch Gleichgültigkeit. Unsere Staaten müssen die Verpflichtung eingehen – für ihr eigenes Wohl und für das Wohl ihrer Bürger. Denn ohne diese Verpflichtungen werden die Quellen ihrer Kraft, und damit die Kraft ihrer Menschen, versiegen. Mit dieser Verpflichtung können die Staaten unsere Städte retten und für sich selbst die ihnen angemessene Rolle fortschrittlicher lebendiger Institutionen wiedergewinnen.

10 Die Stadt und der Bund

Die vergangenen fünf Jahre haben die letzten Zweifel beseitigt, daß die Bedingungen in unseren Städten zum nationalen Problem geworden sind. Jedes dieser fünf Jahre hat von neuem Ausbrüche von Gewalt, von neuem Blutvergießen und Zerstörung gebracht und damit neue, unwiderlegbare Beweise, daß das Gewebe der sozialen Ordnung in unseren Städten gefährlich überspannt ist. Und selbst wenn es keinen anderen Grund dafür gäbe als die Angst vor der Gewalttätigkeit, haben die Amerikaner sich unausweichlich dazu bekennen müssen, daß unsere Städte zu ihrer aller Aufgabe geworden sind.
Es gibt aber andere Gründe, grundsätzlichere und beständigere Gründe, als die Angst vor der Gefahr. Unruhen sind sporadische Symptome: die allgemeine Armut, der physische Verfall, der Verlust des Vertrauens der Bürger sind weitaus beständigere und weitaus gefährlichere Gründe; sie treffen den Kern unserer nationalen Verpflichtungen und unseres Vertrauens und damit das Herz einer lebendigen Gesellschaft. Was vielleicht am wichtigsten ist: die Städte werden zunehmend zur typischen Form unserer Umwelt. In denselben Stadtgebieten, die zu Beginn des Jahrhunderts weniger als die Hälfte unserer Bevölkerung beherbergten, leben nun Dreiviertel aller Bürger; und am 200. Jahrestag der Republik werden es achtzig Prozent sein. Wenn man dann noch behauptet, das Problem der Städte sei nicht das Problem des Bundes, so hieße das nichts anderes, als daß das Problem der meisten Amerikaner nicht Sache der Bundesregierung sei.
Und endlich hat der Bund schon eine ganze Reihe von Programmen entwickelt, die einige der Sozialprobleme unserer Städte lösen sollen, und dies geschah lange vor der forcierten Great Society Legislation und lange vor den revolutionären Unruhen in den Ghettos.
Mit dem Full Employment Act übernahm der Bund die Verpflichtung, Programme gegen allgemeine Arbeitslosigkeit aufzustellen. In unseren Städten gibt es heute fünf Millionen Menschen, die ohne Arbeit sind und die auch keinerlei Fertigkeit haben, die ihnen zu einer Arbeit verhelfen könnte – es ist der sogenannte »Stamm der Arbeitslosen« –; und wenn wir diejenigen dazuzählen, die für einen Hungerlohn den ganzen Tag arbeiten, oder die, die mit Teilzeitarbeit weniger als das Existenzminimum verdienen, wird die Zahl noch weitaus höher.

Ähnlich machte es der National Housing Act von 1949 zum erklärten Ziel der Bundesregierung, »für jede amerikanische Familie ein anständiges Heim in einer angemessenen Umgebung zu schaffen«. Das Gesetz war fünfzehn Jahre nach der ersten verbindlichen Äußerung des Bundes zur Lösung der Wohnungsfrage erlassen worden. Nach objektiven Kriterien ist dieses Ziel noch lange nicht erreicht. 1966 waren mehr als sechs Millionen Wohnungen im ganzen Land »unzureichend« – das heißt entweder zerstört, verfallen oder ohne Sanitärinstallationen. Diese schockierende Zahl sagt jedoch noch nichts aus über den wirklichen Umfang des Problems. Die Wohnungsbaupolitik des Bundes war der Grund, daß viel mehr Wohnungen abgerissen als wiederaufgebaut wurden, so daß immer weniger billige Wohnungen verfügbar waren und immer mehr Familien mit kleinen Einkommen in unzureichenden Wohnungen hausen mußten. (Diese Politik war auch verantwortlich für die Zerstörung gesunder Nachbarschaften; die Kosten, die für die Umsiedlung entstanden, sind kaum zu schätzen.) Dies ist kein Rassenproblem, obwohl 25 Prozent der Neger und nur 8 Prozent der Weißen in unzureichenden Wohnungen in den Städten leben. In absoluten Zahlen sind es jedoch viel mehr Weiße – und in den Hauptstädten sind es mehr als zweieinhalb mal so viel.

Das waren ausdrückliche Verpflichtungen des Bundes, die nicht eingehalten wurden. Aber das ist noch nicht alles. Es ist eine unleugbare Tatsache, daß die Gefahr für unsere Städte mit der Zeit nicht geringer wird. Für diejenigen, die die Lösung in der Flucht in die Vorstädte suchten, entwarf die Studie der Untersuchungskommission des Präsidenten über die Vorstädte, die Ende 1968 abgeschlossen wurde, ein entmutigendes Bild. Sie sprach von einer »stillen Krise« der Vorstädte, einer Krise, ausgelöst durch völlig unzureichende Dienste, durch die sinnlose Zersiedelung des Landes, durch die wachsende Zahl schlecht geplanter, unkoordinierter Entwicklungsmaßnahmen, die den Keim zukünftiger Krisen schon in sich tragen.

Diese Krisen – ich glaube, das ist offensichtlich – wurden durch die allgemeine Flucht aus der Innenstadt in die Vorstadt, besonders in den Jahren nach 1945, erheblich verschärft. Während dieser Zeit, so schätzt man, verlor New York 800 000 Familien der Mittelklasse, die das »anständige Heim in angemessener Umgebung« suchten, das ihnen die Innenstadt nicht bieten konnte. Während derselben Zeit kam etwa die gleiche Zahl von Familien, vor allem Arme und Arbeitslose, in die Stadt. Diese Migrationswelle ebbte erst vor kurzer Zeit ab.

Die Folgen für die Stadt sind eindeutig, aber die Folgen für die Vorstädte auch; und wenn sie es zur Zeit der Vorstadtflucht noch nicht waren, heute sind sie es. Es gibt eine Bevölkerungsexplosion in den kleinen Städten, die weder die Mittel noch die Einrichtungen haben, um ein solches Wachstum aufzunehmen, deren unsinnige Flächennutzung riesige, schlecht geplante und gebaute Siedlungen hervorbrachte, über die es in einem Volkslied heißt: »Sie sind aus Schnick-Schnack aufgebaut und sehen alle gleich aus.« Diese isolierten, unzusammenhängenden Siedlungen (rund um New York gibt es 1400(!) getrennte Verwaltungseinheiten) haben keine Verbindung untereinander und verfügen über keine wirksamen Methoden zur Planung von Grünflächen oder sozialen Einrichtungen, zur Kontrolle der Luftverschmutzung, zur Ausweisung von Erholungsflächen, zur Aufstellung einer Entwicklungsplanung für die Zukunft. Die Probleme werden sich immer weiter vergrößern, wenn mehr und mehr Familien, die in der Stadt nicht glücklich sind, in die Vorstädte auswandern. So bedeutet das Vernachlässigen der Städte nichts anderes als das Einverständnis damit, daß eine ununterbrochene Folge von Krisen nicht nur die großen Städte, sondern alle Stadtregionen Amerikas in den kommenden Jahren heimsuchen wird.

Schließlich sollten wir den Anteil der Bundesregierung an all dem, was in unseren Städten geschieht, unabhängig von den Verpflichtungen zur sozialen Gerechtigkeit betrachten. Was hat den Exodus in die Vorstädte so stimuliert? Es war vor allem die Schuld der Federal Housing Administration (Bundesministerium für Wohnungsbau), die in den Jahren nach dem Zweiten Weltkrieg die Bildung von Hauseigentum, vor allem durch niedrig verzinste Darlehen, stark förderte. Dieses Programm, das das Leben in der Vorstadt für Millionen von Familien ermöglichte, war zu einem großen Teil für diese Flucht in die Vorstadt verantwortlich, und es war ebenso verantwortlich für die isolierte Wohnform, die sich in den Vorstädten bildete, da bis 1949 der Federal Housing Act die Finanzierung jeder zusammenhängenden Bebauung ablehnte (und es dauerte bis 1962, bis der FHA mit einer gleichberechtigten Förderung begann).

Ein anderes Schlüsselelement für die jetzige Struktur der Städte war der enorme Anstieg des Budgets für Schnellstraßen, das jetzt 60 Milliarden Dollar überschritten hat. Dieses Programm, der Nation Defense Highways Act, den ich schon beschrieben habe, bewilligte für den Bau von Schnellstraßen Zuschüsse bis zu neunzig Prozent; dagegen keine Mittel für den Bau von Massenverkehrsmitteln. Es war selbstverständlich, daß die Staaten sich dieser Mittel bedienten, als sie über die Anbindung der Vorstädte an die Innenstädte entscheiden mußten. Die Folgen liegen für jeden, der je versucht hat, seinen Weg durch die Straßen der Stadt zu finden, auf der Hand: Massive Stauungen in den Straßen, die niemals für so viele Autos geplant waren, zunehmende Luftverschmutzung, da die Auspuffgase einen großen Teil der Schwefel-Dioxyd-Bestandteile in der Luft verursachen, eine Behinderung des Massentransports, da die Busse mit den Autos um den wenigen Raum in den Straßen kämpfen müssen, eine direkte Verminderung der Stadtreinigungsdienste, da die geparkten Autos es erschweren, den Müll abzuholen, und es praktisch unmöglich machen, die Straßen zu fegen.

Ich will damit nicht sagen, daß die Urheber dieses Systems die entfernten, jedoch unvermeidbaren Konsequenzen hätten voraussehen können, obwohl es immer warnende Stimmen gegeben hat. Lewis Mumford, die Kassandra der Städte, schrieb 1958, gleich nach Inkrafttreten des National Defense Highways Act: »Das beste, was man über diese Aktion sagen kann, ist, daß ihre Urheber nicht die geringste Ahnung hatten, was sie taten. In den kommenden fünfzehn Jahren werden sie es ohne Zweifel erfahren, dann aber wird es zu spät sein.« Es dauerte weniger als fünfzehn Jahre, um das zu erfahren; ansonsten war seine Prognose erschreckend genau. Ich möchte damit sagen, daß die Bundesregierung durch diese und eine Reihe anderer Verfügungen tief in die Krise der Städte verstrickt ist, dazu gehört das Fürsorgesystem, das geradezu eine Garantie für die Migration der Armen bildete, und das System nationaler Prioritäten, das die wachsende Krise der Städte einfach nicht berücksichtigen will. Der Bund kann aus der Verantwortung für das, was mit den Städten geschieht, nicht heraus, und wenn er an seinen bisherigen Programmen und Zielsetzungen festhält, wird auch er seinen lautlosen Beitrag zu dem unaufhaltsamen Verfall unserer Gesellschaft leisten. Seine Verantwortung ist überparteilich; es ist dies Folge falsch gelenkter Verfahrensweisen, unzureichender finanzieller Hilfe, blind akzeptierter Voraussetzungen und schockierender Gleichgültigkeit, die unterbrochen werden muß. Das einzige, was wir bisher erreicht haben, ist, daß die Bundesregierung die kritische Situation der Städte nicht mehr in Frage stellt.

Unseligerweise ist die gute Absicht nicht genug. Was wir brauchen, ist eine massive finanzielle Förderung, ist die Bereitschaft, einige tief verwurzelte bürokratische Gewohnheiten aufzugeben, ist der Wille, im Interesse der Städte einige grundsätzliche Risiken einzugehen. Es ist eine schwere Verantwortung, besonders für eine Regierung, die täglich mit Entscheidungen, wie sie der Krieg in Vietnam stellt, konfrontiert ist, deren Außenpolitik sie in die Angelegenheiten von Dutzenden von Nationen verwickelt. Aber dies hier ist die wichtigste innenpolitische Verantwortung, der sich die Bundesregierung stellen muß.

Die Veränderung in der Haltung der Bundesregierung zu den Städten muß drei grundsätzliche Äußerungsformen annehmen:

1. Die Neuordnung der Prioritäten, nicht nur rhetorisch, sondern in harter Währung, die größere Mittel an die Städte zurückfließen läßt, durch direkte Garantien, und durch Finanzierungsprogramme, die die Entwicklung auf anderen Gebieten, die von der Bundesregierung für wichtig gehalten werden, anregen.

2. Eine Reform der Bundesprogramme, mit der größere Verantwortung an die Städte, und vor allem auch an die Nachbarschaften und Gemeindegruppen, delegiert würde, womit sinnvolle und wirksame Realisationsmöglichkeiten gewonnen wären.

3. Eine Bereitschaft, nicht nur zur Partizipation an den Programmen, sondern zur Aufstellung neuer Programme, die mit Bundesmitteln Institutionen schaffen, aus denen neue, autonome Einkommensquellen für die Stadt entstehen könnten.

Ich glaube, jede dieser Reformen ist wichtig genug, um genauer diskutiert zu werden.

Neuordnung der Prioritäten: Die Menschen, die für die Verwaltung unserer Städte verantwortlich sind, haben schon lange gewußt – viel länger, als ich Bürgermeister von New York bin –, daß wir durch den Mangel an finanziellen Mitteln gelähmt sind, und dieser Mangel ist für die Städte ebenso gefährlich wie der Mangel an Sauerstoff für den menschlichen Organismus. Ohne Sauerstoff sterben die Zellen, sie können sich nicht regenerieren und sie vergehen – und ebenso das Leben der Menschen. Ohne Geld sterben die Gemeinden, denn sie sind unfähig, sich selbst zu helfen, die notwendigen Aufwendungen für Gesundheit und Wohnen, für Bildung und Stadtreinigung, für die allgemeine öffentliche Sicherheit zu leisten. Und wenn die Gemeinden sterben oder verfallen, so verfällt auch die Stadt.

Damit ist das Problem gestellt. Die Frage ist, wo kann das Geld herkommen? Meine Antwort, weder originell noch besonders schwierig, lautet, daß es, in viel größerem Maße als bisher, von der Bundesregierung kommen muß. Die Bundesregierung verfügt inzwischen in

jedem Jahr über 190 Milliarden Dollar – das sind über ein Fünftel des gesamten Bruttosozialprodukts. Sie kann, durch einen einfachen Erlaß, die Reihenfolge in der Bewertung der öffentlichen Programme verändern, wie sie es nach Abschluß des ersten Sputnick 1957 getan hat, als das Raumfahrtprogramm plötzlich an die zweite Stelle der Prioritätenliste, direkt hinter die nationale Verteidigung, rückte. Darüber hinaus hat die Bundesregierung durch ihre Wichtung der Prioritäten einen großen Einfluß auf die Organisation des privaten Sektors. Wenn sie einen großen Aufwand für die Raumfahrtforschung verlangt, wird diese Forderung sofort Ziele und Mittel jeder beteiligten Institution verändern – von der elektronischen Fabrik bis zu den entsprechenden Lehrgebieten an der Universität – und dieser Multiplikationseffekt macht aus einer Aktion der Bundesregierung fast auch immer eine Aktion unserer wichtigsten privaten und öffentlichen Institutionen.
Die Regierung, und vor allem die Bundesregierung, kann also ein nationales Engagement herausfordern. Die Frage ist: Welche Prioritäten müssen geändert werden? Die Antwort liegt zu allererst in den wichtigsten Finanzierungsbereichen des Bundes.
Wir wollen uns zuerst das Verteidigungsbudget ansehen. Es ist nicht nur das teuerste Bundesprogramm, sondern auch ein drastischer Beweis dafür, wie die Bundesregierung durch ihre eigenen Aktionen die Strukturen des gesamten nationalen Marktes bestimmt. Erst jetzt erkennen wir einige der Ergebnisse von 25 Jahren kalten Krieges. Seit dem Zweiten Weltkrieg haben die Vereinigten Staaten *eine Billion Dollar* für die nationale Verteidigung ausgegeben, eine unfaßbare Zahl. Tausend Milliarden Dollar, das ist mehr, als New York City und New York State seit ihrer Gründung gekostet haben. Aber es ist mehr als nur eine große Summe Geldes. Es hat viele Konsequenzen.
Zunächst einmal hat es die wissenschaftliche und technologische Elite des Landes aufgesogen und das ganze Programm aus dem freien Markt herausgenommen, so daß Firmen, die für die Verteidigung (später für das Raumfahrtprogramm) produzieren, Gewinngarantien erhalten. Die einfache Größe des Verteidigungsbudgets und die ständige Nachfrage nach neuen Waffen haben eine neue vierte Gewalt in der Regierung geschaffen: eine Vereinigung von Militär und Industrie, die seit 1950 mehr als 500 Millionen Dollar aus dem Verteidigungsbudget erhalten hat. Ich weiß nicht, wie wir den Einfluß dieser »vierten Gewalt« messen können, vor der uns Präsident Eisenhower in seiner Abschiedsansprache 1964 schon gewarnt hat.

Aber ich weiß, daß damit eine große Unausgewogenheit in der Nutzung unserer wissenschaftlichen Kapazität entstand, und die Opfer dieses Ungleichgewichts sind die Städte. Prüfen wir einmal den Zustand der meisten städtischen Einrichtungen: unsere Schulen sind alt, oft nur mit veraltetem Gerät und Büchern ausgerüstet (1960 gab es immer noch naturwissenschaftliche Lehrbücher in den Schulen, die nicht bis zur Atomspaltung reichten); die Massenverkehrsmittel, von denen manche schon vor sechzig Jahren gebaut wurden, sind überfüllt, schmutzig und unbequem, wenn nicht unerträglich während des Sommers. (Es gibt eine kleine, vielleicht apodiktische Geschichte von einem amerikanischen Indianer, der, als er das erste Mal mit einer Vorortbahn aus New York herausfuhr, ausrief: »Meine Vorfahren haben noch gegen solche Bahnen gekämpft!«) Die Wohnungsbaukosten sind so in die Höhe geschnellt, daß es jedes Jahr acht Prozent mehr kostet, dieselbe Zahl von Wohnungseinheiten herzustellen.

Auf jedem dieser Gebiete ließen sich durch die Anwendung moderner Technologien wichtige, wenn nicht revolutionäre Veränderungen erreichen. Wir wissen bereits, daß wir durch Computeranwendung die Kriminalitätsquote senken können, weil die Streifenwagen nach einem voraussagbaren Kriminalitätsschlüssel eingesetzt werden. Wir wissen auch, daß Computer Krankenhäuser verbessern können, indem sie schnelle Diagnosen stellen und ein Mindestmaß an Überwachung übernehmen, so daß Ärzte und Schwestern von vielen Routinearbeiten entlastet werden. Wir glauben, nach den technologischen Erfahrungen auf anderen Gebieten mit gutem Grund, daß wir ein ganz neues System für Massentransportmittel entwerfen könnten, daß wir Bauweisen entwickeln könnten, die die Baupreise senken, daß es neue Lehrmittel geben könnte, die uns aus der Abhängigkeit von Zahl und Qualifikation der Lehrer befreien würden, daß es Lösungen geben müßte für die Beseitigung der Müllberge, die drohen, unsere Städte zu ersticken.

Aber wir hatten nicht die Chance, dies alles zu erfahren, da die technologische Kraft Amerikas zum größten Teil im Dienst von Kriegstechnik und Raumfahrt steht, eine Folge der Bundespolitik, die riesige Finanzierungsprogramme für diese Ziele bewilligt.

Diese Maßnahmen umfassen mehr als nur die Zufuhr von Mitteln und Informationen. Bei den Summen, die für Forschung und Entwicklung ausgegeben werden und die der Industrie am deutlichsten zeigen, welche Gebiete der Bund bevorzugt finanziert, ist das Ungleichgewicht besonders groß. Von zwanzig Milliarden Dollar, die in diesem

Jahr für Forschung und Entwicklung ausgegeben werden, gehen neunzig Prozent an die militärische Forschung und die Entwicklung neuer Waffen. Doch jedes Jahr, um das wir die Lösung der städtischen Probleme hinausschieben, ist ein weiteres Jahr des Rückschritts für unsere Schulen, Krankenhäuser, Nachbarschaften – und ein weiteres Jahr der Verzweiflung für unsere Städte. Dieses Ungleichgewicht ist aber nicht die einzige Konsequenz aus der Verteidigungspolitik. Inzwischen scheint die Größe der Summe allein ihr unauflöslichen Bestand zu verleihen, obwohl doch die mageren Summen, die für die Städte ausgegeben werden, eigentlich einen Maßstab für »angemessene Bundesverpflichtungen« setzen mußten. Es ist fast so, als bestimme ein Gesetz der Trägheit die nationalen Prioritäten. Wenn wir schon immer fünfzig bis sechzig Prozent unseres nationalen Budgets für die nationale Verteidigung ausgegeben haben, sollte es niemals weniger sein; wenn wir niemals mehr als eine Milliarde für das Wohnen ausgegeben haben, können wir nicht daran denken, diese Summe zu verdoppeln oder zu verdreifachen. Ich habe diese Praxis im Kongreß, dem ich sieben Jahre angehörte, kennengelernt. Ein Verteidigungsbudget von siebzig Milliarden Dollar wird an einem Tag ohne großen Widerspruch verabschiedet, am nächsten Tag löst ein Zehn-Millionen-Budget gegen die Rattenplage oder gar das »sozialistische« Engagement des Bundes bei Bildungsprogrammen für Gund- und Mittelschulen lange und skeptische Diskussionen aus.
Ähnlich scheinen die riesigen Summen den schamlosen Mißbrauch des Geldes zu entschuldigen. Ich erinnere mich, daß Ex-Senator Paul Douglas jedes Jahr in Washington Ankäufe für das Militär zu den zehn- bis vierzigfachen Kosten des Marktwertes anprangerte, Position für Position, ohne nur die Spur jener Empörung auszulösen, die durch die Entdeckung verursacht wurde, daß irgendwo in einer großen Stadt eine Familie die Fürsorge um zwanzig Dollar pro Woche betrügt. Erst vor ganz kurzer Zeit errechnete ein führendes Mitglied des Haushaltsausschusses, daß mehr als fünfzehn Milliarden Dollar in Verteidigungsaufträgen stecken, die entweder abgebrochen, umgepolt oder zu fünfundsiebzig Prozent sinnlos vertan werden. Hätte man nur ein Tausendstel des Betrages in Armuts- oder Bildungsprogrammen falsch investiert, hätte es Dutzende von Untersuchungen gegeben. Irgendwie aber ist die Verteidigungsindustrie immun gegen solche Kontrollen.
Ich habe das Verteidigungsbudget als dramatischstes – und auf jeden Fall als kostspieligstes – Beispiel der nationalen Prioritäten heraus-

gegriffen, das als sakrosankt betrachtet und jeder öffentlichen Kontrolle entzogen wird. Ich habe es auch wegen der hohen Kosten gewählt. New York bezahlt drei Milliarden Dollar pro Jahr für den Krieg in Vietnam und zusätzlich sechs Milliarden für die nationale Verteidigung. Das sind rund fünfzig Prozent mehr als unser Stadtbudget für Krankenschwestern, Lehrer, Feuerwehrleute, Ingenieure, Parkwächter, Professoren – für all das und jeden anderen Teil der Stadtverwaltungskosten ausgeben kann.
Ich habe schon darüber gesprochen, daß meine beiden Opponenten im Wahlkampf 1969 den Krieg in Vietnam in ihrem Wahlprogramm nicht für relevant hielten. Ich sagte, er sei wichtig, und ich sage es immer noch. Ich glaube, daß Vietnam von größter Wichtigkeit für New York City – und jeden anderen Teil des Landes – ist, und ich habe das immer wieder gesagt, seit ich im März 1965 meine erste Rede gegen den gefährlichen Irrweg unserer Vietnam-Politik hielt. Ich habe damals die Beendigung unseres militärischen Engagements gefordert und habe die diplomatischen Möglichkeiten, die uns damals für einen Rückzug offenstanden, aufgezählt. Ich stellte die Regierung, die wir damals gewählt hatten, in Frage und versuchte zu beweisen, daß unsere einseitige militärische Beteiligung in Vietnam unserer öffentlich erklärten Politik der allgemeinen Sicherheit seit dem Zweiten Weltkrieg vollkommen widersprach.
Diese Rede, die ich in Michigan hielt, war nicht gerade sehr populär, aber ich glaubte damals, daß die kontinuierlichen Auseinandersetzungen mit dem Krieg in Vietnam uns im Inneren zersplittern würden. Zur gleichen Zeit, da jetzt die Forderungen nach Veränderung im Inneren sich zuspitzen, hat der Krieg in Vietnam nicht nur unsere Ressourcen aufgebraucht, sondern auch unsere Kraft und unseren Willen. Wenn wir jetzt von hohen Bundesbeamten hören, daß selbst ein Ende des Krieges keinen neuen Anfang mehr bringen kann, daß neue Investitionen in neue militärische Versuche unser Geld weiterhin beanspruchen werden – dann ist das einfach unglaublich und kann als nationale Politik nicht weiter akzeptiert werden.
Ebenso unsinnig ist es, sechzig Milliarden Dollar für Highways auszugeben, während der innerstädtische Verkehr und der Pendlerverkehr kurz vor dem Erliegen stehen. Und es ist geradezu empörend, daß in all den Jahren, seit wir um diese Diskrepanz wissen, nichts geschehen ist, um die Unausgewogenheit unserer Verkehrsausgaben zu revidieren.
Zum Beispiel hat der Bund in seinem neuen Haushaltsplan 5,1 Milliar-

den Dollar für Bodentransportmittel veranschlagt. Von diesem Betrag sind 4,9 Milliarden Dollar, also mehr als 95 Prozent, für Highways vorgesehen. Der wichtigste Grund dafür ist, daß dieses Geld zu einem großen Highway-Kreditfond gehört, dessen Geld sich in den letzten zwölf Jahren vervielfältigt hat und der sich ausschließlich mit dem Bau von Highways beschäftigt. Das gleiche Gesetz politischer Trägheit, das unser Verteidigungsbudget außerhalb der kritischen Reichweite ansiedelt, setzt die Unantastbarkeit dieses Fond fest. Als eine Gruppe von Kongreßabgeordneten vorschlug, den Staaten das Recht einzuräumen, dieses Geld für Highways oder Massentransportmittel auszugeben, wurde sie überstimmt. Das heißt mit anderen Worten, der Kongreß *bestätigte* die politischen Maßnahmen, die die Städte dazu zwingen, zwischen der Verstopfung der Straßen, der Verschmutzung der Luft oder keinerlei Massenverkehr überhaupt zu wählen. Diese Prioritäten, mit denen unsere Bundesregierung arbeitet, führen zu einer höchst undramatischen, mechanischen, unauffälligen Gesetzgebung, mit der man unseren Städten mehr Schaden zufügt, als all das Gerede über die Möglichkeiten städtischer Sanierung Gutes tun kann. Und genau an dieser Stelle brauchen wir die Veränderung.
Aber es gibt noch mehr. Zum Beispiel hat die natürliche – oder sollte ich als Stadtbewohner eher sagen: die unnatürliche – Bevorzugung von Einfamilienhäusern gegenüber Wohnkomplexen zu einem unausgeglichenen Verhältnis zwischen der Finanzierungsbeihilfe von vorstädtischen Eigenheimen (in Form von FHA-Hypotheken) und innerstädtischen Wohnblocks geführt. Durch einen doppelgleisigen Denkprozeß, dem ich zusehe, den ich aber nicht verstehen kann, scheint es genügend Bundesmittel für die billigen Hypotheken der Eigenheime zu geben, aber nicht genug für die Wohnungen von Stadtbewohnern der mittleren und unteren Einkommensschichten. Es scheint irgendwie sozialistisch oder unamerikanisch zu sein, einer armen Arbeiterfamilie zu einer Wohnung zu verhelfen, besonders wenn diese Wohnung mehr als 20 000 Dollar kostet. Aber die Finanzierung von 30 000-Dollar- oder 40 000-Dollar-Eigenheimen scheint zur besten amerikanischen Tradition zu gehören.
Die Logik ist undurchsichtig, aber die Ergebnisse sind klar. In den einunddreißig Jahren der Wohnungsbauförderung für die Städte wurden insgesamt 800 000 Wohnungen gebaut, und in etwa derselben Zeit entstanden mehr als zehn Millionen Einfamilienhäuser für Vorstadtfamilien. Natürlich verbinden sich mit dem Wohnungsbau in der Innenstadt viele Probleme: die Schwierigkeit, Bauherren zu finden,

die beschränkten Grundstücksreserven, die Zeitverschiebung zwischen Zeit und Bau (manchmal mehr als zehn Jahre), die Vorteile der Vorstadtplanungen, über unberührtes Land zu verfügen. Dennoch ist es wahr, daß, gemessen an einfachen Prioritäten, der städtische Wohnungsbau das Stiefkind der Bundesregierung war.
Ich glaube, das Wichtigste ist gesagt. In einfachen Worten, die Bundesregierung hat einfach noch nie die Städte als Angelegenheit von großem Prioritätsanspruch bewertet. Sie hat nur die Menschen gesehen, die hier leben, ihre Gesundheit, und seit kurzer Zeit, ihre Wohnung und Ausbildung. Aber eine Stadt ist mehr, als die Menschen, die in ihr leben; sie ist ein verwobenes organisches Lebenszentrum. Zulange haben wir unter *Stadt* nur einen Ort verstanden, an dem viele Menschen wohnen. Aber mit einer solchen Einstellung können wir der Stadt nicht helfen. Wir können ihr nicht helfen, wenn wir Kilometer von Highways durch das Stadtzentrum bauen und glauben, wir hätten das Verkehrsproblem gelöst, während wir nur Familien vertrieben, Nachbarschaften zerstört, die Luftverschmutzung vermehrt haben. Wir können nicht Wohnungen bauen und annehmen, wir hätten den Menschen geholfen, wenn durch das Programm mehr abgerissen als wiederaufgebaut wird, wenn durch schlechte Entwürfe und unzureichende Mittel Baracken entstehen, die die Bedürfnisse der Bewohner nicht berücksichtigen. Man kann einer Stadt nicht helfen, indem man nur die Auswirkungen und Konsequenzen bekämpft, man muß sich bereitfinden, die Bedingungen und Ursachen zu verändern, bevor sie zu Krisen werden.
So ist die Notwendigkeit einer neuen Bundespolitik, die die Stadt in die erste Reihe der Prioritäten setzt, 1970 ebenso wichtig, wie es in den späten vierziger Jahren die Forcierung der nationalen Verteidigung und zehn Jahre später die Erweiterung des Raumfahrtprogrammes gewesen sind. Die Bundesregierung muß durch neue Beschlüsse die Stadt in den Mittelpunkt des nationalen Interesses stellen. Wie die Farmen, die Arbeit, die militärische Sicherheit, die Mobilisierung alle Ressourcen verlangten, so braucht die Stadt diese Hilfe heute. Es ist nicht nur eine Aufforderung, die große Lücke zwischen dem Geld, das aus der Stadt herausfließt, und dem Geld, das an sie zurückgeht, zu schließen – es ist auch eine Aufforderung, das Leben der meisten Amerikaner in den kommenden Jahren zu beschützen und zu verbessern.
Die Reform der Bundesprogramme: Die Struktur der Bundesprogramme zur Lösung sozialer Probleme ist eine direkte Folge des

New Deal und der Great Society-Konzepte. In einer vereinfachten Darstellung enthalten diese Programme drei Grundbedingungen: Erstens eine ziemlich strikte Kontrolle darüber, wie das Geld ausgegeben wird – eine Tradition, die sich in den Bestimmungen der Bundesprogramme wiederfindet, durch die eine Limitation der Ausgaben und die Struktur und Verwaltung der Programme festgesetzt wird –, zweitens eine konsequente Festlegung aller Programmdetails, die gelegentlich die Zielsetzung des ganzen Programms verschleierte; drittens eine Haltung, die davon ausgeht, daß Schwierigkeiten mit einem Programm durch die Festsetzung eines weiteren behoben werden können, und die sich wenig wirkliche Gedanken über die Koordinierung und Vereinfachung solcher Programme macht.

Ich möchte einige Beispiele nennen: Mit dem Stadtsanierungsprogramm des Bundes sollten Slums saniert und neue Wohnungen gebaut werden. Das Programm baut auf der Überzeugung auf, daß es der beste Weg zur Verbesserung des Lebensstandards der armen Bevölkerung sei, ihnen neue Wohnungen zu bauen. Die Möglichkeit, die Menschen in den Nachbarschaften zu fragen, was sie von diesem Plan hielten, wurde nicht einmal diskutiert. Man setzte einfach voraus, daß diejenigen, die die Macht hatten, zu planen und zu bauen, auch die Wünsche ihrer *Klienten* voraussehen konnten. Darüber hinaus konnten durch die festen Kostenrahmen nicht annähernd soviel Wohnungen gebaut werden, wie fehlten. Und wegen der strikten Kontrolle des Bundes gab es keine Flexibilität in der Auslegung der Programme, so daß, in einem drastischen Beispiel, erst ein riesiger Block von Wohnungen abgerissen werden mußte, bevor man anfangen konnte, neu zu bauen.

Die Konsequenzen liegen auf der Hand. Nachbarschaften, die eine gewisse Stabilität und einen Sinn für Gemeinschaft aufgebaut hatten – in denen Menschen lebten und arbeiteten, einkauften und einander kannten –, wurden oft durch einen Federstrich zerstört. Es war sogar so, daß, wenn die Planungen bekannt wurden, Kaufleute und Eigentümer begannen, ihr Land zu verkaufen und die Sanierungsgebiete zu verlassen, um nicht abzuwarten, bis die Regierung den Verkauf ihrer Grundstücke zu Preisen verfügte, die unter dem Kurswert lagen.

Dann geschah es, daß, da die Mittel für den Wohnungsbau völlig unzureichend waren, die Bewohner der Gemeinden, vor allem aus unteren und mittleren Einkommensschichten, ihre Nachbarschaften verlassen mußten, ohne neuen Wohnraum vorzufinden. Die Stadtsanierungspolitik leistete Vorzügliches beim Abriß von Gebäuden; sie war weniger erfolgreich beim Bau von Wohnungen, da das Geld knapp war und die Verzögerungen von Entscheidungen zwischen Washington und New York die Baukosten weiter erhöhten und damit die Zahl der Wohnungen, die man mit den von vornherein beschränkten Mitteln bauen konnte, weiter reduzierten. Und sie konnte auch keine Erfolge bei der Umsetzung der Mieter aus den Sanierungsgebieten verzeichnen.

Durch die strikte Kontrolle des Bundes wurden die Programme oft durch die Vorurteile derjenigen geprägt, die die Macht hatten, sie festzulegen. Der Entwurf war unwichtig, man war der Ansicht, daß der arme und mittelständische Amerikaner für jede Art von Wohnraum dankbar sein müßte. So gab es in vielen Wohnungen keine Türen vor den Schränken, keinen Spielraum für die Kinder und natürlich keinen Ort, wo die Leute sich hätten zusammensetzen können, wie Bars oder Lokale, denn das hätte geheißen, daß die Regierung den Alkoholkonsum unterstützte. Das Ergebnis waren Gebilde in den amerikanischen Städten, die ein Beobachter als »Hals-über-Kopf-Hochhäuser« beschrieb, »mit wenig Grün und viel Asphalt, von Gittern und Zäunen zerschnitten, eine freudlose Architektur ... grau und eintönig«. Die Weigerung des Kongresses, die Kostengrenze pro Wohnungseinheit flexibel zu halten, zeigt die nationale Gleichgültigkeit gegenüber dem öffentlichen Wohnungsbau.

Obwohl die Wohnungsbaupolitik in den letzten Jahren der Regierung Johnson verbessert und mehr Gewicht auf die Wiederherstellung von Häusern und die Erhaltung von Nachbarschaften gelegt wurde, hat das System der Bundeskontrolle unseren Städten sehr viel Schaden zugefügt. Manchmal waren es wirkliche Schwierigkeiten, manchmal aber winzige Details, die die Bundesprogramme immer wieder stagnieren ließen, da jede Programmeinzelheit mit weit entfernten Verwaltungsgremien abgestimmt werden mußte. Dabei wurden Mittel vergeudet, Projekte verzögert, und ein Gefühl der Unsicherheit verbreitete sich unter den Bürgern, die keine Stimme hatten in einem Prozeß, der lebenswichtig war für ihre Zukunft.

Ich bin überzeugt – und meine persönliche Erfahrung in New York bestätigt das –, daß wir den Rahmen dieser Programme ändern können, daß wir nicht nur an die Regierung der Stadt, sondern an Korporationen, Bürgergruppen, Nachbarschaftsvereinigungen sehr viel mehr Einfluß delegieren können. Eine solche Form der Kontrolle, mit der die Bundesregierung die Einzelheiten der von ihr finanzierten

Programme überwachen würde, ohne sie Schritt für Schritt zu diktieren, würde nicht nur vermehrte Partizipation bedeuten, sie würde die Situation gerade in den Gebieten entscheidend verbessern, die die Hilfe am nötigsten brauchen: in den Gemeinden der unteren und mittleren Einkommensschichten.

Ein Beispiel dafür ist das vom Bund finanzierte Model Cities Program, das auf die Forderung nach grundlegenden Entwicklungsmaßnahmen eingeht und die Notwendigkeit lokaler Initiativen und Verantwortung erkennt. So werden die wichtigen Entscheidungen über Entwicklungsmaßnahmen, Ausweisung von Erholungsflächen, Maßnahmen der Stadtreinigung, Pläne für den Wohnungsbau und die Beschaffung von Arbeitsplätzen nicht von Bundesbeamten, sondern von der Nachbarschaft selbst durch einen gewählten Rat getroffen. Er arbeitet mit den Stadtbehörden zusammen, doch der Bund behält genügend Kontrollmöglichkeiten – die er braucht, um sich gegen Fehlinvestitionen und die unzureichende Versorgung mit notwendigen Diensten abzusichern. Grundsätzlich macht dieses Programm deutlich, daß Washington sehr viel weniger ausrichten kann, wenn es seine Programme selbst organisiert, und sehr viel mehr, wenn es Maßnahmen innerhalb eines wirkungsvollen Aktionsrahmens unterstützt und die lokalen Bürgergruppen so weit wie möglich in die Programmstrukturierung einbezieht.

Es ist einfach nicht wahr, daß Partizipation und Effektivität einander widersprechen. Im Gegenteil, es ist sogar möglich, daß das Verhältnis umgekehrt ist: daß sich um den Teil, den die Bürger an Verantwortung verlieren, auch die Wirksamkeit der Programme reduziert. Es gibt keinen Grund, weshalb die Mittel und ihre Kontrolle nicht getrennten Instanzen zugehören können. Es ist völlig angemessen, gleichzeitig ein gesteigertes Maß an Investitionen vom Bund zu verlangen und ein reduziertes Maß an Kontrolle. Das jedenfalls zeigte mir meine Erfahrung in New York.

Diese grundsätzlichen Änderungen sind wichtig, aber gar nicht so schwierig. Wir brauchen einfach Mechanismen, die die Mittel verteilen und die Entwicklung organisieren können. Das Model Cities Committee ist ein solcher Mechanismus. Ebenso die Community Development Corporations – Organisationen, die von Bürgern der Gemeinden gewählt werden und einen geringen Betrag aus der Bundeskasse und weitere Beträge aus privaten Darlehen erhalten und die wirklich, in bester demokratischer Tradition, die Entwicklung ihrer Nachbarschaften planen. Diese Korporationen, die von Robert Kennedy und Charles Percy vorgeschlagen und von so verschiedenen Seiten wie Senator John Tower und dem Congress of Racial Equality (Kongreß für Rassengleichheit) unterstützt wurden, hätten die Möglichkeit, die verschiedenen Bundesprogramme zusammenzuführen und zu koordinieren, die jetzt eher zufällig und ohne ausreichende Bürgerbeteiligung verwaltet werden. Eine Gemeindeorganisation könnte die Einrichtungen für Sozialfürsorge und Arbeitsbeschaffung integrieren, sie könnte Gesundheitsfürsorge und Berufstraining koppeln, sie könnte die verschiedenen Mittel aus Bundesbeihilfen und privaten Zuschüssen koordinieren und sie mit den Problemen der gesamten Bürgerschaft konfrontieren. Sie könnte den Kern der Nachbarschafts-Rathäuser bilden und so die Bemühungen der einzelnen Gemeinden mit der Arbeit der Abteilungen und Ämter der ganzen Stadt verbinden.

Es liegt nichts Utopisches in diesem Plan. Selbst ohne Gemeindeorganisationen wurde ein solches Programm privat unter der Schirmherrschaft von Robert Kennedy in Bedfort-Stuyvesant verwirklicht. Mit einem kleinen Betrag aus Bundesmitteln, mit Unterstützung durch den Staat, mit einem großzügigen Gründungsfond und der Mitarbeit von einigen der größten Betreuungsgesellschaften des Landes hat die Bedford-Stuyvesant-Trägergesellschaft begonnen, eine große Zahl von Problemen in diesem Stadtgebiet mit 450 000 Einwohnern aufzugreifen. Die ersten zwei Jahre ihres Bestehens waren ein Beweis, daß ein solches Unternehmen ohne bürokratische Kontrolle wirkungsvoll arbeiten kann. Solche Reformen sind notwendig, wenn die Bundeshilfe für die Städte nicht durch die Größe und Unbeweglichkeit des Verwaltungsmechanismus wieder zunichte gemacht werden sollen.

Und endlich gibt es noch den Plan der Steuerbeteiligung, der schon lange von Walter Heller, dem früheren Vorsitzenden des Council of Economic Advisors (Wirtschaftlicher Beirat) propagiert wurde und der jetzt im gesamten politischen Spektrum Anerkennung gefunden hat. Da ich der Regierung meines Staates einen ähnlichen Vorschlag unterbreitet habe, bin ich ganz einverstanden, daß dieses Konzept auch auf die Bundesregierung ausgedehnt wird. (Ich habe außerdem einen detaillierten Vorschlag für die Steuerbeteiligung nach Washington gesandt.) Der Plan schlägt vor, einen Teil der Einnahmen des Bundes durch die Einkommensteuer (ein bis zwei Prozent in den ersten Jahren) den Staaten und Städten vorzubehalten. Die Verteilung wäre abhängig von einer Reihe von Faktoren: der Bevölkerungsdichte, der

Möglichkeiten von Staaten und Städten, selbst Steuern zu erheben, und von der allgemeinen Bedürftigkeit. Ein solches Programm hätte viele Vorteile, besonders wenn das Geld, wenigstens zum Teil, den Städten durch Pauschalgarantien direkt zugeleitet würde. Damit würde einmal die Ungerechtigkeit gemildert, durch die New York jetzt ohne das Nutzungsrecht seiner eigenen Einnahmen für seine eigenen Probleme bleibt. Es wäre zweitens eine wirksame Hilfe, um durch regelmäßige langfristige Kredite die unvermeidbaren Lücken zwischen den Einnahmen und Ausgaben der Stadt zu überbrücken und so die sonst unausweichlichen Konfrontationen und Krisen zu vermeiden.

Drittens würde es den Städten die Möglichkeit geben, die Dienste, für die sie allein verantwortlich sind, zu verbessern – in den Schulen und Krankenhäusern, bei der Stadtreinigung, bei der Bekämpfung von Verbrechen. Auf den Gebieten, wo wenigstens ein Teil des Problems ausschließlich im Geldmangel besteht, würde eine Steuerbeteiligung der Städte an den Einnahmen von Washington eine sofortige Verbesserung der städtischen Dienste bedeuten. Darüber hinaus könnte Washington Bürgschaften für besondere, experimentelle Reformprogramme leisten, die unsere Suche nach neuen Lösungen bestätigen würden.

Selbsttragende Organisationen: Ich habe während meiner öffentlichen Tätigkeit lange Zeit Programme unterstützt, die die Bedingungen im Inneren verbessern sollten. Ich habe, zusammen mit anderen, die Arbeit der Poverty Programs bei der Arbeitsbeschaffung, bei der Betreuung der Kinder berufstätiger Eltern, bei der Ausweitung von Head Start- und Gemeindeaktionsprogrammen aufgebaut. Das heißt jedoch nicht, daß alle Anforderungen erfüllt wurden. Eine der wichtigsten Lücken in den Programmen der Bundesregierung, besonders im Poverty-Program, ist das Fehlen von selbsttragenden Organisationen – das bedeutet die Weigerung der Regierung, Geld für Unternehmen freizugeben, die zukünftig Gewinne abwerfen.

Stellen wir uns vor, was mit dem Geld für ein soziales Demonstrationsprogramm geschieht: es wird durch Büromieten, Kaufbeihilfen, die Gehälter für die Mitarbeiter, die das Programm organisieren – sei es eine Einrichtung der Gesundheitsfürsorge, der Jugendarbeit oder des Head Start – aufgebraucht. Am Ende von zwölf oder achtzehn Monaten sind die Programm-Mittel erschöpft; die Teilnehmer müssen sich wieder an die bewilligende Behörde wenden, um neue Mittel zu beantragen.

Die Geschichte des Poverty-Programs schildert dieses Problem. Es ist unvermeidbar, daß Unwägbarkeiten bei der Bundeskasse oder der örtlichen Politik einen solchen Antrag unabhängig von seinem Erfolg blockieren können. Die Child Development Group of Mississippi gibt uns ein gutes Beispiel. Wegen der aktivistischen Formulierung des Programms, wegen seiner Herausforderung traditioneller Bildungsstatuten, wegen seiner Bereitschaft, sich gegen Segregationskonzepte zu stellen, wurde es von den politischen Kräften in Mississippi von allen Seiten bekämpft – die es endlich erreichten, daß das Programm der Kontrolle seiner Initiatoren entzogen wurde.

Selbst ohne politische Einflußnahme kann durch fehlende Mittel der Erfolg eines solchen Programms wieder zunichte gemacht werden. Wieder und wieder mußten Programme in New York City und in anderen Städten, gerade als sie die Trägheit von Gemeinden zu durchbrechen begannen, abrupt abgebrochen oder drastisch gekürzt werden, weil die Mittel reduziert oder auf andere, scheinbar wichtigere, Programme umgelegt worden waren. Die Folgen eines solchen Stückwerks sind klar: Eine gesteigerte Abhängigkeit von Bundes- oder anderen Förderungsmitteln, die Boykottierung langfristiger Planungen, und, vor allem, die Unfähigkeit, die Entwicklung der Nachbarschaften auf eine sichere Ebene zu stellen.

Eine Antwort auf dieses Problem, die ernste Überlegungen wert ist, läge in der Gründung von Programmen, die sich selbst tragende Organisationen entwickeln können. Damit würden die örtlichen Gemeinden unabhängig von den Mitteln der Bundesregierung. Es gibt zum Beispiel keinen Grund, weshalb Gemeindekorporationen nicht das Recht haben sollten, ihr Geld in gemeindeeigenen Läden oder Industrien anzulegen, die eine einmalige Investition in eine laufende Einnahmequelle verwandeln könnten. Es gibt keinen Grund, warum solche oder ähnliche Institutionen nicht Bauherren von Wohnungsbauten für die mittleren und unteren Einkommensschichten werden sollten, um die Mietgewinne zum Bau neuer Häuser und zur Verbesserung der Gemeindeeinrichtungen von Parks bis hin zu Krankenhäusern zu verwenden.

Man muß nur erkennen, daß es weit besser ist, die Abhängigkeit von der Bundesregierung zu beenden, anstatt sie zu verlängern; daß es weit besser ist, die persönliche und nachbarschaftliche Unabhängigkeit zu fördern, anstatt alle Entwicklungsinitiativen an eine Regierung zu binden, die, wie wohlgesonnen auch immer, nicht so effektiv auf die Bedürfnisse ihrer Bewohner eingehen kann wie die Nachbarschaft selbst. Es ist unglaublich, daß in den langen Debatten zwischen »Liberalen« und »Konservativen«, diesem Konzept so wenig Aufmerksamkeit geschenkt wurde, das eine Initialinvestition der Regierung mit Mechanismen ausstattet, die eine wirtschaftliche, und zuletzt volle Unabhängigkeit von der Bundesverwaltung vorbereiten können. Wenn die Bundesregierung ein solches Programm durch Erst-Investitionen ermutigt und durch Kredite an Privatfirmen, die mit der Gemeinde zusammenarbeiten, bestätigt, könnte es zu einer lebenswichtigen Maßnahme im Gesundungsprozeß der Städte werden – mit den geringsten Kosten für den Steuerzahler. Die Konvergenz von zwei so wichtigen Zielen sollte man nicht verwerfen ohne einen Versuch.

11 Schlußwort

Meine Botschaft im zweiten Teil des Buches lautet: die Städte brauchen Hilfe. Sie brauchen Geld, viel Geld – um Lehrer, Polizisten, Krankenschwestern, Ärzte, um die Männer in den Straßen und Parks und die in den Museen und Bibliotheken zu bezahlen. Und sie brauchen mehr als Geld. Sie brauchen wichtige Veränderungen an den Wurzeln ihrer Verwaltungsstruktur, um sie auf den Stand des zwanzigsten Jahrhunderts zu bringen. Sie brauchen eine Regierung, die politisches Kapital riskiert, um den Bürgern die Chance zu geben, über ihr eigenes Leben zu bestimmen. Sie brauchen den Mut, zuzugeben, daß es Verwaltungsmethoden gibt, die versagt haben und deshalb ersetzt werden müssen.
Ganz grundsätzlich aber brauchen die Städte neue Ressourcen, sonst werden alle Reformen bedeutungslos.
Was kann es uns nützen, Verbindungen zwischen der Stadt und ihren Gemeinden herzustellen, wenn diese Verbindungen nur dazu dienen, Forderungen auszutauschen, die die Stadt nicht erfüllen kann?
Was kann es uns nützen, moderne Management-Verfahren in die Stadtverwaltung einzuführen, wenn diese Verfahren nur noch deutlicher zeigen, daß die Stadt ohne die nötigen Mittel alljährlich dem sicheren Konkurs entgegengeht?
Was kann es uns nützen, Bildungsprogramme auszuarbeiten, die die Chancengleichheit vorbereiten könnten, wenn die Stadt keine Lehrer bezahlen kann, die mit diesem Programm arbeiten?

Es klingt, als wollte ich das Versagen der Städte wegdiskutieren. Das ist es nicht. Wir haben in New York City viele Rückschläge erlebt, aber ebenso überraschende Erfolge in wichtigen stadtpolitischen Aufgaben erzielt: in der Entwicklung von Wirtschaft und Verkehr, in der Umweltkontrolle und in der Bekämpfung von Verbrechen. Dazu waren nicht einmal allzu tiefe Eingriffe in die bestehende Struktur nötig. Jetzt aber können wir nicht viel mehr tun, wenn uns weiter die Mittel fehlen.

Es ist unbestreitbar, daß unsere Forderungen nicht ungerechtfertigt sind; wir beanspruchen lediglich, daß New York und andere große Städte die Mittel zurückerhalten, die sie selbst aufbringen, anstatt daß sie für jede andere nationale Priorität verwendet werden.

Wenn es wirklich wichtig ist, mit jährlich achtzig Milliarden Dollar ein Verteidigungsimperium aufzubauen, dann soll der Kongreß die Gewinne der beteiligten Industrien besteuern, und nicht das Geld den Schulen und Nachbarschaften vorenthalten.

Wenn es wirklich wichtig ist, die Farmer dafür zu bezahlen, daß sie nicht anbauen, dann sollte diese Unterstützung limitiert werden, und nicht die Unterstützung von Berufstrainings- und Wohnungsbauprogrammen.

Wenn es wirklich wichtig ist, ein Highway-Netz für sechzig Milliarden Dollar zu bauen, dann sollte es von denen bezahlt werden, die die Highways benutzen, und nicht aus Mitteln, die den Massenverkehrsmitteln in den Städten fehlen, deren Lage jedes Jahr kritischer wird.

Bisher war es noch immer die Stadt, die das Nachsehen hatte. Wenn die Rhetorik verblaßt und die Versprechen verjährt waren, fanden sich die Städte Amerikas jedes Mal ohne Unterstützung. Es sind immer wieder die Sommer-Arbeits-Aktionen oder die Wohnungsbauprogramme, die im Namen der Wirtschaftlichkeit gestrichen werden – nicht die neue Militärbasis in der Heimatstadt des Vorsitzenden eines Kongreßkomitees.

Es ist Zeit, daß diese Ungerechtigkeit aufhört.

Sie muß aufhören.

Die Zeit ist abgelaufen. Unsere Städte werden entweder jetzt gerettet – oder überhaupt nicht mehr.

Das ist es, wovon dieses Buch spricht. Noch wichtiger: Das ist es, was dieses Land in den nächsten zehn Jahren spüren wird. Es ist an uns mitzuwirken, daß unser Land die richtige Wahl trifft.

Namensregister

Addams, Jane 120
Arricale, Frank 78
Aurelio, Richard 30, 32

Badillo, Herman 31, 32
Barnes, Henry 147
Battista, Vito 28
Blum, Bob 78
Booth, William 78
Bosley, Tom 83
Boyd, Alan 109
Breslin, Jimmy 37, 156

Carey, Hugh 31
Chisholm, Shirley 32
Christenberry, Robert 40
Costello, Timothy 104

Davidoff, Sid 78, 80, 81
Douglas, Paul 165

Eisenhower, Dwight D. 165
Eldridge, Ronnie 31

Fitzhugh, Gilbert 114
Frankfurt, Steve 35

Garelik, Sanford 29, 30
Garth, Dave 35, 83, 86
Gaspar, Rod 36
Goldberg, Arthur 37, 38
Goldberg, Rube 65

Goodell, Charles 32
Gottehrer, Barry 78, 80, 82, 83

Hayes, Fred 58
Heller, Walter 154, 172
Hodges, Gil 36, 37
Hogan, Frank 35, 36
Hudson, Henry 145
Humphrey, Hubert 95
Isadore, Tony 35

Javits, Jacob 32
Jefferson, Thomas 46, 109
Johnson, Lyndon B. 141, 170

Kafka, Franz 95
Kelley, William 48
Kennedy, John F. 141
Kennedy, Robert 26, 32, 93, 142, 172
King, Martin Luther 82
Kriegel, Jay 78

LaGuardia, Fiorello 29, 35, 62
Latty, Ernest 83
Leary, Howard 83, 86
Lee, Richard 26
Lefkowitz, Louis J. 32
Levy, Gustav 32

Madison, James 46
Mailer, Norman 156
Marchi, John 22, 28, 29, 30, 32,
    36, 40

McCarthy, Eugene 38, 93
Miller, J. Irwin 114
Morgan, Tom 57
Mumford, Lewis 161

Nixon, Richard M. 32, 93, 123, 150

Olmstead, Frederick 67

Penn, William 45
Percy, Charles 172
Perotta, Fiorvante 29, 30
Phillippe, Gerald 114
Procaccino, Mario 22, 30, 31, 33, 36, 37, 39, 40

Reagan, Ronald 93
Rockefeller, Nelson A. 32, 93
Rose, Alex 29, 30
Rosenthal, Ben 37
Rush, Benjamin 46

Samuels, Howard 52
Scott, Jessup 48
Seaver, Tom 36
Simon, Leonard 37
Sutton, Percy 84

Tocqueville, Alexis de 47
Tower, John 172

Wallace, George 93
Wagner, Robert 29, 30

Bauwelt Fundamente

1 Ulrich Conrads, Programme und Manifeste zur Architektur des 20. Jahrhunderts · 180 Seiten, 27 Bilder

2 Le Corbusier, Ausblick auf eine Architektur · 216 Seiten

3 Werner Hegemann, Das steinerne Berlin · Geschichte der größten Mietskasernenstadt der Welt · 344 Seiten, 100 Bilder

4 Jane Jacobs, Tod und Leben großer amerikanischer Städte · 221 Seiten

5 Sherman Paul, Louis H. Sullivan · Ein amerikanischer Architekt und Denker · 164 Seiten

6 L. Hilberseimer, Entfaltung einer Planungsidee · 140 Seiten

7 H. L. C. Jaffé, De Stijl 1917–1931 · Der niederländische Beitrag zur modernen Kunst · 272 Seiten

8 Bruno Taut, Frühlicht – Eine Folge für die Verwirklichung des neuen Baugedankens · 224 Seiten, 240 Bilder

9 Jürgen Pahl, Die Stadt im Aufbruch der perspektivischen Welt · 176 Seiten, 86 Bilder

10 Adolf Behne, Der moderne Zweckbau · 132 Seiten, 95 Bilder

11 Julius Posener, Anfänge des Funktionalismus · Von Arts and Crafts zum Deutschen Werkbund · 232 Seiten, 52 Bilder

12 Le Corbusier, Feststellungen zu Architektur und Städtebau · 248 Seiten, 230 teils farbige Bilder

13 Hermann Mattern, Gras darf nicht mehr wachsen · 12 Kapitel über den Verbrauch der Landschaft · 184 Seiten, 40 Bilder

14 El Lissitzky, Rußland: Architektur für eine Weltrevolution · 208 Seiten, 116 Bilder

15 Christian Norberg-Schulz, Logik der Baukunst · 308 Seiten, 118 Bilder

16 Kevin Lynch, Das Bild der Stadt · 216 Seiten, 140 Bilder

17 Günter Günschel, Große Konstrukteure 1 · Freyssinet – Maillart – Dischinger – Finsterwalder · 276 Seiten, 172 Bilder

19 Anna Teut, Architektur im Dritten Reich 1933–1945 · 392 Seiten, 56 Bilder

20 Erich Schild, Zwischen Glaspalast und Palais des Illusions · Form und Konstruktion im 19. Jahrhundert · 224 Seiten, 157 Bilder

21 Ebenezer Howard, Gartenstädte von morgen · Ein Buch und seine Geschichte · 198 Seiten, 35 Bilder

22 Cornelius Gurlitt, Zur Befreiung der Baukunst · Ziele und Taten deutscher Architekten im 19. Jahrhundert · 166 Seiten, 19 Bilder

23 James M. Fitch, Vier Jahrhunderte Bauen in USA · 330 Seiten, 247 Bilder

24 »Die Form« – Stimme des Deutschen Werkbundes 1925–1934 · 360 Seiten, 34 Bilder

25 Frank Lloyd Wright, Humane Architektur · 274 Seiten, 54 Bilder

26 Herbert J. Gans, Die Levittowner · Soziographie einer »Schlafstadt« · 368 Seiten

27 Über die Umwelt der arbeitenden Klasse · Aus den Schriften von Friedrich Engels · 238 Seiten, 23 Bilder

28 Philippe Boudon, Die Siedlung Pessac – 40 Jahre Wohnen à Le Corbusier · Sozio-architektonische Studie · 180 Seiten, 70 Bilder

29 Leonardo Benevolo, Die sozialen Ursprünge des modernen Städtebaus · Lehren von gestern – Forderungen für morgen. 172 Seiten, 72 Bilder

30 Erving Goffman, Verhalten in sozialen Situationen · Strukturen und Regeln der Interaktion im öffentlichen Raum · 228 Seiten

31 John V. Lindsay, Städte brauchen mehr als Geld · New Yorks Mayor über seinen Kampf für eine bewohnbare Stadt · 180 Seiten

Bertelsmann Fachverlag

Bei Fragen zur Produktsicherheit wenden Sie sich bitte an:
If you have any questions regarding product safety,
please contact:

Birkhäuser Verlag GmbH
Im Westfeld 8
4055 Basel, Schweiz
productsafety@degruyterbrill.com